权威·前沿·原创

皮书系列为
"十二五""十三五""十四五"时期国家重点出版物出版专项规划项目

智库成果出版与传播平台

双创蓝皮书

BLUE BOOK OF INNOVATION AND ENTREPRENEURSHIP

中国双创发展报告（2021~2022）
ANNUAL REPORT ON THE DEVELOPMENT OF CHINA'S INNOVATION AND ENTREPRENEURSHIP (2021-2022)

主　　编 / 王京生
执行主编 / 陶一桃
副 主 编 / 李　凡

社会科学文献出版社
SOCIAL SCIENCES ACADEMIC PRESS (CHINA)

图书在版编目(CIP)数据

中国双创发展报告.2021~2022/王京生主编.--北京：社会科学文献出版社,2022.10
(双创蓝皮书)
ISBN 978-7-5228-0633-4

Ⅰ.①中… Ⅱ.①王… Ⅲ.①创业-研究报告-中国-2021-2022 Ⅳ.①F249.214

中国版本图书馆CIP数据核字(2022)第160726号

双创蓝皮书
中国双创发展报告(2021~2022)

主　　编／王京生
执行主编／陶一桃
副 主 编／李　凡

出 版 人／王利民
组稿编辑／周　丽
责任编辑／王玉山
文稿编辑／张　爽
责任印制／王京美

出　　版／社会科学文献出版社·城市和绿色发展分社(010)59367143
　　　　　地址：北京市北三环中路甲29号院华龙大厦　邮编：100029
　　　　　网址：www.ssap.com.cn
发　　行／社会科学文献出版社(010)59367028
印　　装／三河市东方印刷有限公司

规　　格／开　本：787mm×1092mm　1/16
　　　　　印　张：18　字　数：266千字
版　　次／2022年10月第1版　2022年10月第1次印刷
书　　号／ISBN 978-7-5228-0633-4
定　　价／158.00元

读者服务电话：4008918866

▲ 版权所有 翻印必究

中国双创发展报告（2021~2022）
编委会

主　　　编　王京生

执行主编　陶一桃

副 主 编　李　凡

编委会委员　（按姓氏拼音首字母排序）
　　　　　　陈庭翰　侯　佳　黄义衡　赖勉珊　兰　赛
　　　　　　李胜利　李　桐　苗　璐　王　晴　徐　雯

主要编撰者简介

王京生 国务院参事,国务院参事室中国国学中心建设领导小组副组长,北京大学深圳研究生院兼职教授,深圳大学理论经济学博士后合作导师。

陶一桃 教授,博士生导师,享受国务院政府特殊津贴专家,广东省优秀社会科学家,教育部人文社科重点研究基地——深圳大学中国经济特区研究中心主任,理论经济学一级学科带头人。

李　凡 深圳市"孔雀计划"海外高层次人才,教育部人文社科重点研究基地——深圳大学中国经济特区研究中心教授,美国佛罗里达大学经济学博士。

摘　要

2021年，中国如期全面建成小康社会，实现第一个百年奋斗目标，并朝着第二个百年奋斗目标全力迈进。在全面建设社会主义现代化国家的新征程中，增强自主创新能力是促进我国经济高质量发展的重要途径。因此，及时准确全面地评估中国创新创业发展状况对激发市场活力和社会创造力，形成"双循环"新发展格局，推动我国经济高质量发展具有重要的现实意义。

在此背景下，《中国双创发展报告（2021~2022）》从"环境—资源—绩效"的创新创业生态链视角出发，构建环境支持、资源配置和绩效价值"三位一体"的一级指标及10项二级指标和33项三级指标；从城市经济发展状况和兼顾区域均衡发展出发，筛选100个城市作为研究样本，立足城市、展望全国，计算2021年中国双创指数，综合测评我国双创发展状况，总结双创在"十四五"规划开局之年和疫情防控常态化背景下的新形势和新挑战，探索我国双创活动未来的发展方向和前进路径。测评结果表明，深圳、北京和上海连续5年位居中国双创总指数排行榜前3，而重庆、成都两座西部城市首次同时跻身全国前10，西部地区双创发展新高地建设成效初显。

除了对各城市进行综合评价分析外，本书还从多个层级揭示了我国双创发展的特征，体现了双创发展的时代性和前瞻性，既包括数字与智能产业的微观聚焦，也包括国内区域与国际层面的宏观比照。双创产业发展方面，智能网联汽车、数字化人力资源管理等成为极具双创潜力的新兴行业；国内区域双创发展方面，东部地区全面占优的局势未改变，但是各区域发展更加均

衡,中部地区整体实力强于西部地区;国际双创发展方面,中国在创新水平上已从区域中等水平提升至国际创新的领先者,尽管总体创业生态较国际领先水平仍有一定差距,但我国创业生态发展态势逐步向好。

关键词: 双创城市　双创指数　双创模式

序言:"全民创意"与大众创业万众创新

王京生

党的十八大以来,以习近平同志为核心的党中央,将创新作为引领发展的第一动力,摆在党和国家发展全局的核心位置,将科技自立自强作为国家发展的战略支撑。2014年,在夏季达沃斯论坛上,李克强总理首次提出并阐释了"大众创业、万众创新"(以下简称"双创")的理念,并在每年的《政府工作报告》中持续推动,从而激发了全国人民参与创新创业的热情。近年来,我国创新创业发生了历史性、整体性、格局性的重大变化,成功迈入创新型国家行列。

"双创"强调人民群众的主体地位,深化了全民对创新创业的认知,增强了个人创新创造的意识。"双创"的持续深入推进,引发了群众的"创意"热潮,即"全民创意"。更多的"创意"又推动"双创"更加深入发展。目前,"全民创意"已成为"双创"的重要组成部分。要使"双创"真正可持续,必须在现有的基础上,大力推进"全民创意",不断提升全民"创意"的能力,为"双创"提供"源头活水"。

一 "全民创意"的本质追求

两千年前,东汉王充在《论衡·超奇篇》中写道"孔子得史记以作《春秋》,及其立义创意,褒贬赏诛,不复因史记者,眇思自出於胸中也",

在世界上首次表达了"创意"的概念。① 进入现代，随着工业革命的到来，美国的詹姆斯·韦伯·杨在他的《创意》一书中指出"创意并不是要创造新事物，而是对旧要素进行重新组合"②，首次对"创意"进行了定义③；英国经济学家约翰·霍金斯认为每个人都具有创意的天赋。同时，创意也是文化发展的重要内容。1998年，英国首提创意产业，时任英国文化媒体体育部（DCMS）大臣克里斯·史密斯认为，创意向每个人开放，每个个体都具有创意潜能，"文化创意最伟大之处即在于最终通向人人参与创意之路"。④

其实，创意就在人们身边。小到人与人之间的一次交谈，头脑里产生的一个美丽的想法，一餐别具风味的美食，这些都蕴含"创意"。基于这些生产生活中随时随处可见的"创意"，我们提出"全民创意"的理念和主张，即每个人都有创意的天赋，每个人都是创意的主体。

每个人源源不断的创意，将激发全社会磅礴的创新力、创造力，最终推动整个社会的创新发展。可以说"全民创意"的本质追求，就是实现"万众创新"，建成创新型社会、创新型国家，实现中华民族的伟大复兴。

"真、善、美"是人的本质追求。"美"是人们进行"创意"的一个重要起点，也是一个重要的落脚点。世界上的"美"有两种，一种是"自然之美"，一种是"人为之美"。如果说"自然之美"是天地的赋予，那么"人为之美"就是人的创造和文明的积累。

同时，美学教育也包括两种。一种是欣赏美，通过美学教育树立正确的美学观和美的欣赏能力。另一种是创造美，通过源源不断的、形式多样的创新和创造活动，丰富人类的美学内容。就这一点来讲，创造美不仅是艺术家的责任，更是每个人都有的天赋能力，每个人都可以创造自己的生活之美、

---

① 赵立诺：《术语溯源与理论阐释：创意、创意产业》，《创作与评论》2014年第22期，第89~92页。
② 詹姆斯·韦伯·扬：《创意的生成》，祝士伟译，中国人民大学出版社，2014，第33页。
③ 金定海、郑欢编著《广告创意学》，高等教育出版社，2008，第4~7页。詹姆斯·韦伯·扬对以"idea"为英文的创意进行了定义。
④ Smith, DCMS, "A New Cultural Framework," *Department for Culture, Media and Sport* (1998): 145.

工作之美和艺术之美。

从这个意义上来讲，人们每天都在进行创意和美的实践，每个人都是美的创造者，每个人都是"全民创意"的一分子。但是，如果把这种创意变成一种对美的追求，进而上升为美的创造，那将成为一股巨大的能量。在今天看来，有无数的哲学家、教育家、音乐家、美术家、舞蹈家、朗诵者、设计师、作家、诗人等，他们都在创造"美"。实际上，因为他们创造的东西被其他人乃至整个社会认可和接受，所以，他们能够被称为"家"或者"师"。他们之所以能够拥有这样的创造能力，源于深厚的民间基础和创造激情。

美学的根源存在于民众之中。这是美学真正生长的沃土，也必然能催生更多好的创意。所以，当人们接受美学教育时，不仅是看客和受教育者，更应该把自己看作主人，丰富自身的美学实践，从而使自己在欣赏美的同时，生成无穷的创意，产生"美"的创造。

二 "全民创意"是"双创"的重要组成部分

（一）"创新创业之城"的实践产生了"全民创意"

深圳是一座创新之城，也是一座创业之城。改革开放40余年来，深圳创造了举世瞩目的经济发展奇迹，也成就了从"文化沙漠"到"文化绿洲"的文化发展奇迹。这"奇迹"产生的源头本身就是一个伟大的"创意"。

在深圳向联合国教科文组织申请"设计之都"的报告里，第一句话写道"深圳是一个被设计出来的城市，设计他的人是——邓小平"。联合国教科文组织的所有评委包括总干事都被这句话深深地震撼，留下了难忘的印象。从这个意义上来讲，深圳经济特区不仅是改革开放的产物，以及国家战略的重要内容，同时它也是一个伟大的"创意"。而实现这个"创意"的主体，就是我们的党、邓小平同志和全体人民。

讲到"文化深圳"的意义，我们曾经用了两个概念：第一个是"文化深圳从阅读开始"，第二个是"文化深圳以创意为代表"。在"文化深圳"奇迹的锻造中，阅读是什么样的阅读？我们赋予了它"全民阅读"的概念，并且立足于"全民阅读",去推动整个城市的文化建设。深圳成为全国最早提倡"全民阅读"和推动"全民阅读"的城市,成为中国人均读书量和借阅量遥遥领先的城市,成为世界上唯一一个被联合国教科文组织授予"全球全民阅读典范城市"的城市。深圳市民为之骄傲。

2008年深圳被联合国教科文组织授予"设计之都"的称号,成为世界创意城市联盟的重要成员。

"全民创意"理念的提出,不仅是为这个城市,也为中国创意产业的发展与美学教育的开展奠定了重要的基础。"全民创意"理念的提出,就是想告诉所有人,每个人都可以成为创意的主体,都可以实现创意的梦想,创意使我们的生活更美好!

"创意"在人们的生活中、在人们的事业中、在人们的一举一动中。"创意"也可以使人的生活变得更加美好。"全民阅读"激发了每个人的读书热情,"全民创意"也必将激发更多人的创意激情,开拓更多人的创意思维,从而产生更多伟大的创意成果。

(二)"全民创意"与"双创"共塑全民创造力

人人都有创造力,"双创"聚众智、汇众力,激发了市场活力和社会创造力,带动更多人参与创新创业,引发了创新创业的热潮进而催生了"全民创意"的热潮。从这个意义上来讲,"创意"是创新创业的一个重要领域。

创意创新创业有着相同的本质。创意是各种要素重新组合产生的新形式,创业是创业团队成员以及各种创业条件的重新组合,创新是生产要素的重新组合,三者都是要素的自由整合和再创造。但创意是创业的基础、是创业的重要组成部分,同时,也是创业产生的成果。创意与创业是互为表里的关系。而创新里包含很多创意的内容,但是创新加上科技的因素,就具有了引领性和带动性。正如创意城市之父查尔斯·兰德利认为的"好奇心、想象力、创意、创新与发明这五个关键词,形成了无懈可击的五重奏"[1]。所以创意和创新创业是

---

[1] 查尔斯·兰德利:《创意城市:如何打造都市创意生活圈》,杨幼兰译,清华大学出版社,2009,第5页。

密不可分的，一个创新创业的地方，它一定是创意的热土。

创意是无穷的，是没有限定性的。"全民创意"赋予了所有人创新的自由。创意创新是创业的基础和前提①，创意是具有新颖性和创造性的想法，是创新创业的源头和基础，创意的实施就是创新的过程，创业是创意创新的延伸，因此"创意—创新—创业"是三位一体的。②从某种程度上讲，"全民创意"是通过唤醒每个人的创造力，潜移默化地培育每个人的创新创业精神和洞察力、想象力、变通能力。这恐怕就是对李克强总理关于"'双创'很重要的是众，人民群众有着无穷创造力"论述的一种诠释吧。

每个人都有平等的机会将个人创意付诸实践，这个过程就是创新创业。这种根植于群众的创意方式，从它诞生的那一刻起，就是面向大众的、面向全民的，是鲜活的、有生命力的。这种创意的实践和实现，即创新创业进入市场，使这种创新创业行为产生更高的绩效。

（三）"全民创意"为"双创"培育新生力量

"全民创意"无处不在，创意是激活的人力资本。每个人都具有由自己的创意产生的"微生产力"，这种创意的"微力量"普遍存在于电影、媒体、广告、音乐、游戏、直播中，正在成为创新创业的革命性新生力量。③激发和培养有创造力的"微创新"思考者，让每个人具备独立思考、敢于质询、勇于革新等创新技能和创新精神，既可以让群众产生源源不断的创意，同时也是确保创业成功的重要精神因素。

创意通过开放与共享，成为一种打破固守的力量，是微小的创造性破坏。维基百科（Wikipedia）是一本人人都可参与编写和更正的网络百科全书，每个人都可以挑战权威，成为文化链条中的创造者。还有越来越多的教

---

① 赵婀娜：《创新创业教育，急需"升级版"》，《人民日报》2017年1月5日。
② 柯燕华：《"创意—创新—创业"三段进阶式双创教育教学模式的构建与实施》，《吉林农业科技学院学报》2019年第4期，第82~84，97和121页。
③ 范长征：《英美全民文化创意社会与大众"微创新"模式》，《甘肃社会科学》2015年第6期，第120~123页。

育类、金融类、数学类、网络软件类、操作系统类等开源软件,各种软件工程师和个人参与开源软件的编写和开发。显然,在这里每个人的创意形成了"开源创新、合作开放"。"全民创意"蕴含了创新理论中的颠覆式创新和渐进式创新两种可能性。

在英国,"创意"被认为与经济增长同等重要,"创意"能力被提升到"作为决定国家经济腾飞的关键因素"的战略高度。开发每个人的创意潜能、提升每个人的创意能力,被认为是知识经济繁荣和国家经济腾飞的决定因素。[1] 或许,除了教育与健康是人力资本,"创意"也是一种被激活的人力资本,它与创新、创业行为结合,成为人力资本真实增长的无限源泉和推动力量。

三 "全民阅读"为"全民创意"注入动力

阅读推动城市发展,是城市乃至国家创新力、竞争力的关键来源。"全民阅读"可以提升市民的个人素养,规范市民的行为举止,加强市民知识的积累,激发个人创意,为"全民创意"奠定基础。"全民创意"也能够充分展现"全民阅读"产生的丰硕成果和焕发的夺目光彩。可以说,"全民阅读"是创新和创意的"发动机"。

热爱读书的民族必将自强于天下。热爱阅读的民族可以经久不衰且日益强大。根据中国新闻出版研究院开展的全民阅读调查,2021年我国成年国民人均阅读量仅4.76本[2],远低于韩国的11本,法国的20本,日本的40本,[3] 以色列的64本[4]。而以色列、日本是全球知名的创新型国家,可以看

---

[1] Smith, DCMS, "Creative Industries Mapping Document," *Department for Culture, Media and Sport* (2001): 10.
[2] 路艳霞:《2021年我国成年国民人均读书4.76本》,《北京日报》2022年4月24日。
[3] 张亚军:《几种阅读率指数比较——基于9次全国国民阅读调查的数据分析》,《图书馆学研究》2013年第12期,第69~75页。该数据为2014年中国新闻出版研究院组织实施的第十一次全国国民阅读调查结果。
[4] 郭佳:《以色列:国民阅读量世界第一新媒体研发放眼国际》,《光明日报》2014年6月7日。

出，以色列等国的年人均阅读量与其国家的创新力呈正相关。创新的城市亦是如此，深圳是"千馆之城"，截至 2021 年底，深圳各类公共图书馆（室）、自助图书馆合计 1043 个，居民的图书阅读率为 74.6%[①]，年人均阅读纸质图书 9.15 本，阅读电子图书 11.70 本[②]。而在上年的研究中，深圳连续 4 年蝉联双创总指数得分第 1 名，这与深圳的人均阅读量关系密切。同时，在 2019 年全国双创百强城市中，深圳的每万人藏书册数最多，有 34051 册，其次是上海（33206 册）、北京（32727 册），这些城市在双创知识文化建设上具有较大的优势。

人民的阅读量是国家创新力的重要影响因素。从世界范围来看，阅读指数和创新指数高度重合，两者成正比。如以色列，其创新成果最多、转化率最高，年人均阅读量也是最高的。芒福德提出，"城市是文化的容器"，而人是知识和文化的载体。阅读带来的积累、提升和启示，帮助个人更好地欣赏美、创造美、生成创意。践行"全民阅读"的城市，必将充盈着每个人的创意。因此，一个"全民创意"之城一定是"创新之城"，也一定是一个文化强市。

深圳在"全民阅读"推广上做出的长期努力，取得了显著成效，深圳作为"创新之城"在持续发展中。深圳的居民阅读率、阅读量、阅读时长、数字化阅读等指标长期高于全国平均水平。通过"全民阅读"的推广，深圳市民的文化水平、创新能力得到全面提升。城市阅读与学习的成效将直接作用于城市建设，这充分体现在深圳 40 多年的飞速发展上。仅从创新能力来看，2021 年我国 PCT 国际专利申请量第 3 次位居全球第一，共 13 家中国企业进入申请人排行榜 50 强，其中包括 7 家深圳企业。深圳的华为技术有限公司更以 6952 件登上榜首，这是华为第 5 年独占鳌头。科技部中国科技信息研究所发布的《国家创新型城市创新能力评价报告 2021》显示，深圳创新能力指数在 72 个创新城市中排名第一，其中，深圳的创新治理力、成果转化力、技术创新力、创新驱动力均居全国第一。

[①] 数据来自《2021 年"书香深圳"测评结果报告》。
[②] 唐汉隆：《深圳全民阅读发展报告 2022》，海天出版社，2022。

四 "全民创意"的实现路径

(一)"全民创意"需要包容互鉴

人们在创造美的过程中,要吸收很多的美学知识,首先要懂得欣赏美、鉴别审视美。从这个意义上来讲,"全民创意"的提出也必然激发更多人对美学的浓厚兴趣。

在欣赏美的时候,要记住费孝通先生的那句话,寻求美的过程就是"各美其美,美人之美,美美与共,天下大同"。首先要"各美其美",做美的创造者就是"各美其美"的核心内容,是每个人乃至民族美学自信、自觉、自强的必然。中华民族的美学博大精深,作为世界唯一存续下来的、不中断的文明,它在"人为美学"的境界上达到高峰。以至于中华民族有那么丰厚的诗境之美、绘画之美、音乐之美、舞蹈之美、建筑之美等,不胜枚举,并且受到世界的尊重。

"全民创意"首先要"各美其美",把中华美学发扬光大。这是民族复兴的重要内容,也是中华文明的重要内容。这种美,正如朱熹所言"却愁说到无言处,不信人间有古今"。在今天的民族复兴伟业中,人们除了继承这份无与伦比的民族美学遗产,还要创造这个时代的美。每个人在美学创造方面具备的无限能力和取得的无限成果,使我们的民族继续受到世界的尊重。

"全民创意"就是要"美人之美",当人们为古老的中华美学传统自豪的时候,一定要以同样喜悦和欣赏的目光看待其他民族和其他国家创造的美学思想和美学成果。要以谦卑的态度学习借鉴这些成果,体验它的奥妙,学习它的经验和理论,以光大和充实中华美学。因为,这是属于全人类的共同宝藏。我们越谦卑,就会越充实,也会越自信。而那些唯我独尊、唯我独大的"喧嚣",只能证明美学精神的贫乏和无知。因此,只有在"各美其美、美人之美"的基础上,才能做到"美美与共",在人类文明的巅峰上与世界各民族握手,从而完成人类文明共同体的美学建构。

（二）"全民创意"需要实现市民的文化权利

"全民创意"这一理念还有一层意思，就是要完整地实现市民的文化权利。市民的文化权利，分为享有权、参与权、创造权和创造成果被保护的权利。"全民创意"理念的提出，可以充分实现这四个方面的权利。希望每个人都能成为美的享有者，由政府和社会各界提供各种空间，让人们领略自然之美和人为之美。比如各类美术馆、音乐厅、图书馆、书城的建造等。

各级政府应该为市民参与美和创造美提供广阔的空间，为"全民创意"搭建广阔的舞台。深圳在定位上，提出"三创之都"的说法，即创新之都、创业之都和创意之都。深圳有天然的创意土壤。深圳是一个年轻的"移民城市"，驱动每一个"移民"来到这片热土，这里可以帮助他们实现对未来的梦想和追求。"移民"汇聚，像小溪入河；"移民"涌动，像春潮破冰。想一想，一个人带着一个梦想到来，十人、百人、千万人呢？那是一股多么巨大的力量，那就是梦想的海洋！所以，深圳是一个典型的"梦想之城"，这种"梦想"乃是创新创业和创意最强大的思想力量。从这个意义上来讲，创意与城市密不可分、与每个人密不可分，可以说这就是深圳的本质之一。一个城市如果能够充分满足每个人对创意参与和创造的权利，必然会取得无法想象的成果，这座梦想之城的血脉也将得到延续。创造成果被保护的权利，是对所有创意者的尊严和成果的维护。深圳在知识产权和著作权方面已经做得很好了，未来还可以做得更好！

（三）"全民创意"需要解放思想

要实现"全民创意"，最重要的就是解放思想。解放思想是释放每个人创意能力的最重要的先决条件，只有解放思想，才会有创新的理念，创意才会源源不断地产生，创意之果才会越来越丰富。所以，深圳必须坚持改革开放40余年来解放思想的优良传统，做解放思想的"尖兵"。

今天，中华民族正走在伟大复兴的道路上，这种复兴说到底是文明和文化的复兴。作为一个有着5000年历史的伟大民族，追求真、善、美是中华

文明的本质,也是一代又一代中国人上下求索的根本内容。而美的心灵、美的创造、美的表现、美的欣赏,都有鲜明的民族特色。提倡"全民创意",就是要继承这些生生不息的传统,并将其发扬光大。这也是一种"以人民为中心"的表现。

(四)"全民创意"需要构建"四型文化"

要鼓励所有人都投入到积极的创造之中、投入到美的创造和欣赏之中。除了认识"全民创意"对文明和美学的意义外,更重要的是建构一个平台,那就是我们一直提倡的"创新型、智慧型、包容型、力量型"文化。[①] 因为,只有创新型文化才能孕育无限的创意,鼓荡起创意的大潮;只有智慧型文化,才能让人不断追求心灵美的至高境界,激发出从本性追求到技术实践的美好成果,促进"全民创意"的实现;只有包容型文化,才能以广阔的包容胸怀和海纳百川的气概,创造出千姿百态、相互映衬又相互扶持的美丽境界;只有力量型文化,才能凸显民族的血性和生生不息的传统。这也是实现中央赋予"全国文明典范城市"的重要文化形态。而"全民创意"就是这种文化的坚实基础,它必将推动文化产业的高质量发展,使"文化强市"真正地强起来。

"满眼生机转化钧,天工人巧日争新。预支五百年新意,到了千年又觉陈。"创意是一个不断发展的过程,是一个不断求新的过程。中国"双创"的蓬勃发展,催生了"全民创意"的热潮,而"全民创意"为"双创"提供了源源不断的新生力量。"全民创意"是创新型国家和创新强国的底层基础,将释放"双创"最强大的创造力,促使中国在迈向创新型国家前列和创新强国的道路上,形成更加汹涌和澎湃的力量,必将加快实现中华民族的伟大复兴!

[①] 王京生:《让城市因热爱读书而受人尊重:阅读与城市发展》,海天出版社,2019,第11~17和40~42页。

前言：深港融合发展与区域经济韧性

自2019年《粤港澳大湾区发展规划纲要》出台以来，深港融合发展就被提上区域协调发展的议程。之后相继出台的《深圳建设中国特色社会主义先行示范区综合改革试点实施方案（2020—2025年）》与《全面深化前海深港现代服务业合作区改革开放方案》（以下简称《前海方案》），都从制度层面为深港融合发展确定了基本路径与规则衔接、制度对接的主要方向。如果说粤港澳大湾区的构建是中国社会深化改革的战略性部署，是建立政策性增长极的重要方式，先行完成制度变迁探索的中国道路的逻辑演进，那么深港融合发展就是新时代深化改革进程中又一富有挑战性的制度安排。消除融合发展的制度障碍，建立融合发展的制度通道，则是实现共同繁荣的关键所在。制度障碍的消除与制度通道的建立，以制度资本与社会资本的潜在力量增加了深港乃至粤港澳大湾区的区域经济韧性。"一国两制"框架下深港融合发展的体制机制的确立与实践，将促进中国社会管理体制与机制的现代化与国际化，从而使粤港澳大湾区真正成为未来中国具有超强扩散效应与辐射力的最强劲的区域协同发展的高品质引擎与制度创新高地。

一 区域经济韧性及其影响因素

从一般意义上讲，经济韧性是指一个经济体在面临外部和内部各种环境变化的情况下，防范、抵御各种风险以及及时灵活调整政策，开辟新的发展路径的恢复能力。区域经济韧性指一个特定的区域或区域共同体拥有的上述能力。当然，由于区域自身的特殊禀赋，或区域共同体形成的独特的互补优势和要素集聚能力与合力的存在，区域经济韧性会在成因或韧性表现形式上显示出某些差异性，但基本原理与机理是相同的。一个富有经济韧性的经济体，是一个具有可持续发展潜能的经济体，而一个富有可持续发展潜能的经济体，必定蕴含经济发展韧性。

2002年，Reggiani等人首次把"韧性"的概念应用到区域经济领域。他们认为在针对经济学空间系统的动态研究过程中，"韧性"这一概念是极其重要的，它在类似的分析中应作为一个关键思路，尤其是当空间区域经济系统面对各类冲击或扰动时。① Berkes等人认为，韧性不仅包括经济系统应对外界扰动的能力，还包括抓住并转化外部机遇的能力。② Rose认为，经济韧性涉及企业、市场、家庭等不同层面，是区域系统中固有的一种响应机制，以及区域在外来冲击发生时和发生后为避免潜在损失而采取应对策略的能力。③ Foster将区域经济韧性定义为：面对外部干扰，区域预测、准备、应对和恢复的能力。④ Hill等学者认为，一个区域其经济受到冲击后，成功恢复的能力表现为区域经济的韧性；但是，区域经济的这种复原能力所形成的状态有可能与原有的经济运行模式间存在某些偏差。⑤ James等学者则根据区域遭受外界冲击后的情景，总结区域经济的发展趋势，其中包括区域经济能否回到冲击之前的稳定发展状态，以及区域经济能否可以通过自身结构的调整，实现产业转型升级，走向全新的发展道路等，并将上述特质视为区

---

① Reggiani A, De Graaff T, Nijkamp P, "Resilience: An Evolutionary Approach to Spatial Economic Systems," *Networks and Spatial Economics* 2 (2002): 211-229.
② Berkes F, Folke C, eds. *Linking Social and Ecological Systems: Management Practices and Social Mechanisms for Building Resilience* (Cambridge: Cambridge University Press, 1998), pp. 13-20.
③ Rose A, "Economic Resilience to Natural and Man-made Disasters: Multidisciplinary Origins and Contextual Dimensions," *Environmental Hazards* 4 (2007): 383-398.
④ Foster K A, "A Case Study Approach to Understanding Regional Resilience," *IURD Working Paper* 8 (2007).
⑤ Hill E, Wial H, Wolman H, "Exploring Regional Economic Resilience," *Working Paper, UC Berkeley: Institute of Urban and Regional Development* (2008): 1-12.

域经济韧性。① 叶初升将经济韧性简练地概括为抵御风险、驾驭不稳定性的发展能力。② Martin 的研究将区域经济应对衰退冲击的"韧性"归纳为以下四个方面。一是抵抗力。即区域经济应对衰退冲击的敏感性和反应程度，或者说脆弱性和易受伤害性。二是恢复力。即区域经济从导致衰退的各类冲击中自我恢复的程度与速度。三是自我调整能力。即区域经济系统在遭受冲击之后重新有效整合其内部资源，调整自身包括产业结构在内的社会制度结构，从而适应外部环境新变化的能力。这里还必然包括维持就业、产出和收入水平相对稳定的能力。四是经济可持续增长路径的创造与再创造能力。即当区域经济遭受冲击后，改变既有的增长模式，拓展、开创新的发展路径，从而再度实现经济持续稳定增长的能力。③ 区域经济韧性在某种意义上可以被视作一个地区固有的特质，它是可以在相当长的时期里持续提升某一经济系统的至关重要的属性。当然，区域经济韧性又表现为一个循环过程，即区域经济面对冲击扰动及其恢复过程。这个过程可能会引起区域经济结构和功能的演变，而这些变化又会影响区域经济系统面对下一次冲击扰动时的抵抗性和恢复性。也就是说区域经济韧性是动态演化的，它既会影响区域经济对冲击扰动的应对能力，也会因系统的改变而发生演化，进一步影响区域经济应对下次外部冲击的能力。④

一般认为，有四个因素会对区域经济韧性产生主导性影响。其一，区域产业结构状况。在已有的相关文献中，产业结构一直被看作影响区域经济韧性的最为重要的因素。排除单纯的产业多元化与专业化的利弊之争，仅就应对外部风险冲击而言，一方面，一个区域产业结构越多样，尤其主导产业越非单一化，产业结构分散风险的能力就越强，该地区面对冲击时就能体现出更强的韧性；另一方面，包括主导产业在内的不同产业，对经济韧性均表现

---

① James S, RON M, "The Economic Resilience of Regions: Towards an Evolutionary Approach," *Cambridge Journal of Regions Economy and Society* 1 (2010): 203-216.
② 叶初升：《中国的发展实践与发展经济学的理论创新》，《光明日报》2019 年 11 月 1 日。
③ Martin R, "Regional Economic Resilience, Hysteresis and Recessionary Shocks," *Journal of Economic Geography* 1 (2012): 1-32.
④ 李连刚等：《韧性概念演变与区域经济韧性研究进展》，《人文地理》2019 年第 2 期。

出不同的敏感度。以重工业为主导的区域，由于面对冲击时会产生高昂的沉没成本并存在退出壁垒，从而区域经济韧性较差；而金融业、服务业占比较高的地区，其区域经济韧性往往比较强劲。

区域产业结构单一化的弊端会造成该区域产业的锁定，而产业结构多样化可以防止这种锁定的发生。因为产业结构多样化不仅可以降低各类冲击对区域经济产生的破坏力，还有利于区域经济在遭遇冲击后迅速恢复。① 还有的学者认为，由于外部冲击直接影响一个或多个产业，产业结构多样化能够有效分散风险。对于产业专业化而言，一旦主导产业遭受冲击，短期内无法找到合适的替代产业，工人重新就业机会就会变少、区域经济韧性就会减弱。② 以雅各布斯（Jane Jacobs）为代表的城市经济学家则更加重视产业多样化的外部性作用。他们认为，由于多数重要的知识转移发生于跨产业之间，因此产业结构的多样化更能促进知识的跨行业交流，从而促进创新并提升技术水平，最终促进区域经济的可持续增长。③

马歇尔—阿罗—罗默外部性（MAR 外部性）更加强调产业专业化对区域经济增长的影响机制。因为产业专业化有利于降低生产成本、提升生产效率、促进知识溢出等。MAR 外部性认为，相同或相关行业在某一区域集聚，产生的知识和技术外溢效应，有助于提高本地创新能力，进而促进地方经济发展。很多学者在阐述产业的多元化更有利于提升区域经济韧性的同时，并没有否定区域产业专业化的优势及其对区域经济产生的正外部效应，因为两者针对的是不同的问题。产业的多元化并不是对产业专业化的否定，专业化寓于多元化之中，多元化包含专业化。一个拥有较强区域经济韧性的经济体，一定是同时蕴含专业化与多元化的产业结构体。

其二，社会资本。社会资本是指某种认知锁定。这种认知锁定源于社会

---

① Martin R, Sunley P, "Path Dependence and Regional Economic Evolution," *Journal of Economic Geography* 4 (2006): 395-437.
② 张振、赵儒煜、杨守云：《东北地区产业结构对区域经济韧性的空间溢出效应研究》，《科技进步与对策》2020 年第 5 期。
③ Jacobs J, *The Economy of Cities* (New York: Vintage Books, 1969).

网络中不同行为主体间过多的相互关联性。对个人而言，社会资本表现为个人在社会组织结构中所处的地位坐标的价值；对群体而言，社会资本则表现为生长在群体中，使成员之间能够获得互相支持的那些行为和准则的积蓄。布迪厄提出，社会资本是"实际的或潜在的资源的某种集合体，那些资源的集合与某一群体共同持久性占有同一网络密不可分。这种网络是体系化的，不仅被某一共同体成员所共同熟悉，而且还被他们所一致公认。从集体性拥有资本的角度来看，社会资本为每位成员提供源于一致认同的支持，提供足以为他们赢得社会声望与信誉的凭证"。[①] 科尔曼指出，"市场中的经济人为了实现自身的利益必须进行各种交换……于是自然形成了相对稳定并持续存在的一系列社会关系，……这些社会关系之和不仅被视为社会结构的一个重要的组成部分，而且以一种社会资源的方式存在着"。科尔曼在此基础上提出了社会资本的概念：他认为社会结构资源是个人拥有的资本财产，这种资本财产就是社会资本。社会资本、物质资本、人力资本是每一个人都可以拥有的三种资本，物质资本是有形的，而社会资本与人力资本是无形的，三种资本之间存在相互转换的可能。社会资本的形式有义务与责任、寄予与期望、网络与信息、规则与规范、有效奖励与惩罚、权威与权威关系和具有各种功能的社会组织，以及有意识创建的社会组织等。[②] 林南认为社会资本是"投资在社会关系中并希望在市场上得到回报的一种有价值的资源，是一种镶嵌在社会结构之中，并且可以通过有目的的行动来获得或流动的资源"。林南在定义社会资本时强调了社会资本的先在性，即社会资本首先存在于一定的社会结构之中，人们必须遵循其中的规则才能获得行动所需的社会资本。这个定义同时也说明了人选择行为与获得社会资本之间的关系。也就是说，人们是可以通过自身有目的的行动获得社会资本的。在帕特南那里，社会资本不是个人的财产，而是一种团体的甚至国家的财产。帕特南强调，社会资本的重心不应该放在增加个人的机会上，而应该放在增进社群的

---

① Bourdieu, P. Le, "Capital Social: Notes Provisoires," *Actes de la Recherche en Siences Sociales* 31 (1980): 2-3.
② Coleman, James, *Foundations of Social Theory* (Cambridge: Harvard University Press, 1990).

发展上，从而为各种类型的社会组织保留更宽广的存在空间。① 学者普遍认为社会资本对提高区域适应能力有积极的作用，但是，只有当社会资本能够促进多元化个体和认知，避免出现集体的盲目和短视行为时，它才有利于区域经济韧性。如 Hassink 曾研究了韩国"纺织之都"大邱的经济韧性。大邱曾经是韩国的"纺织之都"，然而先后两次石油危机都没能唤起当地人的危机意识。1980 年曾有专家提醒要警惕中国这个竞争对手的出现，但是大邱认为中国并不可能对其构成颠覆性的威胁，所以产业转型的步伐始终没有迈开。后来大邱纺织业不可逆转的衰落，直接导致了当地经济的衰败，就算政府付出巨大的努力和投资也难以挽回了。其实从现实生活来看，区域创新能力、商业环境、制度政策、区域文化、教育水平、人口等因素都会影响区域经济韧性。而 Hassink 指出，由于社会资本、知识网络和文化等是区域适应力的重要来源，因此它们对区域经济韧性的强弱具有重要的影响力，并且这种影响力同时会向正反两个方向拓展延伸。②

在本文的研究框架中，社会资本主要是作为一种内在的制度安排而纳入后面的分析逻辑之中。从作为区域共同认知的表现角度来看，社会资本无疑具有意识形态的制度功能，即节省交易费用的制度安排；从给区域内的每位成员提供支持和彼此信任的集体性拥有资本的作用角度来看，社会资本无疑具有减少或降低协调成本与组织成本的制度属性；从作为一种镶嵌在社会结构中的资源，并希望通过市场得到回报的经济属性角度来看，社会资本无疑具有以成本收益的权衡决定人们选择行为的类似于正式制度安排的功能与属性。当然，一个社会或区域共同体社会资本的形成，与共同体的正式制度安排是紧密相连的，而且在相当程度上，正式制度安排决定了社会资本的特质，因为社会资本存在于社会的制度环境之中。

其三，政策和制度环境。政策和制度环境，同样被认为是分析和解释区

---

① Robert D. Putnam, *Making Democracy Work* (Princeton: Princeton University Press, 1993), pp. 200-300.
② Hassink R., "Regional Resilience: a Promising Concept to Explain Differences in Regional Economic Adaptability?" *Cambridge Journal of Regions, Economy and Society*1 (2010): 45-58.

域经济韧性的重要因素。有学者认为社会经济系统分为企业主义、联合主义和发展主义三种类型。企业家精神构成企业主义社会经济系统的核心，而具有超强的创新活力是其基本特质，这种社会经济系统的经济韧性最好，以美国为代表。在以政企合作为特征的联合主义模式下，部分权力会被中央政府下放给地方和私人部门，这种社会经济系统具有一定的经济韧性，以德国和部分北欧国家为代表。以政府为核心、经济规划为主导的发展主义模式常见于东亚的部分国家，这种社会经济系统更容易导致区域锁定，从而显著削弱区域经济韧性。一般而言，从企业主义、联合主义到发展主义这三类社会经济系统的经济韧性是按照由高到低的顺序排列的。总体而言，政府干预越少、政策环境越宽松的区域，其经济韧性就会越强；政府权力较大或干预过多的区域，其区域经济韧性会显著降低。在考量、分析区域经济韧性时，行政力量是不可忽视的因素。当然，这种因素对区域经济韧性的影响未必总是消极的。一方面，僵化的体制会产生负面影响，阻碍经济结构有效率的调整和高质量的重组；但另一方面，中央集权政府同样会通过行政指令或发展规划创造政策机会，促进区域经济的成功转型。实践证明，无论是老工业基地的更新转型，还是经济危机后社会经济的重建，政府的权力及其行政力量与手段都是重要且不可忽视的影响因素。①

对于影响区域经济韧性的政策和制度环境因素，将其置于中国社会制度变迁及改革开放的大背景下进行考量。在由传统计划经济向社会主义市场经济转型的过程中，一方面任何一个懂得政府行动越少、成就将越多的政党，都将在政治上获得巨大而可喜的发展机会；②另一方面为了确保制度转型的效率，政府的保护性功能是必不可少的。因为，在某些情况下，如果没有政府的保障，社会转型的一些最基本的目标就无法顺利实现。沃尔特·奥肯曾说过这样一段话，视现存的政府为所有经济活动的全知全能的保护者是错误

---

① 孙久文、孙翔宇：《区域经济韧性研究进展和在中国应用的探索经济》，《地理期刊》2017年第10期。
② 〔美〕理查德·A·爱波斯坦：《简约法律的力量》，刘星译，中国政法大学出版社，2004，第50~51页。

的,但是,认为被利益集团收买的现政府已不可救药,从而对解决建立恰当政治—经济秩序的问题丧失信心,也是不正确的。政治秩序与经济秩序的相互依赖性迫使人们要同时解决它们。它们都是整体秩序的组成部分。没有竞争秩序,就不会有能起作用的政府;而没有这样一个政府,也就不会有竞争秩序。①"举国体制"对中国社会转型进程而言是一种有价值的资源,尤其在集中稀缺资源干大事和面对突然发生的外部冲击的时候。"举国体制"总是以政策和制度环境的方式发挥作用,同时也总是以政策释放的信息与制度环境带来的选择的机会成本的变化,决定个人、群体或一个区域的决策行为,从而影响区域经济的韧性。

其四,文化因素。文化因素在这里主要指区域文化、风俗、习惯和由此决定的人们的选择行为。作为影响区域经济韧性的文化因素,它们通常是以内在制度的形式发挥作用的。法国的启蒙思想家孟德斯鸠在他的《论法的精神》一书中专门谈到了习惯的重要性:"虽然贤明的人可以有他们自己制定的法律,但是他们却拥有一些他们从未制定过的法律。"大卫·休谟和亚当·斯密也强调演化中内在制度的重要性,认为其是社会制度框架形成的现实基础。诸如有意识人为制定的并通过立法确定下来的规则,以及包括公共选择在内的由政治决策过程决定的社会制度的整体架构,都必须以在演进中既定的内在制度为基础。柯武刚、史漫飞把内在制度分成较宽泛但又在某些方面有所重叠的四个方面,即习惯、内化规则、习俗和礼貌、正式化内在规则。习惯作为规则的主要特征就是会给它的遵守者带来遵循的便利,几乎所有人都会服从习惯这一规则,而且这种遵守基本上都是出自自利动机的选择行为。内化规则往往表现为人们通过习惯、教育和经验而自然习得的规则,这种习得的规则又常常表现为非极端情况下人们会无反应地、自发地服从,如道德就是这类内在制度的重要内容与经典体现。习俗和礼貌作为一种内在制度,尽管违反它并不会自动引发共同体内的有组织的惩罚,但是会受到共同体内的其他人的非正式的监督;违反者虽然不会受到有形的惩罚,但会在

---

① 〔德〕瓦尔特·欧根:《经济政策的原则》,李道斌译,上海人民出版社,2001。

共同体内落下不好的声誉,甚至会被赖以生存的社会排斥。虽然从制度形成的方式来看,正式化内在规则依然具有内在制度的特征,即随经验而出现,但它们在共同体内实施或执行的方式是正式的,即以正式规则的方式发挥作用并被强制执行,如校规、行业自我约束管理条例等就属于这类制度。①

作为形成区域经济韧性的文化因素,其本身就是制度的一个重要组成部分。然而,对社会而言,一方面制度是不可或缺的,因为任何无约束的自由对社会都是巨大的灾难。另一方面社会需要制度,但人们往往不了解制度。文化的制度属性与功能常常被人们忽略,人们常将其作为一种自然而然的存在来理解。从"时间就是金钱,效率就是生命"的特区精神到潮汕文化形成、积淀的某些习惯与习俗(甚至包括语言体系和"多子多福"的生育观),事实上都是在以一种内在制度或内化规则,抑或正式化内在规则的方式,持续保持、增强着这一个固定群体的文化凝聚力,同时也赋予这一固定群体和所生活的区域以来自文化认同的经济韧性。

综上所述,经济韧性还可以理解为一个经济体自我转型升级的能力。即一个区域或区域共同体通过实现系统结构与功能的转变,形成可持续发展与最终消除风险干扰实现其转型的能力。但是,从区域经济韧性的生成及影响因素来看,并非单纯经济因素的结果,而是包括经济因素在内的社会诸因素共同作用的结果。可以说,今天的深港融合发展也非单纯的经济上的合作共赢,而是一种区域共同体的全方位的社会的融合。这种融合虽然以中央政府指导性文件的方式倡导,但根本上还是源于双方可持续发展的客观需要与区域共同体演进的趋势。一方面对香港而言,无论面对国际竞争还是谋得自身开拓性发展都需要祖国内地的支撑(这种支撑包括要素更自由的无制度障碍的流动、空间地域的延伸等),而深圳则是这一支撑的最佳要素供给者与高制度契合度的合作者;另一方面对深圳而言,无论率先深化改革还是拓展对外开放新格局都离不开香港这一国际化的平台,

---

① 〔德〕柯武刚、史漫飞:《制度经济学:社会秩序与公共政策》,商务印书馆,2004,第122~125页。

而香港成熟完善的市场经济体制、发达的金融体系以及与之相关联的在国际经济秩序中的地位,不仅可以降低改革的认知成本从而提高制度变迁的绩效,而且还可以为祖国内地可持续发展带来制度环境的优化与"制度资本"的提升。

二 粤港澳大湾区的制度经济学诠释

从制度变迁的角度来看,粤港澳大湾区无疑是一项正式的制度安排。作为一项正式制度安排,粤港澳大湾区的形成与构建,一方面具有制度的基本功能与属性,另一方面具有制度创新的特殊意义。高绩效的制度结构有助于粤港澳大湾区获得高品质制度资本,并以此在全国范围内起到示范带头作用,进而推动中国改革开放向纵深迈进。这正是粤港澳大湾区作为区域性经济增长极的关键所在。

新经济史先驱诺斯认为,"制度可以被定义为社会的行为规则,提供了人类相互影响的框架。它们建立了构成一个社会,或更确切地说一种经济秩序的合作与竞争关系"。①诺斯在与新制度经济学派代表人物戴维斯合著的《制度变迁的理论:概念与原因》一文中对制度概念又做了进一步的表述:制度是人为设定的一种制约,目的在于决定人们之间的相互关系,从而构造出一套发生于政治、社会或经济等方面交换时的激励结构。他们在上述文章中还阐述了制度与制度安排以及制度环境之间的内在联系:制度的一个重要功能就是规范并决定人们的选择行为,它同时也支配着不同共同体之间可能发生的合作与竞争方式,……安排可能以正式的方式出现,也可能以非正式的方式出现;可能表现为暂时性的一种安排,也可能表现为更长久的一种安排。但它必须至少用于下列一些目标,那就是提供一种崭新的制度结构,从而使某一共同体成员间的合作能够获得显著的,在结构之外无法获得的追加

---

① 〔美〕道格拉斯·C·诺斯:《经济史中的结构与变迁》,陈郁、罗华平等译,上海三联书店、上海人民出版社,1995,第225页。

收入；或能提供一种机制，这种机制能通过影响法律或产权的变迁，改变团体或个人合法竞争的方式。他们还认为：制度变迁与技术进步有着非常相似的动机，那就是追求收益最大化。所以，成本—收益之比就成为促进或推迟制度变迁的主张者什么时候采取行动以及如何采取行动的关键。只有当一项制度变迁预期的净收益超过它的预期成本时，一项制度安排才会被创新出来。也只有当上述这一基本条件得到满足时，人们才有可能发现在一个社会内部滋生了，或正在酝酿着改变现有制度和产权结构的愿望与企图。戴维斯与诺斯还阐述了制度创新的几种方式：纯粹自愿的方式与完全由政府控制和经营的方式，以及存在于这两种极端之间，被广泛采用的半自愿半政府的方式。自愿的制度安排是以相互同意的个人之间的合作性安排为前提的，参与其中的任何人都可以不受约束地合法退出。这种制度安排的特征就是对决策的无条件的一致同意，同时接受这一决策所支付的成本要远远低于退出带来的成本。与之不同，由政府发起的制度变迁是不会为个体提供自由退出选择的。因此，政府并不要求对行动的一致同意，每一个个体却一定要遵从这些决策规则。他们进一步指出："尽管在自愿选择下的制度创新中，既没有与之相联系的组织成本，也没有强制成本，但收益的增长只限于一个人。不过，在自愿的安排下，要达成一致可能会进一步增加组织成本。所以，给定同样数量的参与者，在政府安排下的组织成本可能要低于自愿安排下的成本。相对于其他制度创新方式，一个政府的强制性方案，可能会产生极高的收益，因为政府可以利用其强制力（这里可以理解为权力），并强制实现一个任何自愿的谈判都不可能实现的方案。"[①]

通常一个社会所有制度安排的总和，包括政治和经济制度、技术、意识形态等正式和非正式的制度。制度总是镶嵌在制度结构之中，因此，它的效率取决于其他制度安排实现他们功能的程度。由于制度结构是由一个个制度安排构成的，所以如果一个特定制度安排不均衡，就意味着整个制度结构不

---

① 〔美〕L·E·戴维斯、D·C·诺斯：《财产权利与制度变迁——产权学派与新制度经济学译文集》，上海三联书店、上海人民出版社，1994，第267~291页。

均衡。许多制度安排是紧密相关的,一个特定制度安排的变迁,也将导致其他相关制度安排的不均衡。① 一方面,如果没有制度结构形成的相互支撑的制度系统,再好的制度也无法独自发挥作用并产生绩效;另一方面,制度供给本身从来都不可能是单向度的,一项制度供给的发生,要么表现为一系列相关制度供给的同时产生,要么表现为渐进式引发。

可以说,由新的制度安排带来的更富有绩效的制度结构,在制度创新中显得尤为重要。因为,"制度资本"的功能与属性,只有在相互支撑的制度环境中才有可能展现出来。产权制度也只有存在于市场经济体系中才具有价值并创造价值。德国制度经济学家柯武刚、史漫飞是这样定义"制度资本"的:制度拥有能增强生产要素效能的功能,这种效能的作用方式类似于资本使劳动具有更高的生产率。因此,我们可把一个共同体所构建的制度视为一种宝贵的生产性资产。我们称其为"制度资本"。② 有学者从交易费用的视角来阐述"制度资本"的意义,"如果一个国家的制度安排有利于交易市场规模的最大化,从而有利于经济体制的深化,那么我们就可以说这个国家拥有较高的制度资本"。反之,"任何不支持遵循'看不见的手'来完成市场交易的制度安排,都有可能使一个社会的交易成本变得很高。而这种被推高的成本,就是制度成本"。③ 从制度变迁的角度来看,高品质的"制度资本"总是形成、存在于高绩效的制度结构中。制度系统相互支撑的契合度越高,"制度资本"的属性就越显著。一个社会的制度系统会以降低交易成本、增加潜在收益的方式增进社会的总效益。

"制度环境是指一系列用来建立生产、交换与分配基础的基本的政治、社会和法律基础规则",或者说"是一系列与政治、经济和文化有关的法律、法规和习俗"。制度环境是"人们在长期交往中自发形成并被人们无意

---

① 〔美〕L·E·戴维斯、D·C·诺斯:《财产权利与制度变迁——产权学派与新制度经济学译文集》,上海三联书店、上海人民出版社,1994,第389页。
② 〔德〕柯武刚、史漫飞:《制度经济学:社会秩序与公共政策》,商务印书馆,2004,第143~144页。
③ 陈志武:《勤劳能致富吗?》,《西部大开发》2004年第11期。

识接受的行为规范",它表现为"可供人们选择制度安排的范围,使人们通过选择制度安排来追求自身利益的增进"。制度环境可以通过一份成文的文件、宪法或政府的政策,抑或发展理念的改变而改变或营建。① 《粤港澳大湾区发展规划纲要》、《深圳建设中国特色社会主义先行示范区综合改革试点实施方案(2020—2025年)》与《全面深化前海深港现代服务业合作区改革开放方案》(以下简称《前海方案》)等,实质上都是政府的政策及发展理念,会导致一系列制度创新的联动效应,从而促成区域制度环境的改变。

营商环境是指市场经济中的行为主体在市场准入、生产经营、退出市场等相关过程中涉及的诸如法治环境、市场环境、政务环境及人文环境等外部因素和条件的总和。② 如同制度总是镶嵌在制度结构中一样,一个社会的营商环境也总是镶嵌在该社会的制度环境之中,并体现该社会制度环境的品质。高品质的制度环境产生高品质的营商环境,而高品质的营商环境又具有增进要素价值的"制度资本"的属性。甚至可以说,营商环境是制度环境与"制度资本"属性的最恰当的诠释与体现。在现实中,所有方便要素自由流动的制度安排,所有能够降低交易费用的制度设定,所有能使人力资本这一重要的生产要素获得交换价值以外的价值(如尊重感)的制度系统,都有巨大可能在技术条件不变的情景下,仅仅由于营商环境的改善(更高品质的制度环境的形成与供给),实现经济增长并为社会带来来自制度文明的繁荣。从这个角度可以解释,为什么优化营商环境会成为粤港澳大湾区一体化进程中制度演进的重要方向;为什么营商环境的高水平衔接会成为深港融合发展之首要任务;为什么不断优化的营商环境,可以作为制度创新的结果在粤港澳大湾区建设的过程中日益凸显。有什么样的制度环境或制度安排,就有什么样的来自理性经济人的选择行为,从而就会有什么程度的社会文明。

---

① 〔美〕L·E·戴维斯、D·C·诺斯:《财产权利与制度变迁——产权学派与新制度经济学译文集》,上海三联书店、上海人民出版社,1994,第270页。
② 《世界银行:2020年营商环境报告(附下载)》,新丝路网站,https://www.me360.com/article/379621。

加拿大菲沙研究院发表的《世界经济自由度2020年度报告》显示，在190个经济体中香港位列全球最便利营商地第三，与上年相比，上升了1位。同时香港还以8.94的评分高于全球第四大金融中心新加坡，这是香港连续24年被评为全球最自由的经济体。加拿大菲沙研究院发言人认为，自由市场原则一直是特区政府制定政策的重要考虑以及香港经济的基石。香港有优质的司法制度、廉洁的社会风气、透明度高的政府、高效的监管制度，以及高度开放的环球商贸环境。这一切与香港成熟的自由贸易和投资制度相结合，与良好的营商环境和简单低税制的制度安排相支撑。高效运作的政府为香港提供了一个长期稳定并镶嵌在社会机体内的市场经济制度环境，从而能够保障企业蓬勃发展，有助于整体经济持续稳定向上。

从制度变迁的视角来看，可以对粤港澳大湾区的形成与构建做出如下判断：第一，作为一项正式制度安排，粤港澳大湾区的形成与构建为经济单位之间可能的合作与竞争，提供了共同遵循的规则和一种全新的结构。在粤港澳大湾区的制度框架内，"9+2"行政区划的每一个成员之间的合作均可获得某些结构之外无法获得的追加收入，或提供一种能影响法律抑或产权变迁的机制，以改变个人（或团体）合法竞争的方式。如《粤港澳大湾区发展规划》中有关粤港澳大湾区的五项战略定位和四方面发展重点，都是以正式制度安排的方式制定的。[①]《粤港澳大湾区发展规划》使"9+2"行政区划的每一个成员既作为独立的经济体，又作为合作中的共同体，它们在实现一体化目标的过程中获得了只有在粤港澳大湾区内才能获得的额外发展机会与收益。尤为重要的是，在粤港澳大湾区的制度框架内，自上而下的制度安排能够提供影响法律或产权变迁的某些制度变迁的机会，如规则衔接、制度对接等政策许可与实践。"一国、两制、三法域"的"9+2"行政区划的合作，不仅获得了结构外不可能获得的潜在利益与追加收益，同时对推动政治

---

① 《粤港澳大湾区发展规划》提出五大战略定位：充满活力的世界级城市群、具有全球影响力的国际科技创新中心、"一带一路"建设的重要支撑、内地与港澳深度合作示范区、宜居宜业宜游的优质生活圈。以及四方面发展重点：深化区域经济一体化、建设国际科技创新中心、构建具有国际竞争力的现代产业体系、建设宜居宜业宜游的优质生活圈。

体制改革与社会管理体制机制的现代化与国际化而言，均是一次足以降低试错成本的率先探索。

第二，作为一项正式制度安排，粤港澳大湾区的形成与构建体现了渐进式改革中"举国体制"的效率与权威性。"举国体制"不仅可以减少制度变迁的"时滞"与交易费用，迅速把国家改革的总体意图变为可操作的实施方案，还可以通过自上而下的行政隶属机制，使制度创新迅速产出其他体制下都无法达到的极高效益。另外，如果从制度设计的角度来理解《粤港澳大湾区发展规划》，它事实上是一种具有准法律效力的制度性文件。它不仅为实现区域一体化制定了合作与分工框架，如深港、珠澳、广佛三个增长极与七大节点城市的功能定位；而且还为有可能出现的过度消耗公共资源的"公地灾难"，恶性竞争带来的"无谓损耗"，公共基础设施、公共物品及准公共物品的区域间重复建设等，给出了旨在提高边际收益与供给效益的协商机制与制度操作空间。

第三，作为一项正式制度安排，粤港澳大湾区的构建不仅会在制度结构优化的进程中，使制度的"制度资本"属性得以提升，而且还通过模仿与传导机制推进中国社会的制度变迁向纵深发展，从而推动改革开放向更高水平迈进。

在谈到经济一体化时德国制度经济学家柯武刚、史漫飞认为：经济一体化与不同的地区市场或国家市场的市场参与者之间的密切交往有关。当地区间或国家间的交易随贸易的增长而趋于密集时，我们就称其为"源于下层的一体化"；伴随这种一体化的进展，通常会演变出各种促进这些交易的内在制度。相反，"源于上层的一体化"与通过各种政治程序建立或改变的制度有关，欧洲共同体就是这方面的一个例子。① 按照柯武刚、史漫飞的论述，粤港澳大湾区从概念上来说应该被定义为"源于下层的一体化"，与之相适应的是各种促进区域交易的内在制度。然而，这种在理论上契合制度经济学定义的"源于下层的一体化"，在中国表现为由政府制定的"源于上层

---

① 〔德〕柯武刚、史漫飞：《制度经济学：社会秩序与公共政策》，商务印书馆，2004，第454页。

的一体化"及与之相适应的正式制度。但有一点是可以肯定,那就是粤港澳区域自身的发展已经为"源于上层的一体化",即今天粤港澳大湾区的构建奠定了基础,同时也为制度结构的优化提供了可能。那些"源于下层的一体化",以及与之相适应的各种促进区域内交易便利化的内在制度,则更多地表现为"次级行动集团"的地方政府间的准市场行为和市场行为,如2003年《内地与香港关于建立更紧密经贸关系的安排》(Closer Ewnomic Partnership Arrangement,CEPA)的实施、以深汕合作区为代表的"飞地经济"等。高品质的"制度资本"既是市场经济体日益完善的结果,又作为一体化制度框架的绩效得以显现与释放。只是这一切都以符合中国国情的方式,以中国特色社会主义制度演进的逻辑路径展开。

第四,作为一项正式制度安排,粤港澳大湾区的形成与构建,以深港营商环境高水平规则衔接、制度对接为路径,在提升湾区制度环境品质的同时,促进香港真正融入祖国建设的整体布局之中。

营商环境本质上还是一个社会的制度环境,通常人们会遵循"制度—行为—绩效"的路径来评价制度环境对社会经济的影响。制度环境往往通过作用于各类要素的配置,从社会运作机制上影响区域经济的增长,同时也会通过交易成本来反映一个区域政府与市场之间的关系。

营商环境高水平规则衔接、制度对接对粤港澳大湾区而言,是一个借鉴香港成熟市场经济体制机制的学习过程。经历40余年的改革开放,香港与祖国内地的关系也发生着变化。香港以此了解世界、学习市场经济、融入国际社会。深港融合发展使香港与祖国内地的关系,从单纯的要素往来走向了现实的规则衔接、制度对接。从某种意义上说,从前香港自身拥有的契合发达市场经济体的体制与制度资源,在很大程度上只是作为经济增长的外生变量影响着人们的生活和选择,而没有作为社会发展的内生因素改变人们的行为方式、思维方法甚至决策程序。粤港澳大湾区的构建,尤其是深港融合发展的决策,会通过营商环境高水平衔接与对接等制度安排,把借鉴香港体制优势变成湾区高品质制度环境营建的行动。在规则衔接与制度对接的过程中,由于香港与深圳乃至整个粤港澳大湾区,在诸如商事规则等市场遵循及行为准则标准方面逐渐一致，香港以"制度化"的方式融入祖国发展的整体规划中。

知识的不足与匮乏，是可以通过恰当而有效的制度安排来予以缓解的。因为恰当的制度安排拥有引导个人决策者在一个复杂的、不确定的世界中做出理性抉择的功能，并能够帮助人们减少由信息不对称造成的损耗。① 香港的体制优势，是一种有价值的资源。向先进制度学习，有助于处在转型中的政府克服由自身局限性导致的保守与低效率；有助于避免认知不足造成的较高的交易成本和无谓的社会损耗；有助于降低向先进学习的机会成本、提高学习的效率与成绩。另外，向先进制度学习，既可以消除制度变迁的时滞，降低制度变迁的成本，减少制度变迁中包括服从心理和情感在内的无形损耗，同时还可以推动政府在制度变迁中走向成熟、理性，使政府更富有责任感。② 所以，营商环境的高水平衔接，不仅会加快粤港澳大湾区的一体化进程，还能从根本上提高湾区制度供给与制度环境的品质。随着规则的一体化，香港将有机会真正融入祖国的发展建设之中，并成为由市场规则营造的融合发展的制度共同体。

粤港澳大湾区作为国家的整体发展布局，既表现为渐进式改革的必然演进，又体现了中国道路的内在发展逻辑——以建立政策性区域增长极的方式，以先行先试的制度探索，推动改革开放向纵深发展；以成功经验的借鉴与推广，实现区域协同发展与共同富裕。所以，粤港澳大湾区的构建，在为共同体成员提供只有在共同遵循的制度框架内才能获得的机会与利益的同时，为深港融合发展提供了可能，同时凭借制度创新的力量加快了中国社会制度完善的步伐。

三 深港融合发展与区域经济韧性

如果说深圳与香港是粤港澳大湾区中具有独特意义的裙带增长极，那么

---

① 〔德〕柯武刚、史漫飞：《制度经济学：社会秩序与公共政策》，商务印书馆，2004，第62页。
② 陶一桃：《建设前海就是"再造香港"》，《法人》2014年第5期。

深港融合发展对粤港澳大湾区建设而言则具有独特的意义与功能。深港融合发展不仅是充分利用彼此包括制度在内的要素禀赋，从而形成发展合力的客观需要，同时也是未来真正实现共同富裕与繁荣的重要途径。深港融合发展的关键在于制度通道的建立，而规则衔接与机制对接是构建制度通道的桥梁。深港融合发展需要营造高标准的营商环境，而打造高品质的制度环境是实现这一目标的前提。深港融合发展的核心在于增强区域经济的韧性。深港不仅要成为带动粤港澳大湾区高质量发展的强劲引擎，还要成为带动中国经济可持续发展的具有国际风向标意义的强劲引擎。然而构建这样一种发展格局，需要更加深入的改革和更高水平的对外开放。

第一，从深港两地产业结构的特点来看，深港融合发展将凭借产业结构的优势，增强粤港澳大湾区的经济韧性，从而提升其抵御、应对外部冲击与风险的能力。

深港两地产业结构具有一定的相似性，并可以相互支撑。其一，产业结构的高品质化是深港两地的共同特点。深圳以高新技术产业和新兴战略性产业为主导，香港则以包括金融在内的现代服务业为主导。这两种产业业态均处于产业链条的高端位置，自身不易受到经济周期波动的影响。在面对有可能出现的全球经济危机时，这两种产业业态对整体经济发展起到"稳定器"的作用，尤其是高新技术产业。如高新技术产业所特有的创新能力、生产与技术能力、市场拓展能力和由管理能力带来的决策组织与制度创新能力等，都是面对经济冲击时保障生存及迅速复苏的机制优势与原动力。其二，产业业态的相互支撑性是深港融合发展的独特价值与意义。深港两地融合发展既有地缘上的可行性，又有区域经济发展趋势的客观必然性。深圳的高新技术产业、先进制造业优势与香港现代服务业优势及国际化先发优势的结合；深圳数字金融与香港发达且拥有国际信用的金融体系的结合，都会以提升自身竞争力和世界经济体系对其依存度的方式，增强深港融合发展赋予粤港澳大湾区的区域经济韧性。其三，发展空间的拓展与要素无制度障碍的自由流动，既增强了深港融合发展的经济承载力，又有助于深港形成新的经济增长点。不仅使香港，也使深圳乃至整个粤港澳大湾区更加富有区域经济韧性。

如香港北部都会区的建立与《前海方案》的出台。

第二,从深港两地的社会文化氛围与人力资本结构来看,较高的开放度与较强的社会学习能力及较高的城市宜居性,都以潜在收益的方式增加着社会资本,同时增强区域经济的韧性。

其一,较高的开放度与国际化水平,会以提高城市包容度的方式增强城市或区域经济的韧性。根据美国国际管理咨询公司科尔尼2020年发布的《全球城市指数》,由于疫情等原因,香港排名下降1名,位列第六,而北京超越香港,历史性地进入全球前5。这是自2008年第一期报告发布以来,排名前5的城市首次发生变化,之前香港连续9年稳居全球第五。但是从历史的延续性角度来看,香港的排名依旧不俗。在这个排名中持续上升的深圳,位居第七十五。应该说在区域国际化方面,香港表现得比深圳更具张力。在规则衔接与制度对接的进程中,香港自身的国际化水平及国际化的社会管理体制机制,会以改善营商环境的方式,增强深港融合发展的区域经济韧性。其二,高质量的人力资本结构既是社会的竞争力,又是经济体在承受外部冲击时,内在固有的抵御能力与迅速寻找发展路径的创新能力。就深圳而言,以金融业、信息传输/软件和技术服务业、租赁和商务服务业、科学研究/技术服务业为主的知识密集型服务业从业人数为116.28万人,占总就业人数的12.92%,每10万从业人员中就有12925人从事知识密集型服务业的工作。香港,以金融服务和专业服务及其他工商业支援服务为主的知识密集型服务从业人数为84.02万人,占总就业人数的21.80%,每10万从业人员中就有21800人从事知识密集型服务业的工作。《2020年全球创新指数(GII)》显示,在以PCT国际专利申请量和科学出版物为核心评价指标的科技集群中,深圳—香港—广州科技集群位居全球第二,仅次于东京—横滨,超过美国圣何塞—旧金山城市群(硅谷所在地)。其三,对处于区域增长极的城市而言,城市的宜居性既是城市的魅力,又是城市优质人力资本的储备能力与城市的生命力。美国经济杂志《环球金融》(*Global Finance*)发表了以"宜居城市"为主题的2020年世界排名,进入榜单前50的中国城市有香港、上海和北京。香港排第11位、上海第21位、北京第22位,深圳虽然没有进入前50，但也显示出上升的势头。由于深港均位于粤港澳大湾区经济带中，它们都是不可替代的且具有高品质引擎作用的卫星城市，共同构成了裙带增长极。宜居性带来的社会经济效益通过两地的融合发展得以展现。如2020年深港两地的地区生产总值达到5.18万亿元，相当于上海的1.33倍，是珠江口周边地区与杭州湾沿岸地区生产总值之和，而珠江口周边地区生产总值合计相当于杭州湾沿岸地区的1.50倍。2020年，香港和深圳的人均地区生产总值分别为32.30万元和15.73万元，明显高于上海，在湾区经济带城市中处于领先水平。①

第三，从深港两地社会资本的契合度来看，深港融合发展将以文化资本的制度力量，在降低磨合成本、减少协调成本、节省交易费用的同时，提高认知共识，增强粤港澳大湾区的区域经济韧性。

深港融合发展是向先进学习的过程。在这一过程中，香港的体制优势无疑会增强区域经济的韧性。如前所述，社会资本指社会网络中由于不同行为主体过多的关联，而形成的区域内的一致认知。只有当社会资本能够促进多元化个体的存在与生长，能够保证多元化的认知被社会所包容，能够使一个社会避免出现集体的盲目和来自群体盲目所造成的短视行为时，它才会有利于区域经济韧性。从制度经济学的角度来看，社会资本与文化资本具有概念上的较高的吻合度。柯武刚、史漫飞在定义文化资本时做了如下表述，"文化及其更具体化的要素——构成了社会中人力资本的一个重要组成部分：即它对于如何有效地转化劳动、资本、自然这些物质资源以服务于人类的需求和欲望具有重要的影响。因此，我们称其为'文化资本'或'社会资本'"。在这里，文化资本与社会资本被作为同一个概念加以表述。柯武刚、史漫飞还援引英国社会学家爱德华·伯内特·泰勒有关文化的定义来说明文化的制度属性。他们认为，爱德华·伯内特·泰勒把文化定义为"一个人作为社会一员所获得的全部能力和秉性"，这一定义不仅恰如其分地指出了由文化来沟通的个人与社会群体间的张力，而且还着重强调了这样一个事实，文化

---

① 数据来源于各相关城市统计公报。

附着于习得制度和支持这些制度的价值。社会的共同文化支持劳动的分工,因为它减少了交往的风险和成本。柯武刚、史漫飞还认为:尽管作为制度性资本的文化演变缓慢且具有较高的路径依赖性,但是,当内在发现了新的思想,或更多地源于外部因素并发现它更具有优越性,文化的演变便会发生。然而,当这些新的文化特质一旦得到了由个体延伸到整体的普遍模仿,从而使原社会制度框架中接受它们的人群数量超过了一个临界点时,它们就会变成新的社会规范。而新的制度(包括正式的制度和非正式的制度)就会在普遍模仿中被创造出来,文化资本抑或社会资本也必然会随之发生变化,制度绩效将得到大幅提升。例如,14~16世纪欧洲的统治者们发现,当商人和制造商们认为某些国家有更受规则约束的政府和更可信赖的制度时,他们就会选择前往这些国家。这不仅迫使统治者们放弃了任意的机会主义,为社会提供可信赖的规则,而且还鼓励了某些内在的文化性制度,如诚实、守信和节俭等。当外在制度和内在的文化性制度得到采用,新的"公民道德"广泛普及时,资产阶级社会和资本主义就诞生了。由于受到被迫开放以及获取西方技术和组织的紧迫需要的影响,作为制度的文化完全有可能突变成"文化增长资产"。与此相关联,价值和文化中的变革常常是边际性的,其重点是对一般制度从做保守性解释转向做未来导向的和学习导向的解释。[①]这一演变逻辑也适合解释区域共同体成员间,在发现更有优越性理念而形成新的共识以及共同遵循的文献的签署这类事件。这种新的共识的形成往往会产生边际收益递增的结果,从而促进社会总收益的增加。

其一,从制度制定的设想来看,这是一种发展理念的共识。这种共识的形成会以降低合作的协调成本、提高合作的边际效益的方式增强区域经济的韧性。众所周知,任何行政决策都可以通过一纸公文得以实现,但一个获得广泛认同与支持的行政决策,是需要广泛认同的社会价值体系支撑的,这就是社会资本或文化资本的功能。由区域内一致认知形成的社会资本,可以降

---

① 〔德〕柯武刚、史漫飞:《制度经济学:社会秩序与公共政策》,商务印书馆,2004,第195~200页。

低合作中不可避免的磨合成本，减少发生于资源配置、组织实施、信息收集等过程中的协调成本，节省与之相关的交易费用，从而使区域共同体之间的合作变得更简单并具有可预测性。这就如制度特有的功能一样，制度会使复杂的人际交往过程变得越发容易理解并具有更明确的可预见性，从而使不同个体之间的有效协调更易于低成本发生。"制度无疑为人们之间的交往与合作创造了一种信心，它使人们真切地感受到由于常规很少变化，生活中许多预期会发生的交往全在掌握之中。所以，制度把指向未来行动中的风险限定在基础可预知的范围内。只有当人们的行为被由一个个制度所构成的社会制度结构相对稳定化了，才可能增进知识和社会的劳动分工，社会的劳动分工则是社会不断走向繁荣的基础。……有些制度安排能够得到广泛的赞许与接受，那是因为它们会给处于交往中的人们带来心理上的舒适感与安全感。在这样的制度环境中，人们会感到自己属于这样一个共同体，这个共同体不仅是文明有序的，而且协调成本很低，潜在风险也有限，人与人之间相处也是可以选择信赖的。因此，与生活在陌生人之中，或生活在一个有序性较差的社会共同体内的状况相比，在上述共同体中人与人之间的交往会让人觉得很轻松。正是制度在共同体内创造着能够诱发人们归属感的多种纽带。绝大多数的行为个体都会发觉，这种弥漫于共同体中的归属感，几乎可以使每一个无怪僻偏好的个人都感到满意。"① 因此可以说，粤港澳大湾区的构建不是简单的地理意义上的一体化的整合，而是不断达到一致认知的社会资本，或者说文化资本的形成。在多数共同体中，包括价值观、理念、集体道德等在内的内在制度引导成员的行为。社会资本在减少或降低无法避免的磨合成本、协调成本与交易成本的同时，也降低着遵循区域共同体发展目标进程的"服从成本"，从而使区域经济的韧性逐渐增强，使其远高于非合作及单纯要素或产业优势互补状态下显示出的强度。

其二，从制度的实践来看，深港融合发展是一种崭新发展模式的探索与

---

① 〔德〕柯武刚、史漫飞：《制度经济学：社会秩序与公共政策》，商务印书馆，2004，第142页。

共建。这种探索与共建的过程，会形成由社会资本或文化资本的逐渐一致性所带来的经济发展整体目标一致性的方式，产生"文化增长资产"，增强区域经济发展韧性。

建立在发展共识基础上的区域共同体的融合发展，既不是简单的资源整合，也不是单纯的相互参与，而是以尊重彼此利益为前提的，共同规划框架下的有机融合。所以这种融合发展模式不仅展现出社会资本或文化资本在区域共同体构建中的凝聚力，还会产生"文化增长资产"。即仅源于认知的认同形成了新的社会资本，这种新的社会资本更便于区域共同体间更广泛要素的自由流动与高效组合，从而带来社会经济发展的新机遇与可能。从2019年出台的《粤港澳大湾区发展规划纲要》，到新近出台的《前海方案》，再到香港特区政府发布的《北部都会区发展策略》，深圳与香港在粤港澳大湾区发展中的重要地位日渐以政府规划的方式凸显。融合发展已经由单纯的要素市场化流动走向共享型发展模式。当然，这种共享型发展模式绝不是对彼此个性的否定与简单的趋同，而是共识目标下更加紧密的合作。所以，这种共享型发展模式，不仅会为深港共同繁荣解决稀缺资源市场化配置或获得问题，也将为解决诸如就业等社会问题提供机会与可能。因此，共同规则是建立在共同理念之上的，共同理念则是社会资本或文化资本的关键体现；社会资本本身虽然不是规则，但它能决定什么样的规则被共同体所接受。如穆勒所说："虽然国家不能决定一个制度如何工作，但是它有权力决定什么样的制度将存在。"[①] 深港融合发展带来的更加开放包容的制度—文化环境，更加富有冲击力的创新氛围都会在增加更高品质"文化增长资产"的同时，充分发挥深港合作的区域引擎作用。

其三，从制度的倡导与实施来看，深港融合发展是中央政府统一部署下的两个次级行动集团（深圳、香港）的制度创新。这种制度创新将创造出更加富有包容性的政策与制度环境，在增加区域制度竞争力的同时，使深港

---

① 〔英〕约翰·穆勒：《政治经济学原理及其在社会哲学上的若干应用》，赵荣潜等译，商务印书馆，1985年，第23页。

融合发展在粤港澳大湾区建设中展现区域韧性释放源的独特魅力。

从制度变迁理论来看，在制度变革中次级行动集团也是一个独立的决策机构，它的功能就是帮助初级行动集团完成制度变迁，并通过自身发起的制度创新，帮助初级行动集团收取或增加制度变迁带来的好处。甚至可以说，次级行动集团是帮助初级行动集团获取收入所进行的一种制度安排。尽管次级行动集团无法使所有的追加收入自然增长，但在制度变迁进程中，它可以做出一些能获取收入的策略性决定。如深圳经济特区的先行先试和先行示范。[①] 中国社会进行的是自上而下的以中央政府授权改革为特征的渐进式制度变迁。中央政府作为初级行动集团确定总体改革方向并决定向谁授权及授权的范围与内容，被授予改革优先权的地方政府作为次级行动集团在遵循中央整体改革方案推进制度变迁的同时，拥有了率先改革的自主权。在粤港澳大湾区建设框架下，深圳与香港就是中央授权改革路径下的具有不同程度自主权的次级行动集团。深圳的次级行动集团角色源于经济特区，源于中国改革开放之初的先行先试和今天的先行示范之改革逻辑；香港的次级行动集团角色源于特别行政区，源于"一国两制"的基本国策。从深港融合发展的制度张力来看，二者的融合发展将形成两个"次级行动集团"，在制度创新方面富有相互借鉴与支撑的复合力；将具备"举国体制"优势与完善的市场机制，在资源配置方面实现优势互补；将通过"集中资源干大事"提高行政效率，与矫正政府失灵的市场规律共同作用形成合力。如果说深港融合发展产生的经济韧性来自深港两地各自制度优势的互补、叠加与相互支撑形成的综合力量，那么这种综合力量形成的独特的经济韧性，将通过"释放效应"与"邻里效应"增强粤港澳大湾区的区域经济韧性。由于深港这一高品质的裙带增长极的形成，粤港澳大湾区将更加富有可持续发展的潜力。

从根本上说，深港融合发展不是一个单纯的经济问题，而是一个文化大于资本，制度重于技术的社会问题。相对于资本与技术，来自制度—文化的

---

① 〔德〕柯武刚、史漫飞：《制度经济学：社会秩序与公共政策》，商务印书馆，2004，第477~479页。

约束，既是最软的约束，也是最坚硬的约束，更是最根本的约束。实际上是共同的价值观和规则，界定一个社会或共同体及其个人的选择行为。而在一个社会或共同体中发展起来的并已经成形的诸如习俗、信仰、价值观等非正式制度，不仅是制度这一系统的组成部分，也是文化这一系统的组成部分。所以，建立一个富有包容性的可操作的制度—文化认知体系，对深港融合发展来说，应该是首选的策略与智慧考量。正如全球化是以某种价值认同为前提与基础一样，价值认同也同样是深港融合发展、共同繁荣的潜在制度性资产。构建能够一致理解的价值共同体，有助于共同体内的制度演化变得更加有序。所以，对于演化中的共同体内在制度而言，共同价值发挥"过滤器"和"凝聚剂"的作用。价值认同是共同体成员对内在制度的一种非正式的认可，它不会被强制执行，它是文化包容的结果与收获。[①] 因此，从某种意义上来讲，深圳要想完成中央赋予的保持香港、澳门长期繁荣稳定的使命，就要进一步消除制度文化障碍、建立共识通道、确立互信机制、提供平等机会。

陶一桃

2022 年 4 月 28 日

---

① 〔德〕柯武刚、史漫飞：《制度经济学：社会秩序与公共政策》，商务印书馆，2004，第 477~479 页。

目 录

Ⅰ 总报告

B.1 中国双创发展报告（2021~2022） ………… 李　凡 / 001
　　一　研究背景与意义 ………………………………………… / 002
　　二　中国双创指数评价指标体系的构建与评估 …………… / 005
　　三　评估结果与综合分析 …………………………………… / 010
　　四　基本判断与对策建议 …………………………………… / 016

Ⅱ 中国双创指数篇

B.2 双创指数城市排名及其变动 ………… 黄义衡　赖　婷 / 020
B.3 双创指数子特征百强城市现状与趋势分析 …… 李胜利　梁贻清 / 038
B.4 双创核心指标提取与分析 ………… 苗　璐　黄晓林　谭惠昕 / 073

Ⅲ 前沿篇

B.5 基于双创指数的区域总体情况分析 ……………… 陈庭翰 / 106

B.6 深圳市智能网联汽车行业发展研究分析 ………………………… 赖勉珊 / 116
B.7 企业人力资源管理数字化转型趋势
　　——以今日人才公司为例 …………… 徐　雯　胡　伟　刘昊兰 / 127
B.8 2021年双创引领深圳创新发展形势与挑战 ……………… 李　桐 / 142
B.9 我国双创模式的新探索与展望 …………………………… 侯　佳 / 154

Ⅳ 国际篇

B.10 2021年度全球双创指数分析 ……… 王　晴　夏兴雨　肖锦还 / 174
B.11 2021年度国家创新体系比较研究
　　…………………………………… 兰　赛　吴映君　王　晴 / 196

B.12 后　记 ………………………………………………………… / 221

Abstract ……………………………………………………………… / 223
Contents ……………………………………………………………… / 225

总 报 告
General Report

B.1 中国双创发展报告（2021~2022）

李 凡*

摘　要： 为坚持创新驱动发展战略，纵深推进全国创新创业发展，本报告构建了由33项统计指标组成的中国双创指数评价指标体系，并通过数据汇总和系统计算对全国100个主要城市的双创发展近况进行评估。其中，深圳、北京和上海连续5年位居中国双创总指数排行榜的前3名。基于环境支持、资源能力和绩效价值3个维度的测评结果，本报告对全国排名前10的城市进行分析比较和特征梳理，从培育创新市场、支撑实体经济发展、推动区域协调发展等方面提出了富有针对性的建议。

关键词： 双创指数　双创城市　创新创业

---

* 李凡，经济学博士，深圳大学中国经济特区研究中心教授，主要研究方向为产业组织、数字经济、资源经济学和应用计量经济学。

一 研究背景与意义

（一）宏观背景

2021年是"十四五"规划开局之年，是开启全面建设社会主义现代化国家新征程的关键之年。值此之际，国务院总理李克强于2021年6月22日主持召开国务院常务会议，要求"十四五"时期纵深推进大众创业、万众创新。会议提出，一是要坚持创业带动就业。培育更多充满活力、持续稳定经营的市场主体，促进高校毕业生、农民工等重点群体多渠道创业就业，增强中小微企业吸纳就业能力。二是要营造更优双创发展生态。深化"放管服"改革，促进大中小企业融通创新，建设集研发、孵化、投资等于一体的创业创新培育中心。三是要强化创业创新政策激励。落实税收减免抵退政策，拓展双创融资渠道，推进住房公积金制度试点。上述三方面举措表明系统性推动双创纵深发展需从"三位一体"机制出发：培育优越的市场环境、提供丰沛的市场资源以及落实高效的绩效激励。

在此背景下，深圳大学中国经济特区研究中心和"一带一路"国际合作发展（深圳）研究院于2018年首次出版《中国双创发展报告（2017~2018）》。该报告基于我国双创发展形势与长期趋势，体现时代性与前瞻性，从"环境—资源—绩效"三角循环生态链出发，注重企业和个人的创新活力，科学评估历年我国主要城市的创新创业发展现状与潜在能力。

目前，国内关于双创的研究报告主要聚焦于区域技术创新或科研活动的总体水平。围绕我国区域创新能力已形成多层次、各具特色的评估体系。国家层面权威的创新评价体系主要有国家科技部确立的"国家创新能力评价指标体系"、国家统计局社科文司制定的"中国创新指数（CII）研究"；省级层面权威的创新评价体系主要有国家科技部制定的"区域创新能力监测指标体系"、中国科技发展战略研究小组和中国科学院大学中国创新创业管理研究中心联合制定的"区域创新能力评价体系"、中国科技发展战略研究院制定的"区域科技创新评价指标体系";市级层面的创新评价体系主要有国家科技部制定的"创新型城市创新能力评价指标体系"、北京立言创新科技咨询中心制定的"中国城市创新记分牌评价指标体系"、四川省社会科学院与中国科学院成都文献情报中心制定的"中国区域创新指数评价指标体系"。其中部分省份制定了针对本省城市创新水平的评估报告,如《河南省城市创新能力评价报告》《2020年度浙江省县(市、区)科技进步统计监测报告》。

然而,关于企业、园区、产业群层面的创新创业研究较少,比较有代表性的包括:国家科技部制定的"国家高新区创新能力监测指标体系"和"企业创新能力评价指标体系"、北京大学国家发展研究院和龙信数据研究院合作制定的"朗润—龙信中国区域创新创业指数"、上海市统计局推出的评估上海园区和企业科技创新能力的"张江创新指数"、北京市统计局制定的反映北京高新技术产业发展水平的"中关村指数"。鉴于国家对企业、园区、产业群层面的科技创新关注度逐渐提升,本报告从2022年开始,在评价指标体系中新增一项指标"规模以上工业企业R&D人员",以此考量企业在技术创新方面的能力,强化企业在技术创新体系中的主体地位。

国际上关于国家、区域创新能力与新创企业发展状况的研究已非常丰富。具有较高认知度和广泛应用范围的创新创业指数包括全球创新指数(Global Innovation Index)、创新综合指数(Summary Innovation Index)、全球创业观察指数(Global Entrepreneurship Monitor Index)、全球创业指数(Global Entrepreneurship Index)、考夫曼创业活动指数(Kauffman Index: Startup Activity)和硅谷指数(Silicon Valley Index)。这些指数在测量与评估研究对象的创新创业水平时,均注重科技创新水平、高校与科研机构的成果转化程度等。与此同时,我国近年来在推进双创发展过程中面临原创性基础研究薄弱、产研创新体系不协同、科技成果转化落地难等难点,国内评估创新、创业发展的研究报告也通常忽略该部分。本年度报告在双创

评估体系中加入"创新市场"概念,囊括以企业的专利、专有技术、商标为主的试验发展市场,以科研院所和企业的发明专利、标准等为主的应用研究市场,以高校、科研院所和企业的论文、著作等为主的基础研究市场,从而更好地推动各种创新要素流动与落地,促进三级创新市场融合协同发展。

(二)研究意义

2021年是中国共产党和中国历史上具有里程碑意义的一年,也必将是载入史册的一年。在严峻的新冠肺炎疫情形势下,中国如期实现全面建成小康社会的第一个百年奋斗目标,并开启全面建设社会主义现代化国家的新征程,迈向第二个百年奋斗目标。在全面建设社会主义现代化国家的伟大征程中,深化改革开放增强发展内生动力,构建新发展格局是扎实推动我国经济高质量发展的重要途径。课题组通过构建一套综合、可定量分析的指数评估体系,较为全面地评估分析了我国城市的双创能力和潜力,对激发市场活力和社会创造力,构建"双循环"新发展格局,推动我国经济高质量、可持续发展具有重要意义。

第一,有助于政府部门加强顶层设计,完善服务体系。当下,新冠肺炎疫情阴霾笼罩,世界经济出现"逆全球化"趋势。在此形势下,持续纵深推进大众创业、万众创新的蓬勃发展,需以科学的制度体系加以引领。中国双创指数连续五年从"环境支持—资源能力—绩效价值"三个维度对全国主要城市的创新创业趋势进行追踪评估,深入挖掘各地区间的发展差异和优劣之势,有利于政府部门总结成功经验,及时发现潜在问题,从优化创新生态环境、配置各方要素资源、完善创新服务体系等方面制定合理且有针对性的政策。

第二,有助于强化企业的创新主体地位,激发创新市场活力。中国双创指数在评估全国主要城市创新创业发展程度时,始终贯彻"企业在创新市场中主体地位"的理念,通过丰富的数据、多维度的指标考量企业在技术创新方面的投入产出水平以及地区内初创企业的存活与发展情况。企业是集聚科技创新要素的天然载体，只有充分发挥企业的创新主体地位，持续推进关键核心技术攻坚克难，深化产学研用多方合作，才能实现科技自强自立，激发高质量发展新动能。

第三，有利于我国双创发展对标国际体系，打造国际化创新型城市。中国双创指数的编制和研究工作借鉴了国内外权威且前沿的创新创业评价指标体系，基于联合国创新创业三元评价体系，采用国际通用及可获得、可量化的指标，构建双创评估指数。2021年是中国恢复联合国席位50周年，也是中国加入世贸组织20周年。在过去的奋斗历程中，中国在国际市场的影响力显著提升，推动世界经济增长的稳定器作用越发明显。在当下百年未有之大变局中，中国更需对标国际科技前沿，夯实科技创新根基，以掌握国际分工主动权，提升经济循环效率。

二 中国双创指数评价指标体系的构建与评估

（一）指标体系的构建机制

当下，我国正面临日趋复杂的国际形势和艰巨繁重的结构性调整任务，坚持创新驱动发展战略，全面塑造发展新优势是全面建设社会主义现代化国家，推动经济高质量发展的应有之义。基于此背景，深圳大学中国经济特区研究中心和"一带一路"国际合作发展（深圳）研究院通过构建一套具有动态循环、自演化特点的评价指标体系，从"环境—资源—绩效"的创新创业生态链角度出发，基于我国主要城市的双创发展现状，综合评估和科学研判未来我国双创的发展态势。本报告在构建中国双创指数评价指标体系时，主要遵循以下三个基本原则。

第一，从创业创新生态链角度出发，构建有效循环、动态演化的评价指标体系框架。基于联合国创新创业三元评价体系，借鉴国内外权威和有影响力的创新创业指数研究成果，从环境支持、资源能力、绩效价值三个维度对双创发展现状和发展潜力进行评估。环境支持为创新创业提供优良的土壤基础和机会；资源能力体现市场要素的配置和流动方向；绩效价值反映各城市发展双创的产出效益和科技创新效率，引导资源要素流动。

第二，指标体系的构建注重体现创新创业的特点和趋势。顺应新时期经济发展范式，抓住新发展格局下双创的发展重点与特征，注重研究的时代性与前瞻性，一直是本报告的追求和努力方向。例如，本报告从2021年开始将"创新市场"的概念纳入评估体系，新加入了基础研究创新市场、应用研究创新市场和试验发展创新市场的要素定义，以鼓励全国培育完善创新市场。然而，在实际的数据搜集过程中，课题组发现部分城市并不重视创新市场的构建和培育，甚至缺乏相关数据的披露。本报告希望通过双创指数的评估，引导各政府部门积极主动披露相关数据，协调发展创新市场体系。此外，为更好贯彻新发展理念，本报告以《中共中央关于制定国民经济和社会发展第十四个五年规划和二〇三五年远景目标的建议》（以下简称《建议》）为导向，在2022年的双创评估体系中加入衡量企业科技创新投入程度的指标，以强化企业的创新主体地位，激励企业提高技术创新能力。

第三，确保指标数据的全面性、权威性和可获得性。在选取中国双创指数评价指标体系的具体指标时，本报告坚持目标导向和问题导向相结合，所选的大部分指标均与国家战略规划的要求高度相关，保证所选指标具备充分的理论意义。为确保指标数据的权威性和公开性，本报告绝大部分基础数据来源于政府统计调查报告，采用各市或省级部门公布的统计数据。此外，不同于传统研究报告，本报告的部分指标数据还来自高校院所、民间智库或第三方机构发布的公开出版物，以更全面、更客观地衡量全国主要城市的双创活跃程度与区域特点。

（二）双创指数评价指标体系的构成

中国双创指数评价指标体系的构成如表1所示。需要说明的是，在保证数据可获得性的基础上，为提高指标描述的科学性和准确性，本年度报告对部分二级和三级指标进行了调整。例如,在"人力资源"二级指标中新增"规模以上工业企业 R&D 人员(人)"衡量企业科技创新投入;将三级指标"年度新增市值(亿元)"更改为"年末总市值(亿元)",以更科学准确地衡量城市中上市公司的现存情况和未来发展潜力。

表1 中国双创指数评价指标体系

一级指标(权重)	二级指标	三级指标	三级指标权重(%)
环境支持(33%)	市场结构	非公有制企业数量比重(%)	2.36
		规模以上工业小微企业数量比重(%)	2.36
		实际利用外商直接投资占 GDP 比重(%)	2.36
	产业基础	对外进出口总额(亿元)	2.36
		规模以上工业总产值(亿元)	2.36
		民间资本固定资产投资总额占 GDP 比重(%)	2.36
	制度文化	政府效率指数	2.36
		商业信用环境指数	2.36
		每万人藏书册数(册)	2.36
	配套支持	公共交通车辆数(辆)	2.36
		货物运输总量(万吨)	2.36
		互联网宽带普及率(%)	2.36
		医院占医疗机构比重(%)	2.36
		国家级科技企业孵化器数量(个)	2.36
资源能力(33%)	人力资源	净流入常住人口(万人)	3.00
		高等教育学历人口比例(%)	3.00
		普通高校在校生数量(万人)	3.00
		知识密集型服务业从业人员占总就业人数比例(%)	3.00
		规模以上工业企业 R&D 人员(人)	3.00
	资本市场	年末总市值(亿元)	3.00
		年度 IPO 规模(亿元)	3.00
		年度新三板上市企业数量(个)	3.00
	科技投入	基础研究经费支出占万元 GDP 比重(%)	3.00
		应用研究经费支出占万元 GDP 比重(%)	3.00
		试验发展经费支出占万元 GDP 比重(%)	3.00

续表

一级指标(权重)	二级指标	三级指标	三级指标权重(%)
绩效价值(34%)	产业绩效	人均GDP(元)	4.25
		高新技术企业数量(个)	4.25
		规模以上工业企业利润总额(亿元)	4.25
	创新绩效	专利授权量(件)	4.25
		每万人国内发明专利申请量(件/万人)	4.25
		中国城市数字经济指数	4.25
	可持续发展	单位GDP能耗(吨标准煤/万元)	4.25
		空气质量优良(二级及以上)天数占比(%)	4.25

（三）研究样本的选择

根据《建议》，我国在全面建设社会主义现代化国家的新发展阶段，仍须坚持实施国家重大区域战略、区域协调发展战略、主体功能区战略。本报告根据各城市的经济社会状况兼顾区域均衡，从全国筛选出100座城市作为研究样本。城市研究样本的具体入选条件有以下三个方面。

第一，直辖市、省级行政区省会城市及副省级城市应当入选。第二，综合考虑全国各省的人口分布、经济发展质量、创新资源分配情况，合理均衡选择样本城市，以避免研究样本所属区域高度集中于经济发达地区。第三，若入选数量小于该省的样本配额，则根据各省下辖地级行政区近年的地区生产总值和人口流动情况等进行分级排序，按照所剩配额从高到低选取排名靠前的地级行政区。

根据以上筛选条件，中国双创指数评价指标体系的研究样本名单如表2所示。其中，东部地区有54座城市入选，入选城市最多的省份为江苏省，有13座城市入选；中部地区有21座城市入选，入选城市最多的省份为湖南省，有7座城市入选；西部地区有20座城市入选，入选城市最多的省份为广西壮族自治区和陕西省，均有3座城市入选；东北地区有5座城市入选，入选城市最多的省份为吉林省和辽宁省，均有2座城市入选。

表 2 中国双创指数评价指标体系的研究样本名单

城市	地区	城市	地区	城市	地区	城市	地区
安庆	中部	湖州	东部	宁波	东部	武汉	中部
保定	东部	淮安	东部	莆田	东部	西安	西部
北京	东部	惠州	东部	青岛	东部	西宁	西部
沧州	东部	吉林	东北	曲靖	西部	咸阳	西部
常德	中部	济南	东部	泉州	东部	湘潭	中部
常州	东部	济宁	东部	三亚	东部	襄阳	中部
郴州	中部	嘉兴	东部	厦门	东部	徐州	东部
成都	西部	江门	东部	汕头	东部	烟台	东部
滁州	中部	金华	东部	上海	东部	盐城	东部
大连	东北	九江	中部	绍兴	东部	扬州	东部
东莞	东部	昆明	西部	深圳	东部	宜昌	中部
东营	东部	拉萨	西部	沈阳	东北	银川	西部
鄂尔多斯	西部	兰州	西部	石家庄	东部	榆林	西部
佛山	东部	廊坊	东部	苏州	东部	岳阳	中部
福州	东部	连云港	东部	宿迁	东部	漳州	东部
赣州	中部	临沂	东部	台州	东部	长春	东北
广州	东部	柳州	西部	太原	中部	长沙	中部
贵阳	西部	龙岩	东部	泰州	东部	镇江	东部
桂林	西部	洛阳	中部	天津	东部	郑州	中部
哈尔滨	东北	马鞍山	中部	威海	东部	中山	东部
海口	东部	绵阳	西部	潍坊	东部	重庆	西部
杭州	东部	南昌	中部	温州	东部	珠海	东部
合肥	中部	南京	东部	乌鲁木齐	西部	株洲	中部
衡阳	中部	南宁	西部	无锡	东部	淄博	东部
呼和浩特	西部	南通	东部	芜湖	中部	遵义	西部

(四)指数的数据来源

中国双创指数评价指标体系包含的指标丰富而全面,其数据来源呈现多样化的特点,数据主要来自政府统计调查报告、高等院校、民间智库或第三方机构。大部分数据直接来源于各省、市统计局发布的统计年鉴与国民经济和社会发展统计公报或通过统计数据计算得到。对于非常规数据,课题组通过高校院所、民间智库或第三方机构发布的测评报告等获取相应数据。具体数据来源如表 3 所示。

表 3　中国双创指数的数据来源

数据来源	主要发布机构
统计年鉴	统计局
国民经济和社会发展统计公报	统计局
全国 1% 人口抽样调查主要数据公报	统计局
财政决算报告	财政局
国家级科技企业孵化器名单	国家科技部
中国地方政府效率研究报告	江西师范大学管理决策评价研究中心
中国城市商业信用环境指数（CEI）	中国城市商业信用环境指数课题组
Wind 数据	万得信息技术股份有限公司
中国城市数字经济指数	新华三集团数字经济研究院
空气质量优良（二级及以上）天数	中国环境监测总站

《中国双创发展报告（2021~2022）》是对城市样本 2020 年双创发展状况进行评估，原则上由反映 2020 年城市发展状况的相应数据构成。截至本指标体系完善前，发布机构尚未公布 2020 年数据的，或发布机构虽然公布了该年数据，但统计口径不同导致数据不适用的，均视为该数据缺失。对于缺失数据，优先选用近三年的最新数据；否则采用类比法，依据相似城市的数据，通过拟合法或加权平均法计算缺失数据。

三　评估结果与综合分析

（一）中国双创指数综合评估

课题组通过数据收集和整理计算，得到 2020 年全国主要城市双创总指数得分和排名情况（见表 4）。由于 2020 年新冠肺炎疫情肆虐全球，严重冲击了世界经济与社会的发展，本年度的城市双创总指数得分也呈现明显的下降趋势。但就各城市双创总指数排名而言,深圳以 76.44 分蝉联城市双创总指数榜首,其余综合排名前 10 的城市依次是北京、上海、广州、苏州、杭州、南京、武汉、重庆、成都。其中,深圳、北京、上海总指数得分均在 75 分以上,这些城市在全国双创发展中处于领跑地位。广州、苏州、杭州、南京四座城市的双创总指数得分均在 60 分以上,形成仅次于深京沪三城的第二梯队。值得注意的是,这四座城市除广州外,均属于江浙地区,显示出江浙地区的巨大发展活力与潜力。此外,全国双创十强的城市榜单中还有武汉、重庆、成都三个中西部城市,其双创总指数得分为 50~55 分,形成全国双创示范发展的第三梯队。值得注意的是,这是重庆、成都两座西部城市首次同时跻身全国前 10,反映出西部地区近年来凝心聚力建设"双创新高地"取得显著成效。

表 4　2020 年各城市双创总指数得分和排名

单位:分

排名	城市	总指数得分	地区	排名	城市	总指数得分	地区
1	深圳	76.44	东部	19	郑州	48.09	中部
2	北京	76.26	东部	20	青岛	47.62	东部
3	上海	75.13	东部	21	合肥	47.42	中部
4	广州	64.97	东部	22	长沙	45.71	中部
5	苏州	61.10	东部	23	厦门	45.45	东部
6	杭州	60.30	东部	24	温州	43.35	东部
7	南京	60.03	东部	25	嘉兴	43.10	东部
8	武汉	54.13	中部	26	济南	42.56	东部
9	重庆	53.52	西部	27	福州	42.35	东部
10	成都	51.19	西部	28	昆明	42.30	西部
11	宁波	50.70	东部	29	南昌	42.23	中部
12	东莞	50.49	东部	30	绍兴	42.23	东部
13	无锡	50.38	东部	31	中山	41.67	东部
14	珠海	50.14	东部	32	南通	41.67	东部
15	天津	50.12	东部	33	泉州	41.15	东部
16	佛山	48.76	东部	34	大连	41.06	东北
17	常州	48.50	东部	35	贵阳	40.56	西部
18	西安	48.09	西部	36	哈尔滨	40.31	东北

续表

排名	城市	总指数得分	地区	排名	城市	总指数得分	地区
37	海口	40.05	东部	69	龙岩	33.80	东部
38	沈阳	39.98	东北	70	绵阳	33.71	西部
39	湖州	39.58	东部	71	潍坊	33.42	东部
40	芜湖	39.55	中部	72	宿迁	33.41	东部
41	镇江	39.29	东部	73	柳州	33.33	西部
42	金华	38.88	东部	74	遵义	33.32	西部
43	烟台	38.83	东部	75	宜昌	33.29	中部
44	泰州	38.76	东部	76	湘潭	33.09	中部
45	江门	38.55	东部	77	拉萨	32.97	西部
46	扬州	38.14	东部	78	银川	32.59	西部
47	威海	38.07	东部	79	汕头	32.58	东部
48	三亚	38.07	东部	80	衡阳	32.46	中部
49	台州	37.74	东部	81	桂林	32.42	西部
50	惠州	37.68	东部	82	洛阳	32.41	中部
51	南宁	37.51	西部	83	岳阳	32.17	中部
52	长春	37.31	东北	84	鄂尔多斯	32.09	西部
53	马鞍山	36.82	中部	85	淄博	32.01	东部
54	兰州	36.68	西部	86	滁州	31.86	中部
55	乌鲁木齐	36.54	西部	87	襄阳	31.79	中部
56	盐城	36.36	东部	88	郴州	31.70	中部
57	呼和浩特	36.12	西部	89	赣州	31.60	中部
58	东营	35.96	东部	90	沧州	31.58	东部
59	连云港	35.78	东部	91	济宁	31.54	东部
60	吉林	35.16	东北	92	曲靖	31.54	西部
61	石家庄	34.74	东部	93	榆林	31.46	西部
62	淮安	34.59	东部	94	保定	31.30	东部
63	莆田	34.34	东部	95	安庆	31.29	中部
64	漳州	34.24	东部	96	廊坊	31.25	东部
65	九江	34.17	中部	97	株洲	31.03	中部
66	徐州	34.05	东部	98	咸阳	30.92	西部
67	西宁	34.04	西部	99	常德	30.80	中部
68	太原	33.90	中部	100	临沂	30.79	东部

总体而言，双创总指数得分排名前 100 的城市中，东部地区有 54 座城市入选，以压倒性优势成为入选城市数量最多的地区；中部地区和西部地区差距逐渐缩小，分别有 21 座和 20 座城市入选；东北地区入选城市数量最少，仅有 5 座城市入选。这说明我国双创发展进程中仍然存在突出的区域发展不平衡问题，东部经济发达地区创新创业发展水平处于优势地位，中西部地区正迎头赶上，东北地区则发展较缓慢。

（二）双创环境支持维度测评结果

由表 5 可见，在 2020 年双创环境支持得分排名前 10 的城市中，上海连续 4 年名列第一，深圳位居第二，苏州、北京紧随其后，分列第三、第四。这也是苏州首次跻身前 3 名。苏州作为新一线城市，近年来发展态势可谓稳中求进。作为中国制造业体系最完备的城市之一，苏州凭借生物医药、电子信息、先进材料、智能制造等优质的外向型产业创新集群，从最初乡镇企业云集的小城发展成如今的全国工业第一强市。在数字经济时代，苏州更是动员全市上下推动产业经济向创新经济跃升，全力打造"创新集群引领产业转型升级"示范城市。

表 5　2020 年双创环境支持得分排名前 10 的城市

单位：分

排名	城市	环境支持得分	地区
1	上海	23.46	东部
2	深圳	20.65	东部
3	苏州	19.33	东部
4	北京	19.21	东部
5	广州	17.57	东部
6	重庆	16.93	西部
7	杭州	16.83	东部
8	青岛	16.59	东部
9	东莞	16.48	东部
10	南京	16.23	东部

在2020年环境支持得分排名前10的城市中，表现突出的还有位居第八的青岛，这是该城市时隔两年再次跃居全国双创城市环境支持10强。青岛作为首批中国沿海开放城市之一，一直秉承开放包容的精神。2019年1月，青岛出台《深化与世界500强及行业领军企业合作行动计划（2019~2020年）》，提出截至2020年新引进世界500强企业30家以上的目标，以深化与世界领军企业的合作。同年，青岛开始建设中国—上海合作组织地方经贸合作示范区，促进外贸"量""质"双提升，打造"一带一路"国际合作新平台。如今，区域全面经济伙伴关系协定（RCEP）的正式签署更是将青岛置于至关重要的战略地位，青岛提出建设以青岛国际邮轮港区为核心区的RCEP青岛经贸合作先行创新试验基地，着力构建贸易物流"黄金大通道"，在建设中日韩自贸区、促进东北亚经贸合作中发挥重要的"桥头堡"作用。

（三）双创资源能力维度测评结果

由表6可知，在2020年双创资源能力得分排名前10的城市中，北京、深圳、上海连续4年名列前3。广州、南京紧随其后，分列第四、第五。在6~10名的城市中，除排名第九的杭州属于东部地区外，其余4座城市皆属于中西部地区。其中，成渝城市群表现亮眼，成都排名跃升至第七，重庆更是首次入围全国双创城市资源能力10强。

近年来，成渝城市群充分调动创新创业资源要素，不断扩充人才科技储备。例如，自2017年1月起，成都对新设立的创新创业企业最高给予50万元的启动资金补贴和3年的房租补贴，以吸引初创企业。2020年3月，重庆印发新修定的《重庆市户口迁移登记实施办法》，放宽务工经商落户限制，吸引人口流入。此外，重庆还与国内外知名院校开展技术创新合作专项行动，加快推动创新平台建设，聚集创新资源，打造高技能人才智库。

表6 2020年双创资源能力得分排名前10的城市

单位：分

排名	城市	资源能力得分	地区
1	北京	28.75	东部
2	深圳	25.61	东部
3	上海	25.55	东部
4	广州	23.52	东部
5	南京	22.33	东部
6	武汉	21.68	中部
7	成都	21.38	西部
8	郑州	21.38	中部
9	杭州	20.65	东部
10	重庆	20.40	西部

（四）双创绩效价值维度测评结果

如表7所示，在2020年双创绩效价值得分排名前10的城市中，深圳依旧稳居第一，与北京、上海、广州、杭州、苏州、珠海连续5年进入全国前10。2020年10月，中共中央办公厅、国务院办公厅印发《深圳建设中国特色社会主义先行示范区综合改革试点实施方案（2020—2025年）》（以下简称《实施方案》），赋予深圳在重点领域和关键环节改革上更多自主权，推动新时代深圳改革开放再出发。其中，《实施方案》提出要加快完善技术成果转化相关制度、健全要素市场评价贡献机制、打造保护知识产权标杆城市，这些改革措施进一步促进了深圳创新绩效、产业绩效的提高。2021年7月，《国家发展改革委关于推广借鉴深圳经济特区创新举措和经验做法的通知》发布，通知列举了深圳在改革创新过程中共计5方面47条可复制可推广的经验，肯定了其支持企业和战略科研平台组建创新联合体，推动产业链"全链条、矩阵式、集群化"发展等举措。

在2020年双创绩效价值得分排名前10的城市中，佛山首次超越东莞进入全国前10。近年来，佛山大力发展以制造业为主的实体经济。2016年，

佛山人均生产总值突破10万元大关；2019年，佛山地区生产总值超过10000亿元，经济总量迈上新台阶，经济增速超过广东省平均增速。2020年，面对严峻形势，佛山坚守实体经济不动摇，力促制造业转型升级，实现规模以上工业企业利润总额1702.96亿元，超过东莞2倍。近年来，佛山也在持续开展产品创新和品质提升，打造先进制造业技术创新中心，2020年高新技术企业数量累计达8340家，与东莞差距逐渐缩小。

表7　2020年双创绩效价值得分排名前10的城市

单位：分

排名	城市	绩效价值得分	地区
1	深圳	30.18	东部
2	北京	28.30	东部
3	上海	26.12	东部
4	广州	23.89	东部
5	杭州	22.82	东部
6	苏州	21.64	东部
7	南京	21.47	东部
8	珠海	19.69	东部
9	无锡	19.58	东部
10	佛山	18.30	东部

四　基本判断与对策建议

基于"环境—资源—绩效"的三角循环生态链视角，本报告通过构建"三位一体"的评估体系，对2020年全国主要城市的双创发展现状进行评估。根据双创指数测评结果，本报告有以下几点发现。

第一，全国上下虽已连续数年开展创新创业活动，但国内尚未建立起协调完善的创新市场体系，基础研究创新市场还处于发展的薄弱阶段，创新市场在内涵理论、实践研究方面更是存在多处空白。第二，在当下新冠肺炎疫情防控常态化时期，各主要经济体均出现经济增速下降，复苏低迷现象。社会经济活动的大规模暂停使实体经济的发展举步维艰。在此背景下，大力支持实体经济发展，巩固经济命脉显得尤为重要。第三，由于我国地域辽阔，各区域自然环境、资源基础、经济与社会发展水平差异较大，双创发展依旧存在突出的区域不平衡问题。东中部地区凭借优良的自然环境、强大的人才储备等因素，在企业技术创新、产研协同一体化、创新型产业集群等方面取得了明显进步。西部地区呈现崛起之势，以重庆、成都为代表的中心城市正在打造西部大开发的重要平台，努力构建大保护、大开放、高质量发展的新格局。相较而言，东北地区市场化程度较低、经济发展活力不足，总体创新能力有待提升。

基于以上判断，本报告对新发展阶段下纵深推进创新创业活动，着力建设创新型国家提出以下三方面建议。

（一）培育健康强大的创新市场，促进科技创新要素流动

坚持创新在我国现代化建设全局中的核心地位，强化创新市场建设的顶层设计，构建、培育和完善创新市场。首先，要加强原创性基础研究，重视基础理论重大突破对科技成果转化的源头供给作用。其次，构建高水平、多层次的应用研究创新平台，提升原创性基础研究成果的转化效率。应用研究创新市场是基础研究成果经试验、开发、应用、推广为新产品、新工艺的重要平台。要集聚国内外优质创新资源，着力构建以我国为主的高水平跨国科技孵化平台、海外应用研究平台等平台枢纽。最后，全方位培育试验发展创新市场，推进重大科技成果转化。通过鼓励发展高新技术产业、建设数据驱动的技术交易市场、建立严密完备的知识产权保护体系等手段，进一步激发试验发展创新市场活力，聚力转化重大科技成果，攻克关键核心技术难关，构建自立自强的科技创新体系。

（二）为实体经济提供更有力支持，夯实现代化经济体系根基

坚持把发展经济着力点放在实体经济上，加大对实体经济的支持力度。

一方面,在保证有效防控疫情和尊重经济规律的前提下,综合利用财政、货币、金融等多方面政策疏解受困企业主体,引导扶持实体经济、民营经济发展。另一方面,加快推进产业结构转型升级,推进产业基础高级化、产业体系现代化,持续提升产品服务质量,以增强经济抵御不确定性的韧性和信心,稳住经济基本盘。

(三)完善差异化空间治理,推动区域协调发展

在坚持国家重大区域战略、区域协调发展战略、主体功能区战略时,既要因地制宜,突出区域地缘优势,又要统筹区域一体化发展,逐步实现基本公共服务均等化。一方面,要尊重规律、尊重实际,依据各地区比较优势确定发展方向。注重城市区位因素与其优势产业的耦合关系,聚焦优势领域,培育创新型产业集群。另一方面,以高质量发展为主题,增强全国中心城市辐射能力和城市群的集聚效应,形成几个能够带动全国高质量发展的新动力源,同时也要建立健全区域合作互助、区际利益补偿等机制,统筹东中西部、协调南北方。

中国双创指数篇

China Innovation and Entrepreneurship Index

中国双创指数篇基于总报告构建的中国双创指数评价指标体系，首先逐级评估2021年的城市双创发展状况，描绘城市双创发展的整体轮廓；其次探讨各级双创指标的筛选以及指标间的共生关系，重点分析一级指标间的相关性。

B.2 双创指数城市排名及其变动

黄义衡 赖 婷*

摘　要： 在中美贸易摩擦和新冠肺炎疫情等因素的影响下，各城市双创指数持续回落，并呈现如下特征：一是与2019年有所不同，2020年双创指数出现大幅下降的城市包括初始双创指数较高的城市；二是在环境支持、资源能力和绩效价值3个一级指标中，环境支持得分下降是双创指数下降的主要原因，其次是绩效价值得分的下降，而资源能力得分的变动对双创指数影响较小。此外，从各城市的双创指数得分看，各种宏观的负面因素扩大了各城市间的差距。各城市双创指数变动呈现的反应模式为进一步设计双创推进方案提供了思路。

关键词： 双创指数　双创城市　反应模式

一　双创指数城市排名总体分析

（一）双创城市基本情况

基于本书总报告对双创指数测算的结果，2020~2021年中国各城市的双创指数具有如下特征。

---

* 黄义衡，经济学博士，深圳大学中国经济特区研究中心助理教授，主要研究方向为技术进步与工资差距、城市规模与产业构成、中国特区体制改革思想等；赖婷，深圳大学中国经济特区研究中心博士研究生，主要研究方向为劳动经济学、教育经济学。

1. 在各种宏观负面因素的持续冲击下，各城市双创指数得分持续下降

受不利的宏观外部环境和新冠肺炎疫情影响，各城市的双创指数得分自 2019 年以来持续下降。图 1 显示了 2016~2020 年双创指数排名前 100 的城市的得分情况。从图 1 可以看出：2018 年双创指数得分整体处于高位，2019 年各城市双创指数得分出现下降，2020 年各城市的双创指数得分进一步降低。

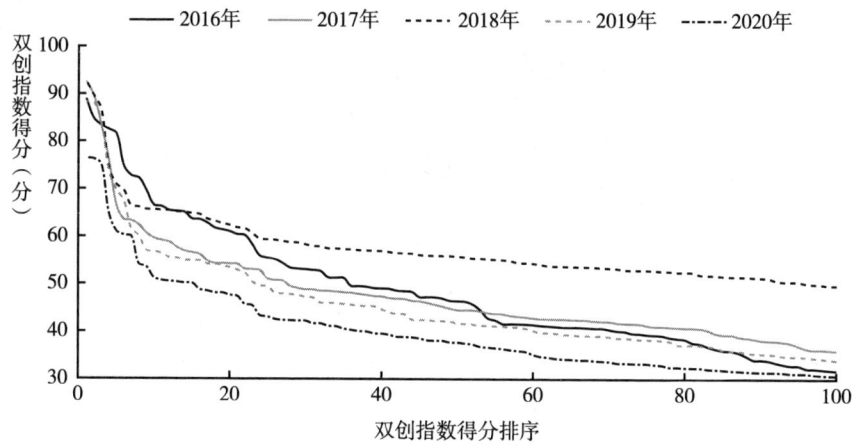

图 1　2016~2020 年双创指数排名前 100 的城市得分情况

本报告以 2016~2018 年各城市的双创指数得分均值作为参照系，进一步考察 2019 年和 2020 年各城市双创指数得分的变动情况。① 此处提及的"变动"是指 2019 年或 2020 年双创指数得分与既往双创指数得分均值之间的差距。图 2 显示了这种变动的特征。

从图 2 可以看出，尽管 2019 年大部分城市双创指数得分较 2016~2018 年双创指数得分均值有所下降，但是各城市的下降幅度有所不同，甚至部分城市的双创指数得分不降反升，如北京。然而相较 2016~2018 年双创指数得分

---

① 本报告选择 2016~2018 年各城市的双创指数得分均值作为参照系，基于以下两方面的考虑。一是以 2019 年以前的双创指数得分作为参照，可以考察 2019 年和 2020 年各城市双创指数得分的变动情况，即做更长周期的观察。二是以 2016~2018 年双创指数得分均值作为参照，可以弱化单一年份双创指数得分波动带来的影响。需要指出的是，由于各城市双创指数得分及其排序总在发生变动，因此不论选择哪一年作为参照系，都不可避免地会引发某种程度的争议。

均值，2020年所有城市双创指数得分都出现大幅下降。特别是既往双创指数得分均值较高的城市，其双创指数得分在2019年和2020年均出现较大幅度下降，进而使得其累计降幅与既往双创指数得分均值较低的城市基本持平。

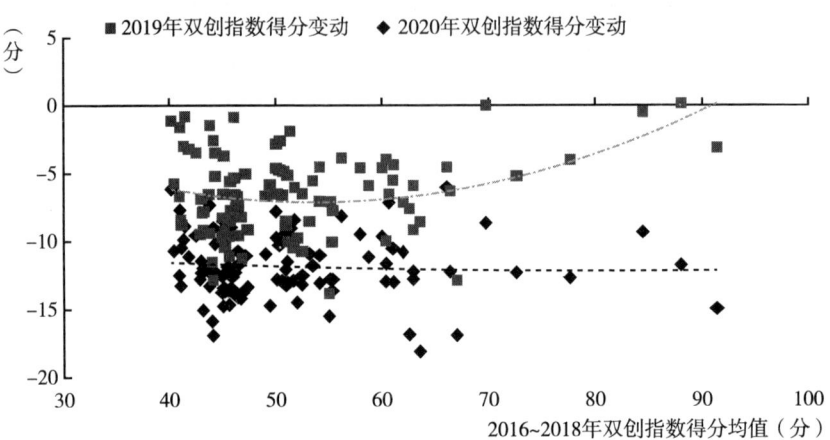

图2　2019~2020年各城市双创指数得分相较于2016~2018年均值的变动情况

2019年和2020年各城市双创指数得分的变动意味着：当受到各种负面因素影响时，尽管初始双创态势较好的城市能够凭借自身优势消解这些不利影响；但随着各种负面宏观因素的持续冲击，不利影响仍会在这些城市显现。因此，在考虑如何降低这些负面宏观因素影响的同时，还必须从全局角度出发，统筹兼顾，考虑各种城市的不同需求。

2. 在不同区域内部，双创城市差距有所扩大

本报告将双创城市按照东部地区、东北地区、中部地区和西部地区的地理区域划分方式进行分组，并考察各组内城市双创指数得分的变化情况，结果如图3所示。

从图3可以看出，除东部地区外，其他三个区域内各城市之间双创指数得分的全距在2020年均有一定程度扩大。① 其中，西部地区双创指数得分全距上升幅度最大，为4.9107分；随后是东北地区和中部地区，

---

① 全距（range）是指一组观测值里面最大值和最小值之间的差。

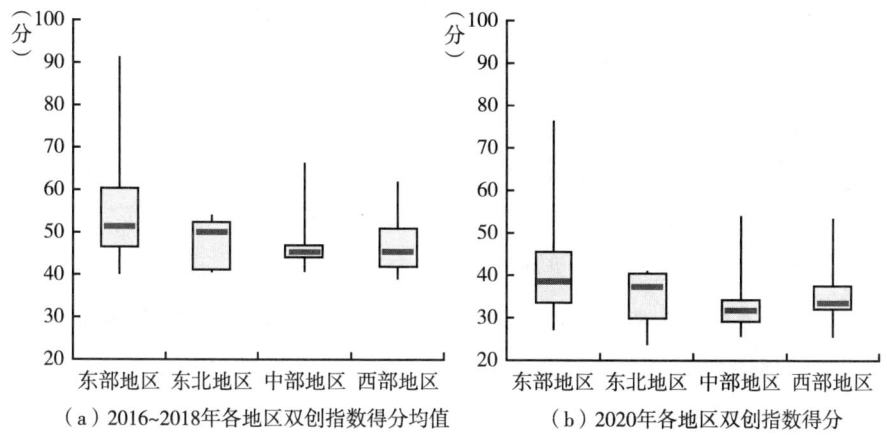

图 3　2016~2018 年各地区双创指数得分均值与 2020 年各地区双创指数得分

分别上升 3.7637 分和 2.7284 分；东部地区双创指数得分全距下降 2.0209 分。但是，从全距绝对值来看，东部地区双创指数得分全距在所有区域中依然最高。

进一步考察各区域城市双创指数得分的四分位距①，发现：东北地区和西部地区双创指数得分的四分位距分别下降 0.9263 分和 3.4322 分；相反，中部地区双创指数得分的四分位距上升 2.4045 分，与全距变化接近。此外，东部地区的四分位距下降 1.9740 分，也与全距变化接近。

各区域内城市双创指数得分全距和四分位距的变动，反映出各种负面因素影响下各城市不同的反应模式。对于东部地区和中部地区而言，区域内各城市的双创指数得分差异受两侧极端值变动影响较小。相反，东北地区和西部地区各城市的双创指数得分差异受两侧极端值变动影响较大。据此认为，在评估各地区双创工作态势时，应特别关注东北地区和西部地区双创指数得分接近极端值的城市，特别是双创指数得分位于最小值和较小分位数之间的城市。要避免将短期波动带来的改进误认为长期持续性改善。

---

① 四分位距（interquartile range，IQR）是指一组观测值里面较大四分位数（75%位置）和较小四分位数（25%位置）之间的差。

3. 环境支持得分下降是2020年双创指数得分降低的一个重要原因

根据本书总报告的设计，城市双创指数得分为环境支持、资源能力和绩效价值这3个一级指标得分之和，各一级指标满分分别为33分、33分和34分。本报告拟考察初始一级指标得分与2019年和2020年一级指标得分变动之间的关系。由于2016年和2017年一级指标得分缺失，此处以2018年一级指标得分作为参照系。结果如图4、图5和图6所示。

对比图4、图5和图6可以发现：与2018年相比，2019年和2020年各城市的环境支持得分持续大幅下降，2020年各城市的资源能力和绩效价值得分普遍下降。结合图2可以看出，环境支持得分的降低是2020年双创指数得分降低的重要原因。

从图4可以看出，2019年环境支持得分出现大幅下降的城市集中于初始环境支持得分较低的城市（见图4中点划线表示的趋势线）。而2020年环境支持得分大幅下降的城市，不仅包括初始得分较低的城市，还包括初始得分较高的城市；特别是，后者的降幅远高于前者（见图4中虚线表示的趋势线）。由于双创指数得分高的城市环境支持得分也较高，因此这一特征也与图2展示的2020年双创指数得分变动特征相吻合。

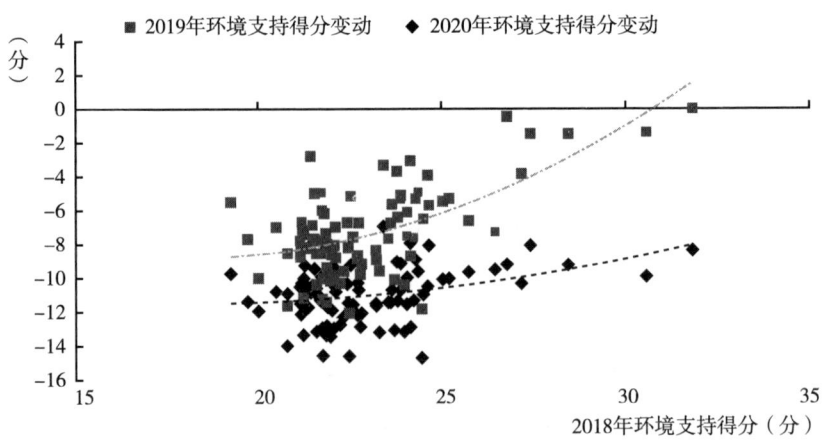

图4 2019~2020年各城市环境支持得分相较于2018年的变动情况

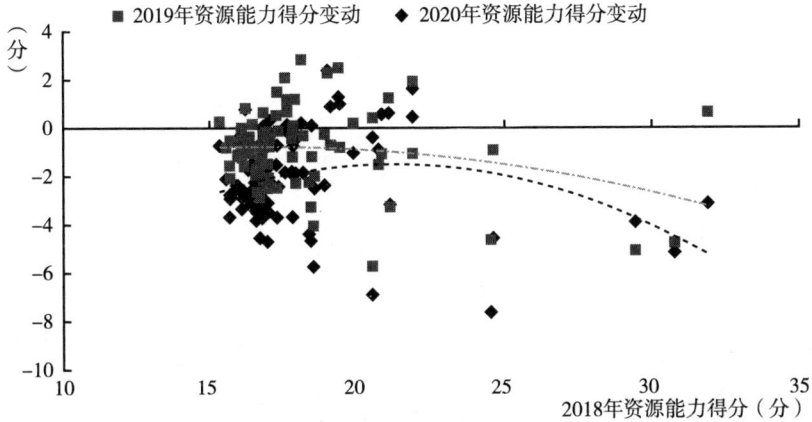

图5 2019~2020年各城市资源能力得分相较于2018年的变动情况

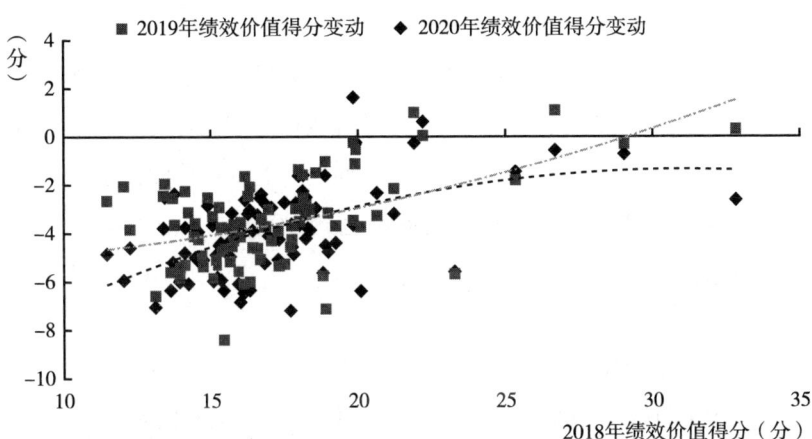

图6 2019~2020年各城市绩效价值得分相较于2018年的变动情况

4. 双创指数分布呈现一定的稳定性

图7展示了双创指数得分排名前100的城市的分组情况。

从图7可以看出，尽管持续的负面因素使大部分城市双创指数得分出现下降，但是双创指数得分排名1~20分、21~40分、41~60分、61~80分以及81~100分这5组的组间差距并没有显著缩小。除21~40分这一组外，其余4组的双创指数得分组内差距都有一定程度缩小。

城市双创指数得分分布呈现的稳定性揭示了城市系统演化规律在设计推进

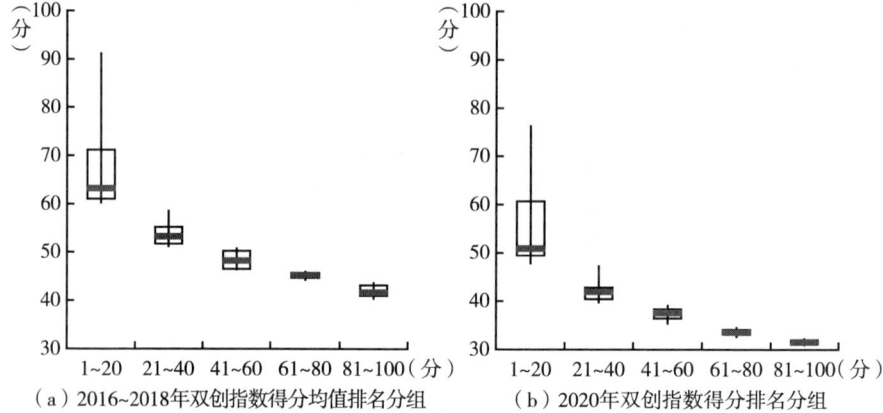

图7 2016~2018年双创指数得分均值排名分组与2020年
双创指数得分排名分组

双创工作方案时的重要性。尽管短期内城市可以通过财政投入和政策支持等方式改善本地双创工作态势，但是这种改善是否能够持续仍存疑。在各种负面因素的持续影响下组内差距出现缩小，这在某种程度上意味着此前某些城市双创工作态势的改善并不稳定，在遇到负面因素影响时容易出现退步。

（二）双创城市前10强与前20强

1. 双创城市前10强基本情况

表1展示了2020年双创指数得分排名前10的城市，依次为：深圳、北京、上海、广州、苏州、杭州、南京、武汉、重庆和成都。从表1可以看出，近几年双创指数得分排名前10的城市位次基本保持不变，例如深圳、北京、上海、广州、苏州和杭州始终处于前6的位置，南京和武汉则在第七至第九之间波动。

表1 2020年双创指数得分排名前10的城市

单位：分

城市	环境支持得分	资源能力得分	绩效价值得分	双创指数得分	2020年排名	2016~2018年排名*
深圳	20.6503	25.6060	30.1800	76.4363	1	1
北京	19.2117	28.7509	28.3016	76.2642	2	2
上海	23.4602	25.5470	26.1239	75.1311	3	3

续表

城市	环境支持得分	资源能力得分	绩效价值得分	双创指数得分	2020年排名	2016~2018年排名*
广州	17.5663	23.5190	23.8862	64.9715	4	4
苏州	19.3349	20.1237	21.6442	61.1028	5	6
杭州	16.8273	20.6497	22.8234	60.3005	6	5
南京	16.2287	22.3317	21.4652	60.0256	7	9
武汉	15.1715	21.6772	17.2802	54.1290	8	8
重庆	16.9332	20.4033	16.1829	53.5194	9	17
成都	14.9500	21.3843	14.8511	51.1854	10	14

* 基于2016~2018年双创指数得分均值的排名。

这里特别值得关注的是，2020年深圳和北京等双创核心城市的双创指数得分出现较大幅度下降。与2019年相比，2020年深圳和北京双创指数降幅较大，分别为11.8487分和11.9035分；其后是上海、广州、苏州和杭州，2020年双创指数得分降幅在7.1166~8.8158分。从双创指数得分的绝对值来看，2020年深圳（76.4363分）和北京（76.2642分）的双创指数得分已经略低于2016~2018年广州（77.6638分）的双创指数得分均值。这说明各种负面因素特别是新冠肺炎疫情的持续影响，已经扩散至双创工作态势较好的城市，并对当地的双创发展产生严重影响。各级政府应当充分重视各种负面因素产生的影响，采取积极措施予以应对。

另外值得关注的是重庆和成都，这两座城市2016~2018年双创指数得分均值的排名均在10名开外。但是在疫情的持续影响下，这两座城市位次不降反升，其中重庆从第17名上升到第9名，成都从第14名上升到第10名。与2019年相比，尽管西安以3分的微弱差距跌出前10，但是西部地区有重庆和成都两座城市进入双创指数得分十强，这表明西部地区在应对持续负面冲击时已经具有一定韧性了。

2. 双创城市前20强基本情况

根据本书总报告对双创指数得分的测算，2020年双创指数得分排名前20的城市如表2所示。

表 2 2020 年双创指数得分排名前 20 的城市

单位：分

城市	双创指数得分	2020年排名	2016~2018年排名*	城市	双创指数得分	2020年排名	2016~2018年排名*
深圳	76.4363	1	1	宁波	50.7018	11	11
北京	76.2642	2	2	东莞	50.4864	12	16
上海	75.1311	3	3	无锡	50.3780	13	20
广州	64.9715	4	4	珠海	50.1359	14	12
苏州	61.1028	5	6	天津	50.1167	15	7
杭州	60.3005	6	5	佛山	48.7643	16	18
南京	60.0256	7	9	常州	48.4973	17	22
武汉	54.1290	8	8	西安	48.0938	18	15
重庆	53.5194	9	17	郑州	48.0856	19	23
成都	51.1854	10	14	青岛	47.6205	20	21

* 基于 2016~2018 年双创指数得分均值的排名。

从表 2 可以看出，长三角和珠三角城市群里面分别有 7 座和 5 座城市的双创指数得分进入前 20，这说明长三角和珠三角两大经济区域在推进"大众创业、万众创新"工作的态势上具有显著的整体优势。与此形成对比的是，环渤海经济带和成渝经济圈各只有两座城市进入前 20，武汉、西安、郑州和青岛则归属于不同的城市群。这说明，北京、重庆、武汉等进入前 20 的城市在双创工作推进上仍以"单打独斗"为主，尚未形成类似于长三角和珠三角城市群这样的"集团作战"态势。

另外，在 2020 年双创指数得分排名前 20 的城市中，2016~2018 年排名最低位次为 23。而且，2020 年双创指数得分排名前 8 的城市，其 2016~2018 年最低排名为第九。2020 年双创指数得分排名前 4 的城市与 2016~2018 年排名顺序完全一致。这种排名的相似性说明，即使持续的负面影响也很难改变双创优势城市之间已经形成的双创态势格局。

（三）双创城市总排名

2020 年双创指数得分排名前 100 的城市如表 3 所示。

表3　2020年双创指数得分排名前100的城市

单位：分

城市	双创指数得分	2020年排名	2016~2018年排名*	城市	双创指数得分	2020年排名	2016~2018年排名*
深圳	76.4363	1	1	大连	41.0576	34	28
北京	76.2642	2	2	贵阳	40.5584	35	44
上海	75.1311	3	3	哈尔滨	40.3114	36	47
广州	64.9715	4	4	海口	40.0541	37	45
苏州	61.1028	5	6	沈阳	39.9762	38	32
杭州	60.3005	6	5	湖州	39.5848	39	39
南京	60.0256	7	9	芜湖	39.5491	40	27
武汉	54.1290	8	8	镇江	39.2868	41	33
重庆	53.5194	9	17	金华	38.8797	42	41
成都	51.1854	10	14	烟台	38.8315	43	100+
宁波	50.7018	11	11	泰州	38.7612	44	36
东莞	50.4864	12	16	江门	38.5452	45	58
无锡	50.3780	13	20	扬州	38.1408	46	50
珠海	50.1359	14	12	威海	38.0743	47	38
天津	50.1167	15	7	三亚	38.0687	48	61
佛山	48.7643	16	18	台州	37.7403	49	40
常州	48.4973	17	22	惠州	37.6786	50	43
西安	48.0938	18	15	南宁	37.5148	51	34
郑州	48.0856	19	23	长春	37.3144	52	46
青岛	47.6205	20	21	马鞍山	36.8214	53	64
合肥	47.4222	21	19	兰州	36.6760	54	72
长沙	45.7135	22	13	乌鲁木齐	36.5360	55	81
厦门	45.4493	23	10	盐城	36.3622	56	100+
温州	43.3456	24	35	呼和浩特	36.1208	57	52
嘉兴	43.0958	25	29	东营	35.9625	58	100+
济南	42.5631	26	24	连云港	35.7766	59	55
福州	42.3485	27	26	吉林	35.1649	60	78
昆明	42.3024	28	37	石家庄	34.7391	61	49
南昌	42.2344	29	48	淮安	34.5933	62	57
绍兴	42.2292	30	31	莆田	34.3432	63	100+
中山	41.6727	31	25	漳州	34.2355	64	59
南通	41.6716	32	30	九江	34.1684	65	77
泉州	41.1529	33	42	徐州	34.0540	66	51

续表

城市	双创指数得分	2020年排名	2016~2018年排名*	城市	双创指数得分	2020年排名	2016~2018年排名*
西宁	34.0444	67	100	鄂尔多斯	32.0903	84	76
太原	33.8954	68	60	淄博	32.0067	85	67
龙岩	33.7978	69	100+	滁州	31.8609	86	100+
绵阳	33.7057	70	68	襄阳	31.7864	87	71
潍坊	33.4198	71	100+	郴州	31.6975	88	69
宿迁	33.4051	72	100+	赣州	31.6036	89	70
柳州	33.3294	73	62	沧州	31.5760	90	87
遵义	33.3216	74	95	济宁	31.5410	91	83
宜昌	33.2867	75	100+	曲靖	31.5381	92	100+
湘潭	33.0936	76	53	榆林	31.4646	93	92
拉萨	32.9691	77	89	保定	31.2992	94	84
银川	32.5874	78	91	安庆	31.2885	95	74
汕头	32.5797	79	54	廊坊	31.2495	96	100+
衡阳	32.4588	80	75	株洲	31.0327	97	66
桂林	32.4239	81	63	咸阳	30.9175	98	100+
洛阳	32.4126	82	56	常德	30.8027	99	86
岳阳	32.1706	83	65	临沂	30.7854	100	100+

* 基于2016~2018年双创指数得分均值的排名。

从表3可以看出，在双创指数得分排名前100的城市里面，东部地区城市总体上占有优势：共54座城市进入榜单，且有36座城市排名在50（含第五十）以内。中部地区和西部地区分别有21座和20座城市进入前100强榜单，但排名在50以内的仅6座和5座城市。东北地区仅大连、哈尔滨、沈阳、长春和吉林5座城市进入前100强榜单，其中大连、哈尔滨和沈阳排名在前50以内（分别为第三十四、三十六和三十八）。基于东北城市群的整体表现，建议在考虑双创工作推进方案时对东北地区城市予以特别支持。

二 双创城市排名分层分析

(一) 双创城市分层依据与结果

为了更好地把握城市的双创特征和变动规律，本报告对城市进行适当的分层。作为系列报告的一期，此处延续《中国双创发展报告（2019~2020）》B.2篇和《中国双创发展报告（2020~2021）》B.2篇的分层方式。不同的是，由于2020年和2021年双创指数得分持续下降，为了凸显这种下降的持续性并与本篇前半部分讨论保持一致，这里依据2016~2018年双创指数得分均值将双创城市划分为：双创核心城市、双创枢纽城市、双创节点城市、双创启动城市和双创潜力城市五个层次。各层的具体含义和分层标准如表4所示。

表4 双创城市分层含义与标准

各层城市	含义	分层标准
双创核心城市	双创核心城市的双创生态链完整、具有良好的双创环境支持和资源能力，并且创造了较高的双创绩效，对全国的双创工作产生了辐射作用，是全国双创的标杆城市	双创指数得分均值* 大于或等于70
双创枢纽城市	双创枢纽城市连接全国各区域，在一定范围内产生辐射带动作用，是区域内双创发展的"引领者"	双创指数得分均值大于或等于63但小于70
双创节点城市	双创节点城市是指全国双创发展网络上的各个子节点城市，其已经具备了一定的双创基础，积累了一定规模的双创资源，也具有了一定的双创绩效价值	双创指数得分均值大于或等于60但小于63
双创启动城市	双创启动城市的双创发展已经有一定基础，但其规模、影响力和绩效价值仍有待提升	双创指数得分均值大于或等于49但小于60
双创潜力城市	双创潜力城市的双创发展还处于起步阶段，双创所需的环境支持、资源能力具有较大开发潜力	双创指数得分均值小于49

* 双创指数得分均值是指2016~2018年各城市双创指数得分均值。

双创核心城市共 5 个：深圳、北京、上海、广州和杭州。双创枢纽城市为苏州、天津、武汉、南京和厦门。双创节点城市有宁波、珠海和长沙等 10 座城市。青岛、常州、郑州等 30 座城市为双创启动城市。最后，徐州、呼和浩特、湘潭等 50 座城市为双创潜力城市。

由于分层是基于 2016~2018 年双创指数得分均值展开的，因此部分城市的分层归属可能与 2020 年双创指数得分排名有所不同。例如，2016~2018 年厦门双创指数得分均值排名进入前 10，而 2020 年双创指数得分排名仅 23。这里需要指出的是：由于双创指数得分情况不断变动，分层本身不可能做到全无争议；另外，这种"异常"现象并不普遍，而且通过统计量的选择可以最大限度地降低其影响。

（二）各层城市双创指数得分与一级指标概况

1. 各层城市双创指数得分变动情况

2020 年各层城市双创指数得分情况如图 8 所示。

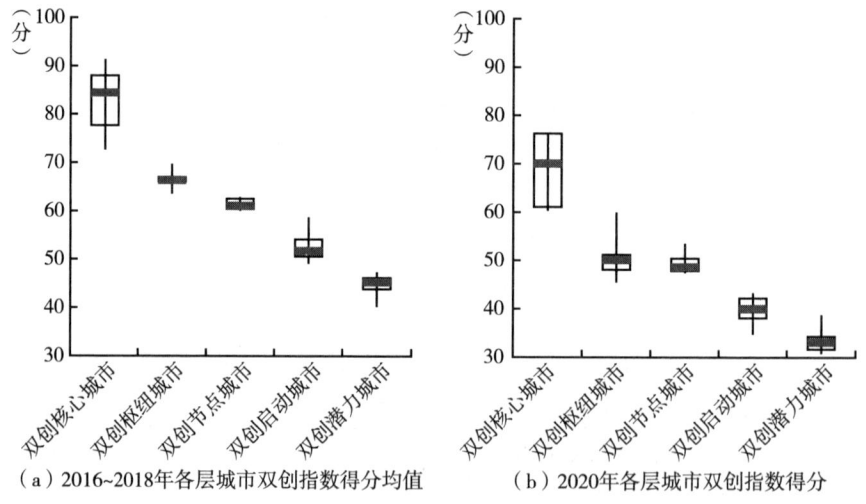

（a）2016~2018 年各层城市双创指数得分均值　　（b）2020 年各层城市双创指数得分

图 8　2016~2018 年各层城市双创指数得分均值与 2020 年各层城市双创指数得分

从图 8 可以看出，与 2016~2018 年各层城市双创指数得分均值相比较，2020 年各层城市的双创指数得分均出现显著下降。从各层城市双创指数得分中位数变动情况来看，双创核心城市、双创枢纽城市、双创节点城市、双创启动城市和双创潜力城市的下降幅度分别为14.3980分、16.2389分、12.4363分、11.6540分和12.1248分。与双创指数得分整体下降形成鲜明对比的是各层城市双创指数得分四分位距的上升，双创核心城市、双创枢纽城市、双创节点城市、双创启动城市和双创潜力城市的上升幅度分别为4.8094分、2.1235分、0.4400分、0.5468分和0.3124分。除四分位距变动之外，双创枢纽城市、双创节点城市和双创潜力城市的双创指数得分全距也出现明显上升。

从各层城市双创指数得分的变动情况可以看出，各种宏观负面因素的持续影响一方面使各城市双创工作态势转弱，另一方面也凸显了各城市双创工作推进的实质性差异。后者在某种程度上印证了《中国双创发展报告（2020～2021）》B.2篇所提的猜想：当推进"大众创业、万众创新"工作成为一种地区间的锦标赛时，双创节点城市之间可能会存在过度竞争。过度竞争的表现之一就是各地方政府将双创工作的重点聚焦于易于观测和评价的指标改进上，而忽略起决定性作用但又难于观测和评价的方面。在各种宏观负面因素的持续影响下，此前工作中的"水分"被市场力量挤出，最终表现为双创指数得分的下降。当然，这一点还需要通过进一步的研究加以证实。

2. 各层城市双创指数一级指标得分变动情况

本报告将进一步考察环境支持、资源能力和绩效价值3个一级指标的变动情况。为减少分层变动对计算结果的影响，本报告以各层一级指标中位数的变动来计算。此外，由于2016年和2017年一级指标得分无法获取，故利用2018年一级指标得分作为参照。各层城市双创指数一级指标得分变动为2018年和2020年一级指标得分之差。其结果如图9所示。

从图9可以看出，各层城市的环境支持得分均出现较大幅度下降，并且降幅近似从双创核心城市到双创潜力城市逐级递增。另外，各层城市绩效价值得分的降幅也从双创核心城市到双创潜力城市逐级递增。资源能力得分降幅则呈现两端（双创核心城市和双创潜力城市）高、中间（双创节点城市）低的格局。

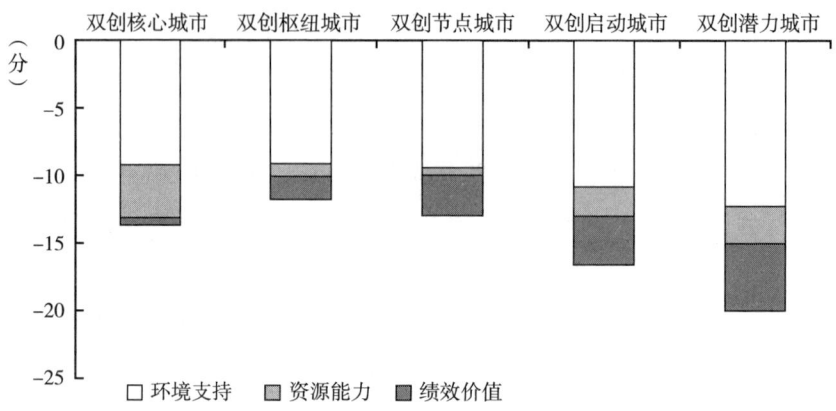

图9 各层城市一级指标得分变动情况

各层城市双创指数一级指标得分的变动表明：各种宏观负面影响因素对环境支持的影响最为显著；而且在环境支持和绩效价值两方面，这些负面因素对双创工作态势处于靠后位置的城市造成更大的影响。从城市经济学角度看，城市是集聚效应的产物，规模更大的城市具有更雄厚的产业基础、更好的制度环境以及一些无法量化的优势。这些优势不仅在经济处于稳态均衡时发挥作用，也在经济处于周期波动时发挥作用，后者的表现包括在各种负面因素的影响下体现出更强的经济韧性。从这一点来看，在今后设计双创工作推进方案时，应当注意考虑城市系统演化规律，将稀缺的资源更多地配置在效率更高的地区，而不是一味地追求"一碗水端平"。

（三）各层城市双创指数二级指标概况

1.各层城市环境支持二级指标得分变动情况

环境支持得分由市场结构、产业基础、制度文化和配套支持4个二级指标得分构成，图10展示了4个二级指标得分变动情况。

从图10可以看出，各层城市环境支持得分降低的主要原因是产业基础和制度文化两方面得分的降低。产业基础和制度文化得分降低合计可以解释60.4%~69.8%的环境支持得分降低；而市场结构和配套支持得分降低合计

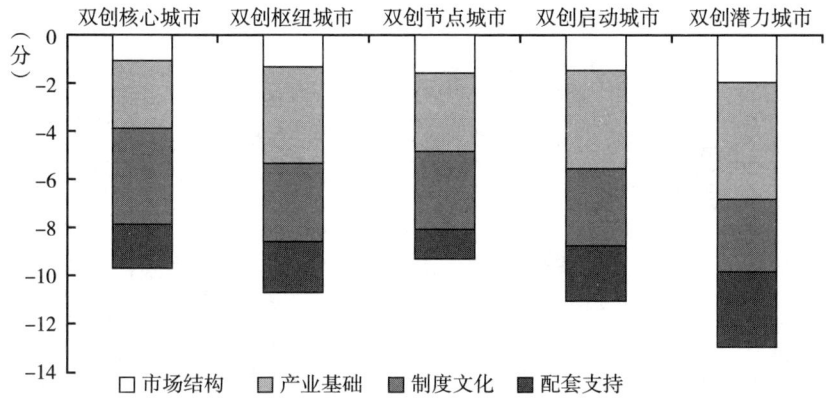

图 10 各层城市环境支持二级指标得分变动情况

可以解释 30.2%~39.6% 的环境支持得分降低。这说明各种宏观负面因素主要通过产业基础和制度文化两个渠道影响环境支持得分。

从各层城市的差异性来看，市场结构和产业基础得分降幅都近似呈现由双创核心城市到双创潜力城市逐级递增的趋势。这与制度文化得分降幅由双创核心城市到双创潜力城市逐级递减的趋势相反。这种趋势凸显了制度文化在城市发展中的基础性作用。只有当一个城市的制度安排效率得到提升时，其才能够在较长时间内获得持续发展，并且在短期内更好地应对各种外部冲击。

2. 各层城市资源能力二级指标得分变动情况

资源能力得分由人力资源、资本市场和科技投入3个二级指标得分构成。需要指出的是，在《中国双创发展报告（2019~2020）》及此前版本的报告中，资本市场和科技投入被合并为资本投入。为确保分析结果的一致性，本报告利用2019年的数据重新估算2018年的资本市场和科技投入得分，并以此为依据进行分析。

从图11可以看出，从双创核心城市到双创潜力城市，人力资源得分降幅逐级增大。由于人口可以自由流动，人力资源得分降幅差异表明：在各种宏观负面因素影响下，双创工作态势排名靠后的城市的吸引力快速下降，人们更愿意前往基础条件更好的城市寻求工作机会。与人力资源得分变动相

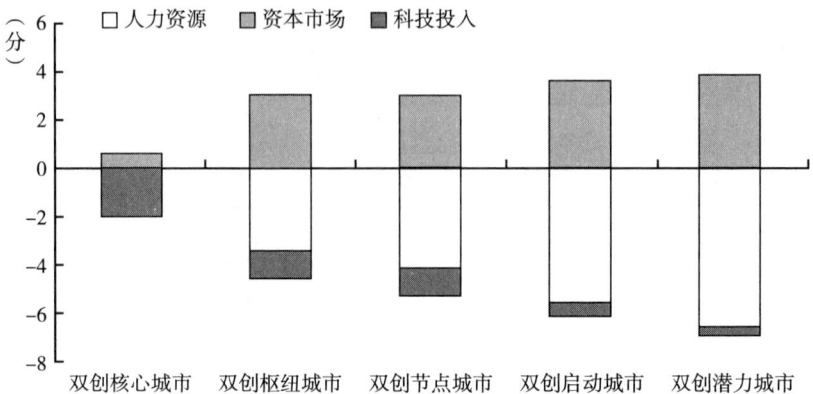

图11 各层城市资源能力二级指标得分变动情况

反，各层城市资本市场得分却普遍上升，并且增幅近似从双创核心城市到双创潜力城市逐级增大。然而，不应当过高评价资本市场得分的增加，因为资本市场发展高度依赖政策推动，而且双创工作态势排名靠后的城市资本市场得分大幅上升更多是因为此前资本市场得分偏低。

需要特别关注的是科技投入得分的降低。从图11反映的情况来看，从双创核心城市到双创潜力城市科技投入得分降幅逐级减小。实现高质量发展必然要依赖科技进步，而科技进步又依赖于大量的科技投入。从科技发展规模效应来看，要将科技投入集中于科技发展水平领先的城市，充分发挥"集中力量办大事"的优势。从图11反映的科技投入得分变动情况来看，作为科技发展水平高的双创核心城市和双创枢纽城市，其科技投入得分却大幅下降，这不得不引起人们的重视。

另外，即使资本市场得分普遍提升，也没有抵消人力资源和科技投入得分下降带来的影响，这也意味着在进一步设计双创工作推进方案时，不应当高估部分领域改进的作用。

3. 各层城市绩效价值二级指标得分变动情况

绩效价值得分由产业绩效、创新绩效和可持续发展3个二级指标得分构成，图12展示了各层城市绩效价值二级指标得分的变动情况。

从图12可以看出，除双创核心城市和双创节点城市以外，其他各层城

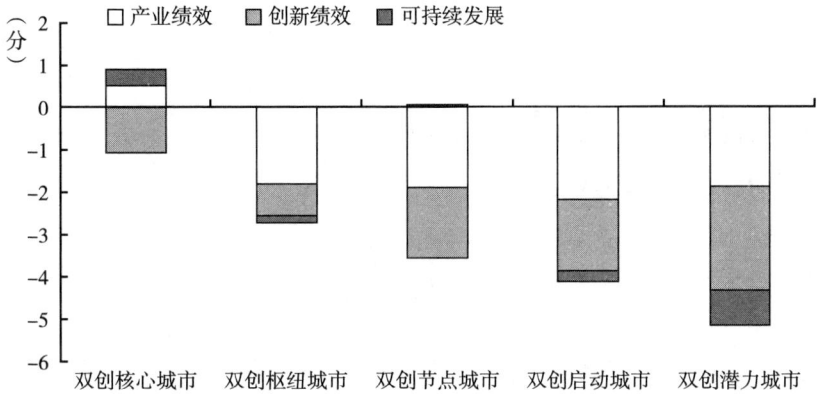

图12 各层城市绩效价值二级指标得分变动情况

市的产业绩效和可持续发展得分均出现不同程度下降,而双创核心城市的产业绩效和可持续发展得分则出现上升。这说明双创核心城市的产业绩效和可持续发展仍然具有绝对的优势,即使受到各种宏观负面因素的持续影响,其在发展方式和发展的绩效上仍然可以继续改进。其他各层城市的情况则与此相反。

特别需要指出的是,从图12来看,各层城市的创新绩效得分都出现不同程度的下降。结合此前讨论,不难发现创新绩效得分降低与图11反映的科技投入得分降低是一致的。这意味着,科技投入得分的降低可能是导致创新绩效得分降低的直接原因。由于创新是实现高质量发展的必要条件,也是推动大众创业万众创新工作的核心部分,创新绩效得分的降低需要引起人们的重点关注。

B.3
双创指数子特征百强城市现状与趋势分析

李胜利　梁贻清*

摘　要： 本报告从双创环境子特征、双创资源子特征、双创绩效子特征三方面，对双创百强城市排名情况进行分析。分析结果表明，受新冠肺炎疫情影响，双创环境质量、资源数量、绩效水平均有所下降，复苏和发展空间较大。我国双创环境整体发展乏力，大部分地区环境支持能力不强，但其中市场结构体系较为均衡。双创资源总量呈现下降的趋势，资源发展不平衡、不充分。在双创绩效方面，低分段城市得分与高分段城市得分虽然差距悬殊，但这种差距如今正在逐渐缩小。

关键词： 双创环境　双创资源　双创绩效

一　双创环境子特征

双创环境特征反映支撑创新创业发展的经济、社会、物质、文化等环境要素的发展水平。本报告分别从"市场结构""产业基础""制度文化"和"配套支持"四个维度对双创百强城市在环境支持方面的发展情况进行分析。

---

* 李胜利，经济学博士，北京大学信息管理系副教授，主要研究方向为数字经济、信息系统经济学、电子商务等；梁贻清，伦敦大学学院硕士研究生，主要研究方向为城市治理与区域经济学。

（一）环境支持得分及排名

在对指标进行标准化后，本报告采用加权分析法对市场结构、产业基础、制度文化和配套支持4个二级指标的得分情况进行计算与分析。具体方法如下，首先分别计算4个二级指标的得分，再根据各自权重加权后计算得分总和，得到的分数即为城市的双创环境子特征得分。满分为33分，得分越高，说明相应城市的双创环境越好，该城市的环境有利于创新创业发展；该子特征得分较低则说明相应城市的双创环境较差，甚至阻碍了该城市双创的发展。表1列出了2020年双创百强城市环境支持得分及排名情况。

表1　2020年双创百强城市环境支持得分及排名

单位：分

城市	环境支持得分	环境支持排名	2019年排名情况	城市	环境支持得分	环境支持排名	2019年排名情况
上海	23.46	1	1	温州	13.76	20	42
深圳	20.65	2	2	郑州	13.53	21	22
苏州	19.33	3	5	三亚	13.39	22	19
北京	19.21	4	3	中山	13.30	23	25
广州	17.57	5	4	长沙	13.18	24	20
重庆	16.93	6	14	厦门	12.95	25	21
杭州	16.83	7	6	合肥	12.92	26	28
青岛	16.59	8	17	马鞍山	12.70	27	47
东莞	16.48	9	10	珠海	12.51	28	30
南京	16.23	10	7	南通	12.46	29	24
天津	16.08	11	15	芜湖	12.43	30	45
常州	15.39	12	16	宿迁	12.26	31	100+
武汉	15.17	13	11	绍兴	12.23	32	50
成都	14.95	14	12	湖州	12.18	33	26
佛山	14.75	15	13	石家庄	12.12	34	32
无锡	14.75	16	9	海口	12.10	35	29
西安	14.75	17	18	南昌	12.09	36	34
宁波	14.13	18	8	哈尔滨	12.04	37	31
嘉兴	14.09	19	23	江门	12.03	38	74

续表

城市	环境支持得分	环境支持排名	2019年排名情况	城市	环境支持得分	环境支持排名	2019年排名情况
泉州	11.87	39	35	南宁	10.05	70	77
昆明	11.82	40	27	咸阳	10.02	71	100+
济南	11.71	41	39	长春	9.91	72	75
盐城	11.63	42	84	兰州	9.89	73	85
惠州	11.60	43	37	衡阳	9.76	74	79
福州	11.58	44	43	呼和浩特	9.69	75	61
台州	11.32	45	65	遵义	9.66	76	72
贵阳	11.26	46	36	西宁	9.65	77	83
连云港	11.24	47	49	太原	9.53	78	56
乌鲁木齐	11.05	48	40	淄博	9.49	79	88
大连	11.02	49	38	东营	9.44	80	100+
淮安	11.00	50	44	临沂	9.41	81	81
沈阳	10.99	51	53	滁州	9.37	82	100+
银川	10.98	52	54	岳阳	9.11	83	86
金华	10.90	53	41	襄阳	9.07	84	82
洛阳	10.82	54	60	汕头	9.04	85	76
九江	10.75	55	58	曲靖	8.95	86	100+
济宁	10.73	56	51	郴州	8.82	87	94
镇江	10.72	57	46	龙岩	8.78	88	100+
徐州	10.71	58	73	鄂尔多斯	8.64	89	33
湘潭	10.64	59	59	宜昌	8.63	90	80
保定	10.63	60	64	安庆	8.54	91	89
扬州	10.60	61	68	赣州	8.50	92	95
威海	10.53	62	52	廊坊	8.48	93	91
潍坊	10.39	63	67	柳州	8.46	94	92
沧州	10.37	64	71	榆林	8.34	95	87
莆田	10.36	65	70	绵阳	8.06	96	99
烟台	10.25	66	62	常德	7.89	97	98
吉林	10.20	67	55	漳州	7.88	98	96
拉萨	10.12	68	63	桂林	7.20	99	90
泰州	10.10	69	57	株洲	6.80	100	100

2020年双创百强城市的环境支持得分均值为11.72分,较2019年15.31分的平均分有所下降,但城市间得分的差距有所缩小,这与2020年发生的新冠肺炎疫情有一定关系。其中,上海和深圳的环境支持得分分别为23.46分和20.65分,尽管与2019年31.82和29.17的得分相比有较大幅度下降,但上海和深圳依然位列双创百强城市的第一与第二;株洲的环境支持得分为6.80分,与2019年排名相同,位列双创百强城市最末。

(二)环境支持得分的频率分布

表2和图1显示了双创百强城市环境支持得分的频率分布情况。2020年双创百强城市的环境支持得分位于[6.80,23.60),以此为基础将总区间分成6组,各组的间距为2.80分。

表2 2020年双创百强城市环境支持得分频率分布

环境支持分数段(分)	城市数量(个)	占比(%)
[6.80,9.60)	23	23
[9.60,12.40)	47	47
[12.40,15.20)	18	18
[15.20,18.00)	8	8
[18.00,20.80)	3	3
[20.80,23.60)	1	1

2020年,双创百强城市的创新创业环境整体表现乏力,大部分地区环境支持能力不强,受疫情影响较为严重。88%的城市双创环境支持得分集中在[6.80,15.20)分这一较低水平的区间内,高于20分的仅有上海与深圳两个城市,大部分城市的环境支持得分与2019年相比有大幅度下降。这表明,在疫情防控常态化的大环境下我国城市实现双创环境支持能力的复苏和发展、进行后期环境建设依然任重道远。

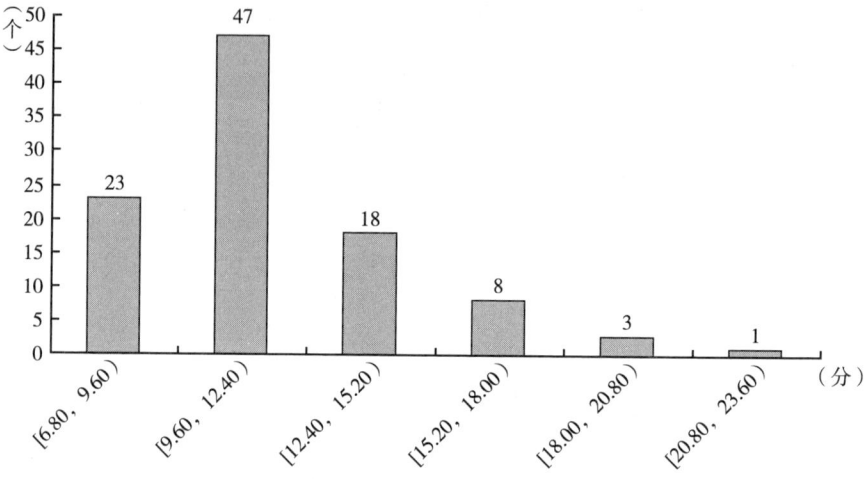

图1 2020年双创百强城市环境支持得分分布情况

（三）双创环境子特征分析

本节通过对环境支持的4个二级指标，即市场结构、产业基础、制度文化和配套支持的研究，进一步分析了双创百强城市的创新创业环境发展情况。

1. 市场结构

市场结构指的是市场主要参与者的结构属性。本节从市场结构下的3个三级指标切入，包括非公有制企业数量比重、规模以上工业小微企业数量比重和实际利用外商直接投资占GDP比重，探究双创百强城市环境支持的整体情况。本蓝皮书通过各子指标得分之和来测量市场结构发展水平，其中，市场结构得分越高，则意味着其对各城市双创发展起到的支撑和推动作用就越大；反之，则不利于甚至阻碍了城市的双创发展。

市场结构水平得分满分为7.08分（3个三级指标各占2.36分）。计算后发现，双创百强城市中马鞍山的市场结构得分最高，分值为6.11分，虽然相较于2019年的7.07分有所下降，但依然稳居第一，也是唯一一个市场结构得分超过6分的城市；桂林的得分最低，仅为2.15分。将市场结构得分区间［2.15，6.15）分为10组，组间距为0.40分，可以得出双创百强城市市场结构得分的分布情况（见表3和图2）。

表3 2020年双创百强城市市场结构得分频率分布

市场结构分数段(分)	城市数量(个)	占比(%)
[2.15,2.55)	1	1
[2.55,2.95)	1	1
[2.95,3.35)	0	0
[3.35,3.75)	7	7
[3.75,4.15)	12	12
[4.15,4.55)	19	19
[4.55,4.95)	29	29
[4.95,5.35)	25	25
[5.35,5.75)	5	5
[5.75,6.15)	1	1

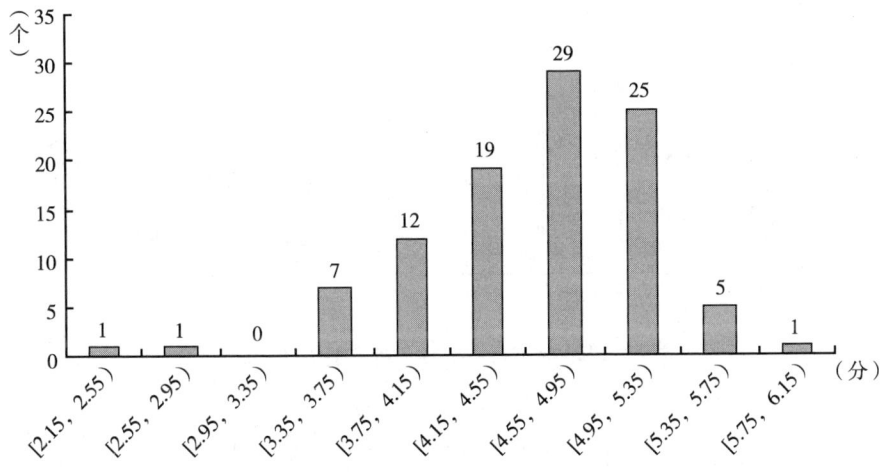

图2 2020年双创百强城市市场结构得分分布情况

第一,2020年双创百强城市的市场结构体系较为均衡,整体水平较2019年有所下降。2020年双创百强城市市场结构得分均值为4.59分,较2019年5.89分的均值略有下滑。其中有58个城市的得分位于均值以上,42个城市的得分低于均值。通过双创百强城市市场结构得分分布情况可知,有6个城市的得分大于或等于5.35分,有2个城市的得分低于

3.35分,大多数城市位于中层分数段,其中[4.55,4.95)分数段内城市数量最多,涵盖了29个城市。2020年的市场结构高分段和低分段城市数量均有所减少,分数分布较2019年更为集中。这些数据表明,我国创新创业市场结构水平虽然整体较2019年有所下滑,但城市间发展差距进一步缩小,整体发展较为均衡。

第二,市场结构与城市经济发展水平并无直接关联,多种市场参与主体支撑和推动了市场结构的优化。2020年双创百强城市中,市场结构得分排名前10的城市分别是马鞍山、上海、芜湖、长沙、西安、武汉、深圳、郴州、杭州、郑州,如图3所示。

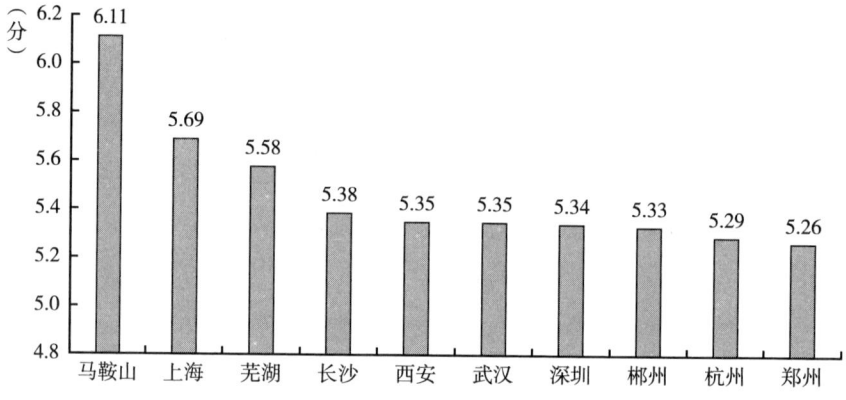

图3 2020年市场结构得分排名前10的城市

从图3可以看出,市场结构得分排名前10的城市中不仅有上海等经济较发达的城市,也有芜湖、郴州等经济并不特别发达的城市,马鞍山更是以6.11分的高分名列第一、遥遥领先,这反映出经济发展水平与市场结构并无直接关联。马鞍山等城市位于中东部地区,经济开放水平较高,非公有制企业和小微企业的占比较高、外商投资活跃,这些因素促进了市场结构的优化。结果表明,促进民营企业和小微企业的发展、提高经济开放水平等措施对改善市场结构、促进中国经济发展和转型具有十分重要的作用。无论城市经济发展水平如何,都需要构建合理、活跃的市场结构,以促进创新创业的发展。

2.产业基础

产业基础指的是一个地区在经济发展中所拥有的和累积的各类资源,在创新创业建设中可具体化为促进创新创业和经济发展的各项指标,例如进出口情况、工业产值和民间资本投资等。本节从产业基础下的3个三级子指标切入,包括对外进出口总额、规模以上工业总产值和民间资本固定资产投资总额占GDP比重,探究双创百强城市产业基础的整体情况。本蓝皮书通过各子指标分值的加总来测量产业基础状况和发展水平,产业基础得分越高,则意味着其对城市的双创发展起到的支撑和推动作用就越大;反之,则不利于甚至阻碍了城市的双创发展。

产业基础得分满分为7.08分(3个三级指标各占2.36分)。计算后发现,双创百强城市中,产业基础得分最高的城市是深圳,分值为4.98分,该城市的产业基础得分保持领先地位;产业基础得分最低的城市是呼和浩特和绵阳,得分均为0.23分,这也与2019年的排名保持一致。将区间[0.00,5.00)分为10组,组间距为0.50分,可以得出双创百强城市产业基础得分的分布情况(见表4和图4)。

表4 2020年双创百强城市产业基础得分频率分布

产业基础分数段(分)	城市数量(个)	占比(%)
[0.00,0.50)	16	16
[0.50,1.00)	35	35
[1.00,1.50)	12	12
[1.50,2.00)	10	10
[2.00,2.50)	16	16
[2.50,3.00)	7	7
[3.00,3.50)	1	1
[3.50,4.00)	0	0
[4.00,4.50)	1	1
[4.50,5.00)	2	2

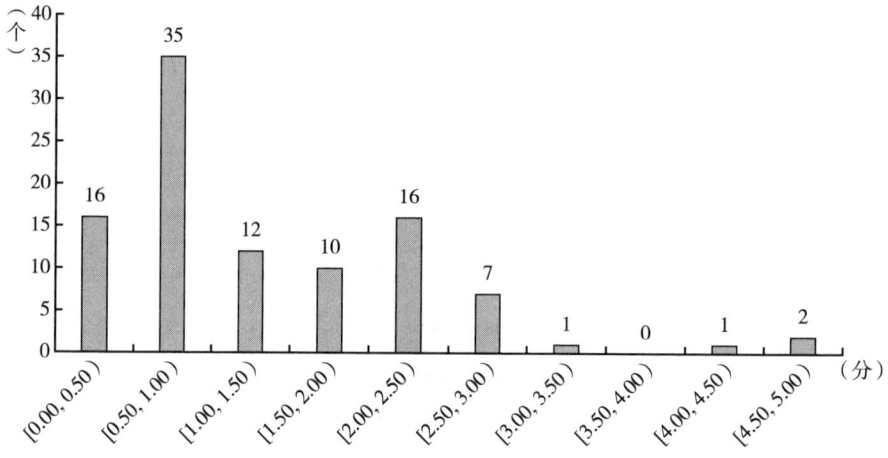

图 4　2020 年双创百强城市产业基础得分分布情况

第一，我国双创百强城市产业基础水平大幅下降，复苏和发展空间巨大。计算可知，2020 年双创百强城市产业基础得分均值为 1.34 分，相较于 2019 年 2.00 分的均值有大幅下降，排名第一的深圳也由 2019 年接近满分的成绩（7.01 分）下降到 4.98 分。这些数据表明，相较于 2019 年，2020 年双创百强城市的产业基础得分整体下降，产业水平的衰退与新冠肺炎疫情的发生有一定关系。疫情的发生及多点反复使部分城市付出了一定的经济代价，进出口、投资和生产总值都有所下降，对产业发展造成了不利影响，经济复苏和发展空间巨大。

第二，双创产业基础发展不均衡，部分一线与新一线城市产业基础牢固，城市间差距进一步拉大。2020 年，有 4 个城市的产业基础得分超过了 3 分，而超过一半（51%）的城市得分甚至未达到 1 分，这反映出各城市间的双创产业发展很不均衡。为进一步探究产业基础得分与城市发展水平之间的关系，列出双创百强城市中产业基础得分前 10 位的城市。

如图 5 所示，产业基础得分排名前 10 的城市，除石家庄以外，均为一线或新一线城市，这表明产业基础与经济发展水平间关系密切。其中，深圳、上海、苏州、北京位列产业基础得分前 4，分值均在 3.40 分以

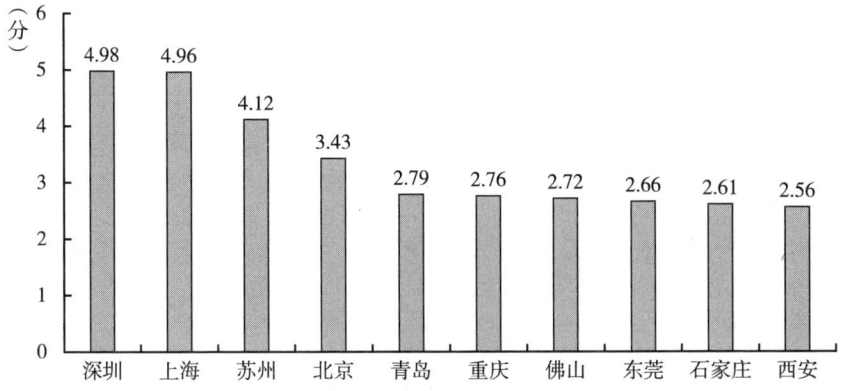

图5 2020年产业基础得分排名前10的城市

上。深圳、上海和北京的创新创业产业基础较为扎实,但同为一线城市的广州尽管GDP位列第四,其产业基础得分却没能进入前10的行列,甚至不如一些竞争力强的二线城市。这反映出广州在双创产业基础上仍有较大进步空间,广州应在未来的发展中加大这方面的投入。

3.制度文化

制度文化,指保障和促进城市双创向好发展的制度和文化基础。本节将从各城市政府效率指数、商业信用环境指数以及每万人藏书册数三个方面进行探析,按照各指标权重求和后得到具体分值,用以衡量各城市制度文化发展对双创建设的推进作用。

制度文化得分满分为7.08分（3个三级指标各占2.36分）。经计算,在双创百强城市中,双创制度文化得分在0.42~2.54分。其中上海得分最高,而曲靖得分最低。进一步将区间［0.40,2.60）分为11组,每组间距为0.20分,2020年双创百强城市的制度文化得分分布情况如表5和图6所示。

第一,双创百强城市制度文化基础普遍薄弱且制度文化得分持续下降,城市须加大制度文化方面的投入。经计算,双创百强城市的制度文化得分均值仅为1.08分,最高分也仅为2.54分,超过半数的城市得分小于1分,

表5 2020年双创百强城市制度文化得分频率分布

制度文化分数段(分)	城市数量(个)	占比(%)
[0.40,0.60)	2	2
[0.60,0.80)	20	20
[0.80,1.00)	30	30
[1.00,1.20)	16	16
[1.20,1.40)	17	17
[1.40,1.60)	4	4
[1.60,1.80)	3	3
[1.80,2.00)	5	5
[2.00,2.20)	1	1
[2.20,2.40)	1	1
[2.40,2.60)	1	1

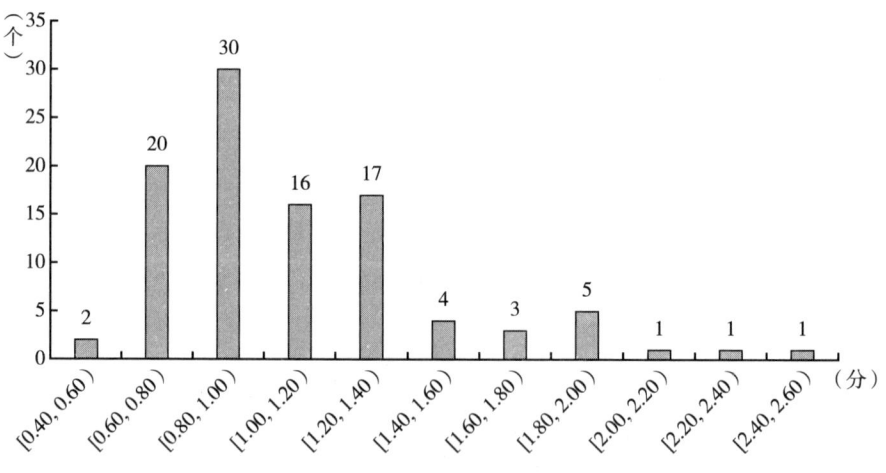

图6 2020年双创百强城市制度文化得分分布情况

表现较差,这可能与疫情带来的不利影响有关。2018~2020年,双创百强城市制度文化得分持续下降,给城市双创发展敲响了警钟,制度文化相对市场和产业环境,基础更为薄弱,各城市应加大这方面的投入,促进创新创业高效、均衡发展。

第二，提高政府效率有利于双创制度文化建设。2020 年双创百强城市中，制度文化得分排名前 10 的城市如图 7 所示。

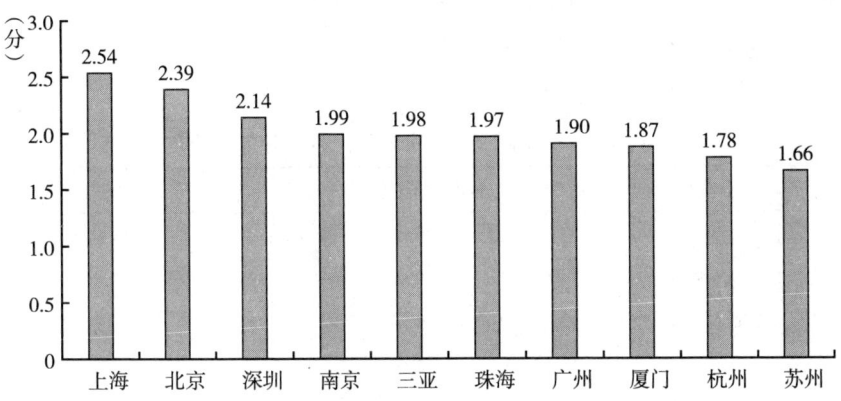

图 7　2020 年制度文化得分排名前 10 的城市

上海、北京、深圳占据了制度文化得分的前 3 名，这与 2019 年的情况类似，反映出它们在政府效率、商业环境和居民文化需求方面相对领先，而同为一线城市的广州排名有所下降。除三亚、珠海、厦门外，2020 年制度文化得分前 10 的城市均为一线或新一线城市，这三个城市因其出色的政府效率，在制度文化方面表现优异，进入前 10 行列。以珠海为例，其政府效率指数仅次于深圳，排名全国第二，其公共服务数量充足、质量较高，政务公开及时，为创新创业提供了良好的制度环境。

4. 配套支持

城市的双创建设和发展需要完备的配套支持，具体表现为各大城市为支持双创发展所配备的相应设备和相关基础建设，如物流交通建设、互联网建设及综合性医院建设等。本节从公共交通车辆数、货物运输总量、互联网宽带普及率、医院占医疗机构比重以及国家级科技企业孵化器数量等指标出发，赋予各指标相应的权重，最后求和。通过得分的高低来评价城市对双创配套支持的重视程度和实施力度，据此来推断其对双创发展的推进能力。

配套支持得分满分为 11.80 分（5 个三级指标各占 2.36 分）。经计算，双创百强城市中，配套支持得分介于 2.45~10.27 分。其中上海得分最高，桂林得分最低。进一步将区间［2.40，10.40）分成 8 组，组间距为 1.00 分，得分分布情况如表 6 和图 8 所示。

表 6　2020 年双创百强城市配套支持得分频率分布

配套支持分数段(分)	城市数量(个)	占比(%)
[2.40,3.40)	26	26
[3.40,4.40)	19	19
[4.40,5.40)	29	29
[5.40,6.40)	12	12
[6.40,7.40)	3	3
[7.40,8.40)	7	7
[8.40,9.40)	3	3
[9.40,10.40)	1	1

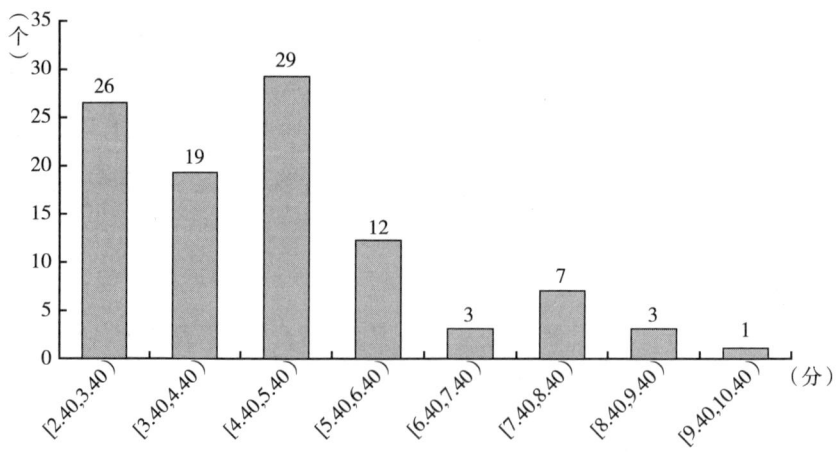

图 8　2020 年双创百强城市配套支持得分分布情况

第一，双创百强城市基础性配套设施稳步发展，但仍有一定上升空间。双创百强城市中，最低得分为 2.45 分，最高得分为 10.27 分，平均得分为

4.71分,与2019年相比均有一定幅度增长。说明在疫情等负面因素对经济的影响下,公共交通、物流、互联网、医疗和科技配套基础设施的建设水平依然有较大提升,反映出双创百强城市的配套基础设施在逐渐完善。尽管部分城市配套支持得分较高,但大部分城市距离满分还有一定差距,各城市仍需注重配套设施的进一步完善,为城市创新创业发展提供保障。

第二,一线与新一线城市双创配套设施基础较好,且竞争力不断增强。图9列出了2020年配套支持得分排名前10的城市。

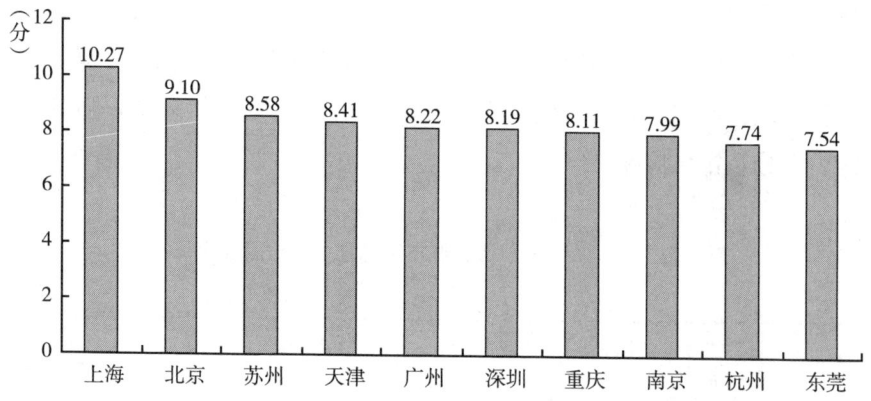

图9　2020年配套支持得分排名前10的城市

与2019年情况类似,上海的配套支持得分在双创百强城市中排名第一,反映出其为创新创业提供的基础设施环境一直处于较高水平。配套支持得分排名前10的城市均为一线或新一线城市,它们的得分与2019年相比有一定提高。一线与新一线城市经济发达,有足够的财力进行交通、物流、科技和医疗建设,城市竞争力不断增强,从而可能会呈现"强者愈强,弱者愈弱"的态势。

二　双创资源子特征

投入的资源直接决定双创的发展和产出。宏观经济学中的经典生产函数将生产力视作劳动、资本和技术的函数。与之类似,双创的"生产"与发展也依赖于人力资源水平、资本投入规模和技术支撑能力。本节将从"人力资源""资本市场"和"科技投入"三个方面入手对双创百强城市的资源子特征进行分析。

(一)资源能力得分及排名

资源能力得分由"人力资源""资本市场""科技投入"3个二级指标构成,二级指标进一步细分为11个三级指标。资源能力得分满分为33分,得分越高代表该城市双创资源越充沛,越有利于城市双创的发展;反之则表明资源匮乏,不利于双创的健康快速发展。表7是2020年双创百强城市资源能力得分及排名情况。

表7　2020年双创百强城市资源能力得分及排名

单位:分

城市	资源能力得分	资源能力排名	2019年排名情况	城市	资源能力得分	资源能力排名	2019年排名情况
北京	28.75	1	1	宁波	18.56	16	32
深圳	25.61	2	2	济南	18.30	17	9
上海	25.55	3	3	珠海	17.94	18	27
广州	23.52	4	4	太原	17.75	19	24
南京	22.33	5	11	昆明	17.62	20	20
武汉	21.68	6	6	哈尔滨	17.46	21	18
成都	21.38	7	14	沈阳	17.38	22	17
郑州	21.38	8	8	乌鲁木齐	17.34	23	37
杭州	20.65	9	7	大连	17.08	24	25
重庆	20.40	10	22	呼和浩特	17.00	25	34
苏州	20.12	11	10	厦门	16.90	26	13
西安	20.05	12	5	长春	16.89	27	30
合肥	19.99	13	23	常州	16.57	28	19
天津	19.81	14	16	东营	16.53	29	100+
长沙	18.83	15	12	青岛	16.52	30	21

续表

城市	资源能力得分	资源能力排名	2019年排名情况	城市	资源能力得分	资源能力排名	2019年排名情况
东莞	16.32	31	26	绵阳	13.60	66	84
无锡	16.06	32	40	洛阳	13.59	67	81
南昌	16.04	33	53	衡阳	13.58	68	80
南宁	15.97	34	31	沧州	13.55	69	89
海口	15.88	35	41	咸阳	13.54	70	100+
兰州	15.88	36	29	济宁	13.54	71	63
吉林	15.79	37	47	柳州	13.52	72	78
贵阳	15.73	38	28	株洲	13.52	73	77
佛山	15.72	39	15	临沂	13.50	74	93
银川	15.51	40	35	常德	13.50	75	67
温州	15.21	41	36	扬州	13.46	76	46
烟台	15.17	42	55	鄂尔多斯	13.45	77	82
嘉兴	14.99	43	38	安庆	13.45	78	85
福州	14.90	44	33	拉萨	13.38	79	83
三亚	14.81	45	42	湘潭	13.36	80	75
西宁	14.80	46	51	漳州	13.27	81	60
保定	14.61	47	57	台州	13.22	82	52
淄博	14.59	48	48	郴州	13.22	83	73
泰州	14.53	49	87	金华	13.20	84	62
威海	14.47	50	68	襄阳	13.11	85	96
镇江	14.42	51	45	湖州	13.05	86	49
桂林	14.29	52	54	泉州	12.92	87	100
绍兴	14.28	53	66	九江	12.78	88	70
潍坊	14.13	54	86	榆林	12.77	89	91
石家庄	14.12	55	39	岳阳	12.76	90	79
南通	14.09	56	56	马鞍山	12.75	91	44
中山	13.98	57	43	龙岩	12.67	92	100+
江门	13.95	58	88	盐城	12.63	93	74
徐州	13.93	59	59	曲靖	12.51	94	100+
淮安	13.93	60	61	莆田	12.46	95	95
惠州	13.87	61	58	滁州	12.30	96	100+
连云港	13.81	62	76	遵义	12.26	97	92
芜湖	13.76	63	71	赣州	12.16	98	97
宜昌	13.71	64	69	宿迁	12.00	99	100+
廊坊	13.67	65	65	汕头	11.99	100	94

如表7所示，我国城市双创资源整体较为匮乏，在选取的双创百强城市样本中，仅有14个城市的得分在19.80分及以上，即仅有14%的双创百强城市其资源能力得分达到了满分的60%，双创百强城市的资源能力略显不足。最低的城市得分仅11.99分。大部分城市的得分集中在13~15分，没有得分在30分以上的城市，得分最高的城市是北京（28.75分），排在第二位的深圳得分比北京少3.14分。

相较于2019年，双创百强城市资源能力得分呈现整体下降的趋势。2019年资源能力得分最低的泉州（13.61分）在2020年的排名中占据第八十七的位置，但得分跌至12.92分。2020年高分段的表现也整体不如2019年。由于2020年全国受疫情影响，各城市的资源能力得分均有所下降。

从双创百强城市的资源能力得分排名变化可以看出，大部分城市的资源能力得分排名较为稳定，变化不大。北京、深圳、上海和广州始终占据前4的位置。但也有一些城市的资源情况得到了显著改善，2019年东营、咸阳未进入资源能力得分百强城市榜，到2020年其资源能力得分分别排第二十九、第七十，龙岩、曲靖、滁州、宿迁也在2020年入围资源能力得分百强榜单。泰州、潍坊、江门双创资源能力方面有显著的进步和发展，从2019年的87名、86名、88名进步到2020年的49名、54名、58名。部分城市双创资源能力得分有下降趋势，例如马鞍山从2019年的44名退后到2020年的91名，湖州从2019年的49名退后到2020年的86名，扬州和台州更是分别位居76名和82名，与2019年相比均后退了30名，说明这些城市在双创资源方面投入力度不够大。

（二）资源能力得分的频率分布

根据2020年双创百强城市资源能力得分的最高分28.75与最低分11.99，将区间［11.00，29.00）分成9组，组间距取2.00分，得到2020年双创百强城市资源能力得分分布情况，如表8和图10所示。

表8　2020年双创百强城市资源能力得分频率分布

资源能力分数段(分)	城市数量(个)	占比(%)
[11.00,13.00)	14	14
[13.00,15.00)	44	44
[15.00,17.00)	17	17
[17.00,19.00)	11	11
[19.00,21.00)	6	6
[21.00,23.00)	4	4
[23.00,25.00)	1	1
[25.00,27.00)	2	2
[27.00,29.00)	1	1

从表8可以看出，城市数量最多的分数段是[13.00，15.00)。图10直观呈现了2020年双创百强城市资源能力得分的分布情况。

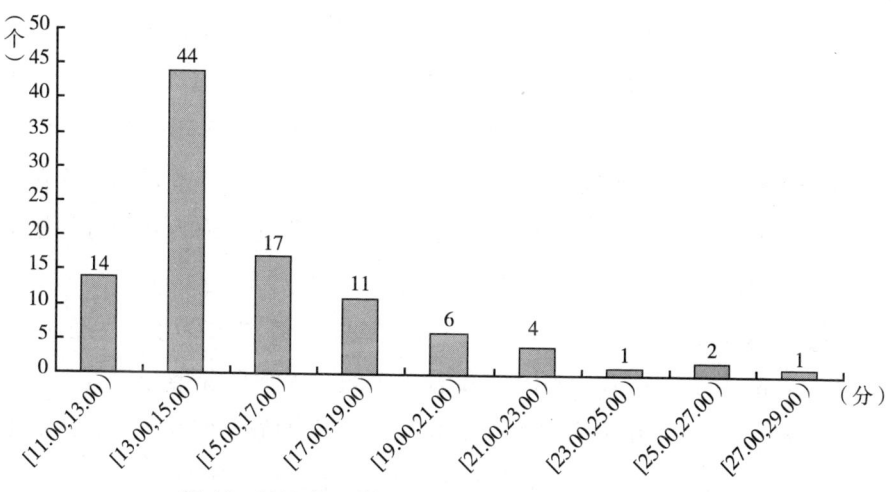

图10　2020年双创百强城市资源能力得分分布情况

从表8与图10可以看出，双创百强城市的双创资源发展不平衡、不充分，资源主要集中在少部分经济较发达的城市，整体资源匮乏，资源潜力巨大。根据设定的指标体系，北京的资源能力得分达28.75分，深圳、上海、广州等城市紧随其后，得分在20分以上的城市均跻身一线城市或新一线城市之列，双创资源集中在这些城市。但就整体而言，双创资源发展极不均

衡，有86%的城市得分集中在19分以下的低分段，且双创百强城市资源能力得分均值为15.63分，远低于满分33分，说明整体双创资源匮乏。大部分城市的资源能力得分较低，有巨大的改善空间和发展潜力。北京、深圳、上海、广州等一线城市的得分不足30分，说明这些大城市的得分虽然相对较高，但依然有不小的提升空间。

（三）双创资源子特征分析

基于本书总报告构建的中国双创指数评价指标体系，本节对人力资源、资本市场和科技投入3个二级指标分别予以进一步分析。

1. 人力资源

人力是最重要的资本之一，作为市场的参与主体，作为创新创业的践行者，人力资源对城市的双创发展有着举足轻重的作用，为其注入了新的活力。人力资源水平具体表现为城市吸引人力和高水平人才的能力、知识密集型服务业发展状况和大学生的培养能力等方面。据此将人力资源的子指标细分为"净流入常住人口""高等教育学历人口比例""普通高校在校生数量""知识密集型服务业从业人员占总就业人数比例"和"规模以上工业企业R&D人员"等5个三级指标，对各指标进行标准化处理，并进行加权求和，计算各城市人力资源得分。

人力资源得分满分为15.00分（5个三级指标各占3.00分），经计算，广州以11.89分名列榜首。2019年仅有一个城市人力资源得分超过10分，2020年双创百强城市中人力资源得分10分及以上的城市多达7个。三亚则以1.36分名列末位。进一步将总区间分为11组，组间距为1.00分，表9与图11描述了2020年双创百强城市人力资源得分的具体分布情况。

表9　2020年双创百强城市人力资源得分频率分布

人力资源分数段（分）	城市数量（个）	占比（%）
[1.00,2.00)	10	10
[2.00,3.00)	21	21

续表

人力资源分数段(分)	城市数量(个)	占比(%)
[3.00,4.00)	23	23
[4.00,5.00)	7	7
[5.00,6.00)	12	12
[6.00,7.00)	11	11
[7.00,8.00)	2	2
[8.00,9.00)	3	3
[9.00,10.00)	4	4
[10.00,11.00)	3	3
[11.00,12.00)	4	4

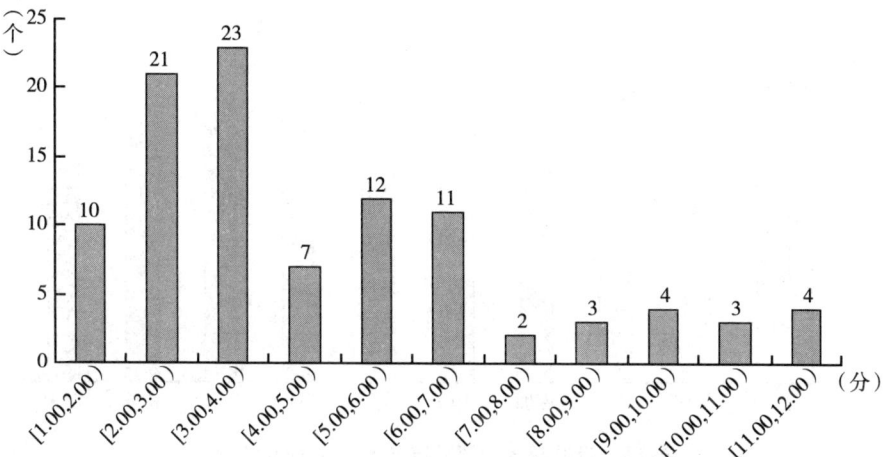

图11 2020年双创百强城市人力资源得分分布情况

第一，各城市人力资源的分布不均衡，绝大部分城市人力资源得分不高，9分及以上（即达到满分60%）的城市仅有11个，大部分城市得分在4分及以下。人力资源得分最高的城市得分为11.89分，不存在12分（即达到满分80%）以上的城市，大部分城市在人力资源方面有很大的发展空间。人力资源得分在9分以上的城市除温州、芜湖以外，均是一线和新一线城市。一线和新一线城市本身的发展水平较高，对于人力资源的吸引力更强，造成了人力资源分布的高集聚状态。大部分城市人力资源水平较低，少量城市人力资本储备较高，各城市间的人力资源分布极不均衡。相比于2019年，2020年人力资源分布不均衡情况有所缓解，不存在人力资源得分不足1分的城市。

第二，双创人力资源分布的不均衡，从某种程度上反映了教育资源不均衡的现状。广州、北京、深圳、上海等城市位列人力资源得分前10名。从图12可以看出，人力资源得分排名前10的城市是国内顶尖高校和研究所的主要分布地，它们拥有丰富的教育资源，尤其是高等教育资源。这样的优势是其他城市不具备的，高等教育资源的不均衡是导致双创人力资源的城市分布不均衡的原因之一。

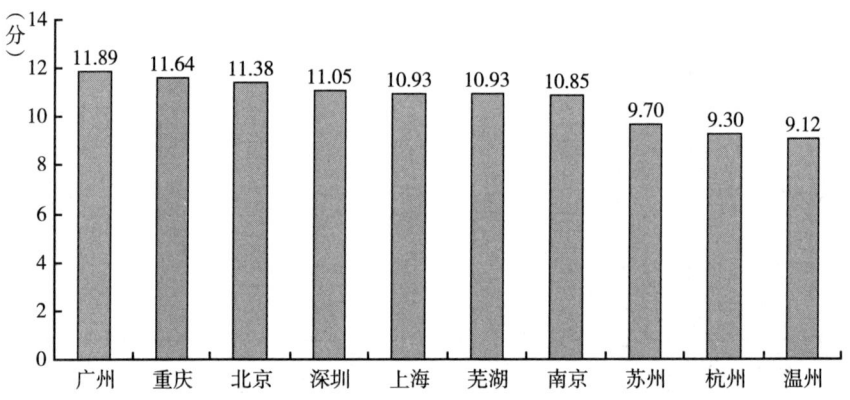

图12 2020年人力资源得分排名前10的城市

2. 资本市场

双创发展不仅需要人力资源作为基础，还需要资本市场的运转为其提供合适的市场环境，以促进其健康发展。资本的投入对双创发展有着重要的推动作用。将"资本市场"进一步细分为"年末总市值""年度IPO规模""年度新三板上市企业数量"3个三级指标，用以反映该城市资本市场的规模。对各指标进行标准化处理，并进行加权求和，以所得分值高低来衡量该城市资本市场的发展状况和资本投入情况。

资本市场得分满分为 9.00 分（3 个三级指标各占 3.00 分），经计算，北京以 8.81 分位列榜首，而三亚以 6.30 分位列末位。进一步将总区间分成 6 组，组间距为 0.50 分，表 10 与图 13 描述了 2020 年双创百强城市资本市场得分的具体分布情况。

表 10　2020 年双创百强城市资本市场得分频率分布

资本市场分数段（分）	城市数量（个）	占比（%）
[6.00,6.50)	74	74
[6.50,7.00)	21	21
[7.00,7.50)	3	3
[7.50,8.00)	1	1
[8.00,8.50)	0	0
[8.50,9.00)	1	1

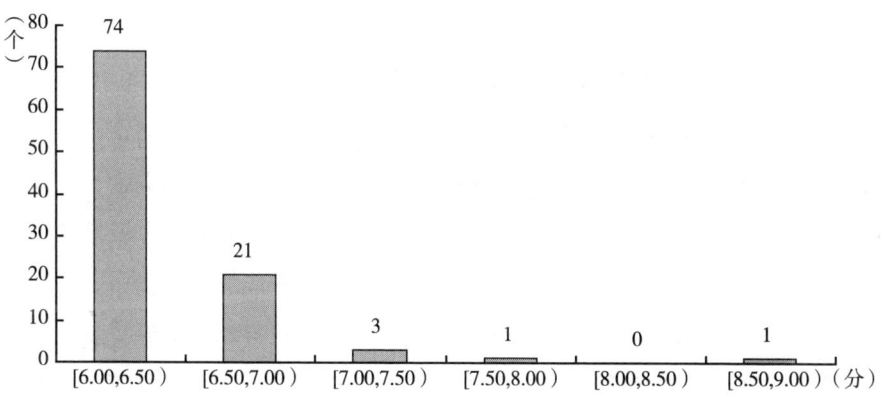

图 13　2020 年双创百强城市资本市场得分分布情况

第一，大部分城市的资本投入水平较高。双创百强城市的资本市场得分主要位于 [6.00, 6.50) 分数段，平均得分为 6.48 分，反映出总体资本投入水平较高。绝大部分城市的资本投入得分位于平均值附近，得分 7 分及以上的城市有 5 个，最高得分为 8.81 分，接近满分（9 分），资本市场发展状况较为乐观。

第二,资本投入可能会出现马太效应的正反馈现象,呈现"强者愈强,弱者愈弱"的态势。图14描绘了2020年资本市场得分排名前10的城市。

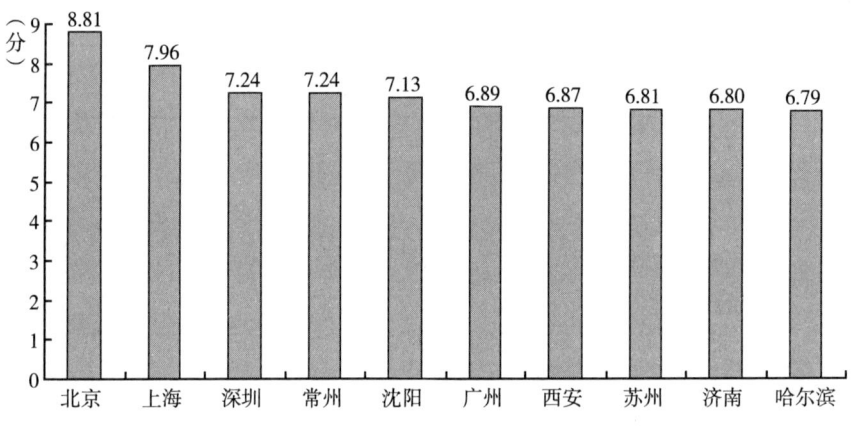

图14 2020年资本市场得分排名前10的城市

如图14所示,2020年资本市场得分排名前10的城市主要集中在东部沿海地区,内陆地区仅有西安上榜。排名前3的城市均为一线城市,排第四名的常州位置在上海和南京之间,担当内陆港口的重任。虽然双创百强城市资本市场得分极差为2.51分,在资源能力的3个二级子指标中极差是最小的。但资本有逐利的特性,越是经济发达的地区,越能够从市场中获益,资本便会自然地向其流动,投入的资本反过来又能直接推动当地经济发展。企业在投资时会考虑城市的区位优势和民众的消费能力,经济实力较强的城市会吸引企业的投资,形成资本的集聚效应,而经济实力较弱的城市资本吸引力也较弱,难以促进其经济的发展。

3. 科技投入

技术可以提升资本和劳动生产效率,双创的快速发展不仅需要人力资源的支持和资本市场环境的运转支撑,还需要科学技术成果的推动。无论是基础科学研究,还是以应用为导向的研究,都能够促进该地的双创发展。将"科技投入"进一步细分为"基础研究经费支出占万元GDP

比重""应用研究经费支出占万元 GDP 比重""试验发展经费支出占万元 GDP 比重"3 个三级指标，用以反映该城市在科学技术上的投入情况。对各指标进行标准化处理，并加权求和，计算出各城市的科技投入得分。

科技投入得分满分为 9.00 分（3 个三级指标各占 3.00 分），经计算，北京以 8.56 分名列榜首，紧随其后的是深圳和上海，泉州则以 4.05 分名列末位。进一步把总区间分成 10 组，组间距为 0.50 分，表 11 与图 15 描述了 2020 年双创百强城市科技投入得分的具体分布情况。

表 11　2020 年双创百强城市科技投入得分频率分布

科技投入分数段（分）	城市数量（个）	占比（%）
[4.00,4.50)	83	83
[4.50,5.00)	7	7
[5.00,5.50)	5	5
[5.50,6.00)	1	1
[6.00,6.50)	1	1
[6.50,7.00)	1	1
[7.00,7.50)	1	1
[7.50,8.00)	0	0
[8.00,8.50)	0	0
[8.50,9.00)	1	1

第一，各城市科技投入不均衡，极少数城市科技投入脱颖而出。有 83% 的城市的科技投入得分在 [4.00，4.50) 区间内，最高分超过了 8.50 分。双创百强城市科技投入得分的极差为 4.51 分。各城市的科技投入水平总体差异明显，北京、深圳、上海一直注重科技投入，连续两年排名前 3。

第二，从图 16 可以看出，排名前 10 的城市中除了厦门、长沙等城市在人力资源方面较为落后，其他城市在人力资源、资本市场、科技投入指标上

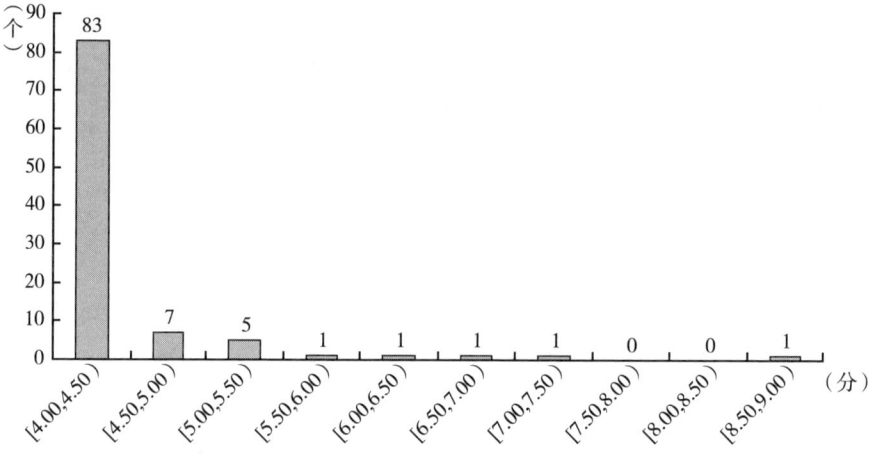

图 15　2020 年双创百强城市科技投入得分分布情况

的得分排名均靠前。厦门、长沙在科技投入得分排名前 10 的城市中能占有一席之地，这反映出它们对科技发展的重视程度较高。对科技的大力投入和认可，能够提升该地科技实力，有利于吸引更多高水平人才，并且民众对科技的追求能够在一定程度上促进科技企业的发展，促进资本流入，对未来城市双创发展有着长期的积极影响。

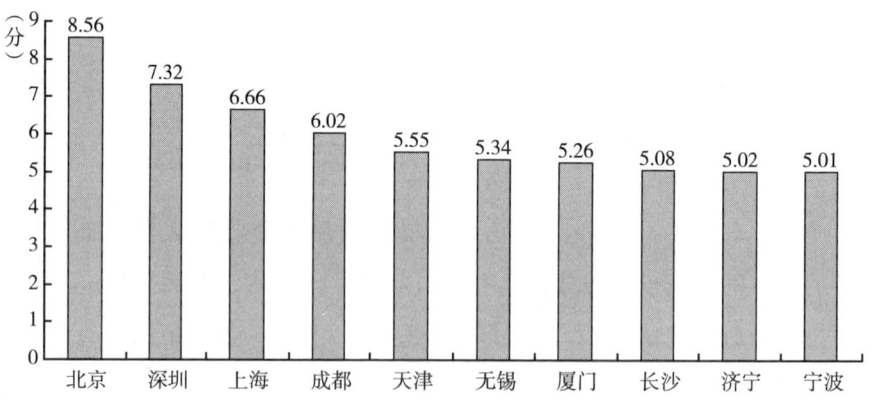

图 16　2020 年科技投入得分排名前 10 的城市

三 双创绩效子特征

绩效价值一级指标用于评价各城市在双创环境支持下,通过开发和利用双创资源以推动产业、创新、环境等方面发展的潜力和效果。本节将从"产业绩效""创新绩效""可持续发展"3个绩效价值子特征角度来评估双创城市的绩效价值。

(一)绩效价值得分及排名

绩效价值得分由"产业绩效""创新绩效""可持续发展"3个二级指标细分出的8个三级指标经加权求和计算得到。若某一指标的得分越高,则代表该城市在此维度的双创绩效价值越高。表12展示了2020年双创百强城市的绩效价值得分及排名情况。

表12 2020年双创百强城市绩效价值得分及排名

单位:分

城市	绩效价值得分	绩效价值排名	2019年排名情况	城市	绩效价值得分	绩效价值排名	2019年排名情况
深圳	30.18	1	1	福州	15.86	17	16
北京	28.30	2	2	绍兴	15.72	18	22
上海	26.12	3	3	厦门	15.61	19	14
广州	23.89	4	4	南通	15.13	20	26
杭州	22.82	5	6	成都	14.85	21	21
苏州	21.64	6	5	金华	14.78	22	45
南京	21.47	7	7	合肥	14.51	23	23
珠海	19.69	8	8	青岛	14.50	24	24
无锡	19.58	9	10	中山	14.40	25	57
佛山	18.30	10	13	温州	14.37	26	28
宁波	18.01	11	9	湖州	14.35	27	36
东莞	17.69	12	12	天津	14.22	28	19
武汉	17.28	13	11	镇江	14.15	29	58
常州	16.54	14	20	泰州	14.13	30	41
泉州	16.36	15	15	南昌	14.11	31	31
重庆	16.18	16	17	扬州	14.08	32	37

续表

城市	绩效价值得分	绩效价值排名	2019年排名情况	城市	绩效价值得分	绩效价值排名	2019年排名情况
嘉兴	14.01	33	25	长春	10.51	67	38
长沙	13.70	34	18	榆林	10.36	68	54
贵阳	13.56	35	27	岳阳	10.30	69	76
烟台	13.41	36	46	滁州	10.19	70	100+
芜湖	13.35	37	48	曲靖	10.08	71	100+
西安	13.29	38	29	东营	10.00	72	100+
台州	13.20	39	34	鄂尔多斯	9.99	73	74
郑州	13.17	40	40	三亚	9.86	74	72
漳州	13.09	41	33	淮安	9.66	75	78
威海	13.07	42	49	郴州	9.66	76	84
大连	12.96	43	30	西宁	9.60	77	66
昆明	12.86	44	32	襄阳	9.60	78	83
江门	12.56	45	62	拉萨	9.47	79	67
济南	12.55	46	55	呼和浩特	9.44	80	59
龙岩	12.35	47	100+	徐州	9.41	81	82
惠州	12.21	48	35	常德	9.41	82	81
盐城	12.10	49	51	安庆	9.30	83	89
海口	12.08	50	42	吉林	9.18	84	52
绵阳	12.05	51	43	宿迁	9.15	85	100+
沈阳	11.61	52	39	衡阳	9.12	86	86
汕头	11.55	53	60	廊坊	9.10	87	91
莆田	11.53	54	64	湘潭	9.09	88	97
南宁	11.49	55	47	潍坊	8.90	89	85
遵义	11.41	56	56	石家庄	8.50	90	63
马鞍山	11.38	57	77	乌鲁木齐	8.14	91	65
柳州	11.35	58	53	洛阳	8.01	92	92
宜昌	10.95	59	50	淄博	7.93	93	94
桂林	10.94	60	68	临沂	7.87	94	96
赣州	10.94	61	70	沧州	7.65	95	93
兰州	10.91	62	61	咸阳	7.36	96	100+
哈尔滨	10.81	63	44	济宁	7.27	97	95
连云港	10.73	64	75	太原	6.62	98	90
株洲	10.71	65	71	银川	6.09	99	79
九江	10.64	66	73	保定	6.06	100	100

由于2020年绩效价值计算方法在2019年的基础上进行了一定的调整，因此双创百强城市的绩效价值得分排名与2019年相比有一定差别；

同时由于疫情影响，总体绩效价值较 2019 年有所降低。如表 12 所示，从整体上看，深圳、北京、上海、广州、杭州等处于绩效价值高分段的城市，其排名总体变化不大，表明这些城市绩效价值的综合水平较高，在各个指标维度上都维持了领先地位。因此，这些城市的绩效价值对指标体系、国际环境的变动不敏感。绩效价值得分靠后的城市名次变动普遍较大，除内部名次轮换外，还有 6 个 2019 年非双创百强城市进入百强。这些城市由于发展不均衡，在某些方面存在短板的可能性较大，因此对指标体系的变动会更加敏感，在不同指标体系下的排名可能存在较大差异。

此外，低分段城市得分与高分段城市得分虽然差距悬殊，但这种差距如今正在缩小。2020 年双创百强城市中绩效价值得分最高的深圳分数为 30.18 分，与 2019 年的 33.11 分相比有小幅下滑；2020 年保定的绩效价值得分为 6.06 分，较 2019 年的 6.52 分有小幅下滑。双创百强城市绩效价值得分的极差为 24.12 分，与 2019 年 26.59 分的极差相比有所下降。

（二）双创绩效价值得分的频率分布

由 2020 年双创百强城市绩效价值得分数据可知，绩效价值最低分为 6.06 分，最高分为 30.18 分，绩效价值得分区间为 [6.00，30.20），规定组数为 5，组间距为 4.84 分。2020 年双创百强城市的绩效价值得分分布情况见表 13 和图 17。

表 13　2020 年双创百强城市绩效价值得分频率分布

绩效价值分数段(分)	城市数量(个)	占比(%)
[6.00,10.84)	38	38
[10.84,15.68)	44	44
[15.68,20.52)	11	11
[20.52,25.36)	4	4
[25.36,30.20)	3	3

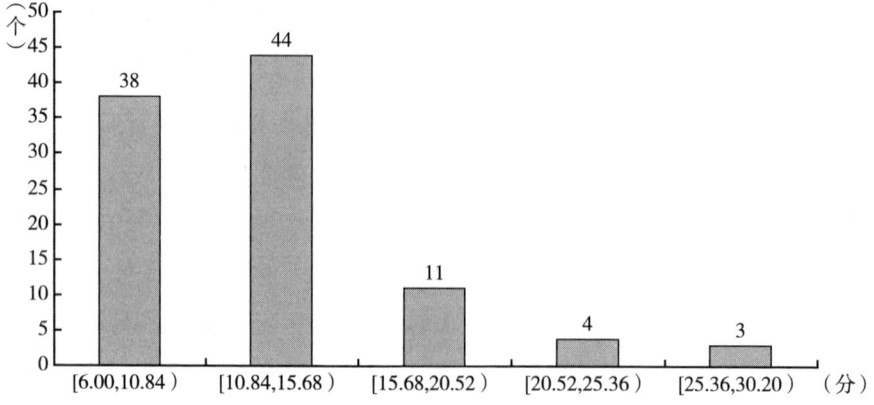

图17　2020年双创百强城市绩效价值得分分布情况

双创百强城市绩效价值得分大部分位于较低水平，低分段城市分布比较集中，高分段城市数量较少。绩效价值得分最集中的分段为［10.84，15.68），占总数的44%。有超过80%的城市绩效价值得分没有达到17.00分（满分34.00分），而绩效价值得分超过20.40分（满分34.00分的60%）的城市仅有7个。

（三）双创绩效价值子特征分析

1. 产业绩效

产业绩效指城市利用双创环境的支持和双创资源在经济运行、企业发展等方面收获的双创效益。产业绩效采用3个子指标进行衡量：人均GDP、高新技术企业数量、规模以上工业企业利润总额。对各子指标进行标准化并加权求和得到产业绩效的得分，得分越高说明该城市的产业绩效越好。

产业绩效水平满分为12.75分（3个三级指标各占4.25分）。计算结果表明，双创百强城市中产业绩效得分最高的是北京（10.45分），接近该指标满分。得分最低的城市是金华（0.53分）。进一步将总区间分成8组，组间距为1.25分，得到2020年双创百强城市产业绩效得分的分布情况，如表14和图18所示。

表 14 2020 年双创百强城市产业绩效得分频率分布

产业绩效分数段(分)	城市数量(个)	占比(%)
[0.50,1.75)	31	31
[1.75,3.00)	35	35
[3.00,4.25)	19	19
[4.25,5.50)	6	6
[5.50,6.75)	4	4
[6.75,8.00)	1	1
[8.00,9.25)	1	1
[9.25,10.50)	3	3

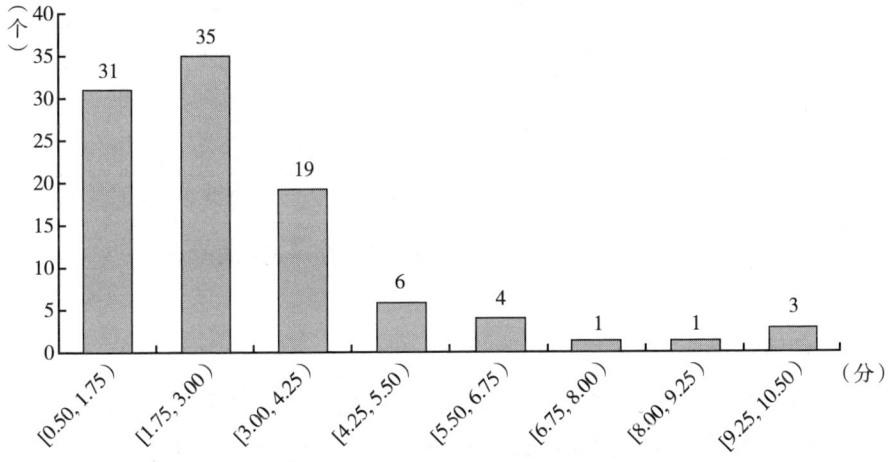

图 18 2020 年双创百强城市产业绩效得分分布情况

第一,双创百强城市整体产业绩效处于较低水平,低分段城市分布集中,高分段城市分布稀疏。可以看出,90%左右的城市未达到该指标满分的一半,大部分双创百强城市在产业绩效方面还有较大的提升空间。

第二,双创百强城市产业绩效水平发展不均衡,呈现两极分化的发展趋势。高分段城市产业绩效得分接近满分,说明这些城市的产业基础和产业结构都较为优良，利用双创环境和双创资源促进科技、经济发展的能力较强。如图19所示，高分城市均为经济较发达的城市，这些城市都比较重视高新技术产业和知识、技术密集型产业的发展。而许多低分段城市产业绩效得分接近0分，说明这些城市的产业基础较为薄弱，双创资源的转化和利用能力较弱，今后需要寻找产业发展受限的具体原因，破解双创产业发展绩效低迷的难题。

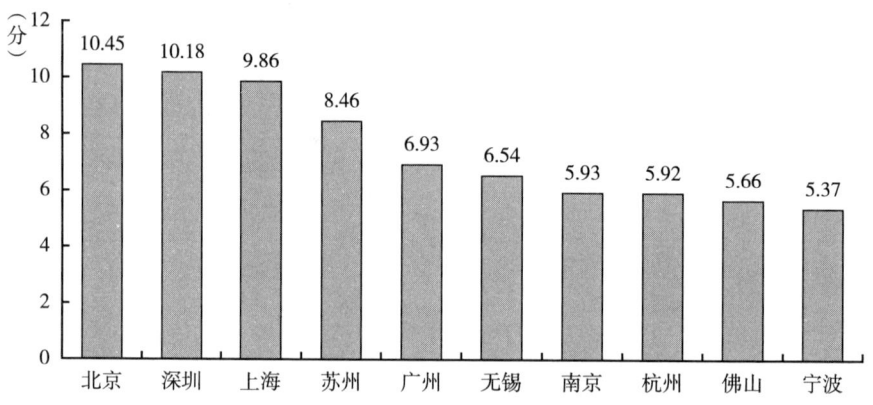

图19　2020年产业绩效得分排名前10的城市

2. 创新绩效

创新绩效是双创城市绩效价值评价的关键指标，它反映了双创城市在双创环境的支持下，利用双创资源推动科技发展和创新水平提升、为经济转型赋能的效果。创新绩效由3个子指标构成：专利授权量、每万人国内发明专利申请量以及中国城市数字经济指数。通过对3个子指标进行标准化和加权求和，得到双创百强城市的创新绩效得分，得分越高代表该城市的创新绩效越好。

创新绩效水平满分为12.75分（3个三级指标各占4.25分）。根据双创百强城市创新绩效得分的最高分和最低分，确定创新绩效得分的分布区间为[0.75，11.75）。进一步将总区间分成5组，组间距为2.20分，得到2020年双创百强城市创新绩效得分的分布情况，如表15和图20所示。

表15 2020年双创百强城市创新绩效得分频率分布

创新绩效分数段(分)	城市数量(个)	占比(%)
[0.75,2.95)	47	47
[2.95,5.15)	40	40
[5.15,7.35)	6	6
[7.35,9.55)	5	5
[9.55,11.75)	2	2

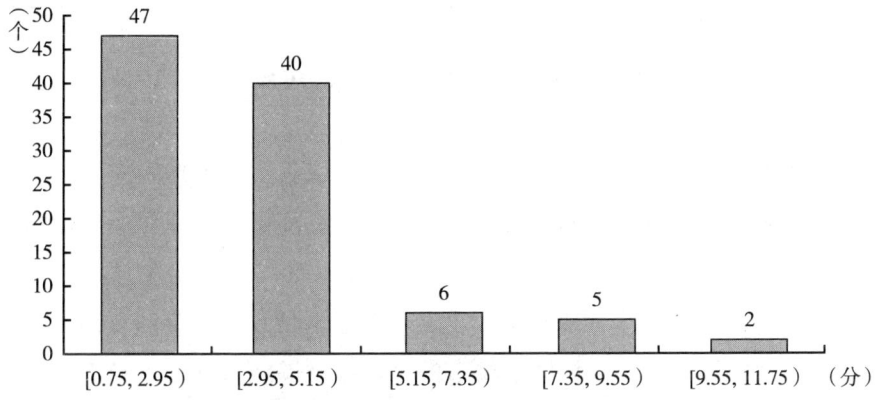

图20 2020年双创百强城市创新绩效得分分布情况

总体而言，双创百强城市创新绩效水平普遍不高，大部分城市在创新水平与科技发展能力方面仍有较大的提升空间；同时，两极分化现象十分突出，创新绩效得分的极差较大。与产业绩效得分的分布特征十分类似，90%左右的双创城市在创新绩效上的得分都没有达到满分的一半，其中有不少城市得分接近0分，而排名靠前的几个城市得分却接近满分。从图21可以看出，创新绩效得分排名前10的城市都是经济发展水平较高的城市，这些城市更加重视科技、产业创新在经济发展中的驱动作用，吸引了大批人才，具有利于发展的区位优势，从而为科技创新提供了肥沃的土壤和健壮的生长环境。

3. 可持续发展

"绿水青山就是金山银山"，可持续发展、绿色发展理念如今已深入

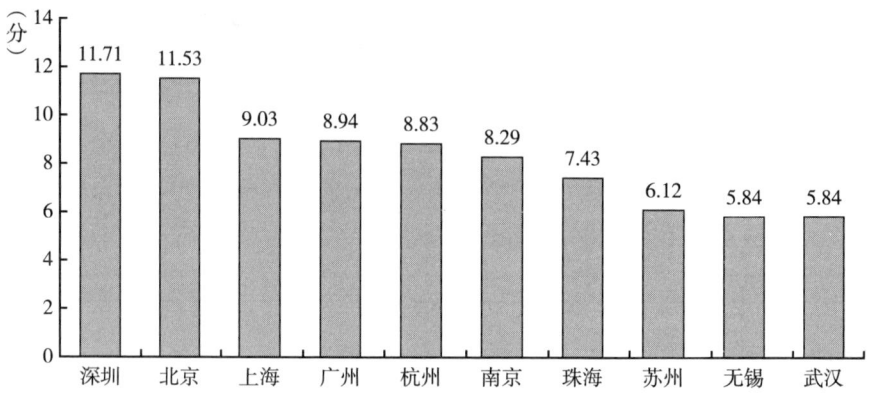

图 21　2020 年创新绩效得分排名前 10 的城市

人心。作为双创绩效价值评价的另一个重要二级指标，可持续发展水平体现了城市对经济发展质量的重视程度，对经济、环境、社会等多方面协调发展的关注程度。本报告采用单位 GDP 能耗、空气质量优良（二级及以上）天数占比两个子指标经过加权求和来衡量双创百强城市的可持续发展能力。该指标得分越高，说明该城市的可持续发展能力越强，经济增长模式越健康。

可持续发展能力指标的满分为 8.50 分（2 个三级指标各占 4.25 分）。经计算，双创百强城市中厦门的可持续发展得分最高，分数为 8.50 分；太原得分最低，分数为 1.57 分。可持续发展得分区间为 [1.50, 8.50]，据此将总区间分成 7 组，组间距为 1.00 分，得到 2020 年双创百强城市可持续发展得分的分布情况，如表 16 和图 22 所示。

表 16　2020 年双创百强城市可持续发展得分频率分布

可持续发展分数段(分)	城市数量(个)	占比(%)
[1.50, 2.50)	2	2
[2.50, 3.50)	2	2
[3.50, 4.50)	12	12
[4.50, 5.50)	9	9

续表

可持续发展分数段(分)	城市数量(个)	占比(%)
[5.50,6.50)	14	14
[6.50,7.50)	27	27
[7.50,8.50]	34	34

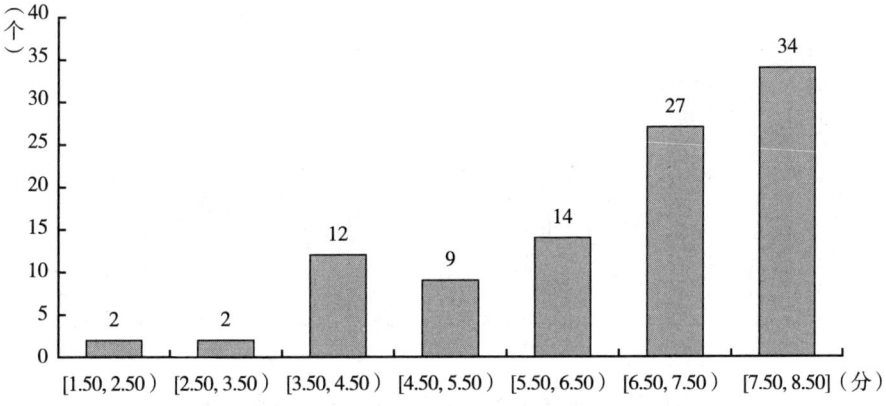

图22　2020年双创百强城市可持续发展得分分布情况

双创百强城市的可持续发展水平整体较高。可以看出，大部分城市集中在中高分数段，许多城市的可持续发展得分接近满分。低分段城市很少，只有4个城市得分低于3.50分。这说明从当前数据来看，大部分城市都在双创发展过程中坚持绿色环保和质量优先的理念，走可持续发展道路。

此外，从图23可以看出以下两点。

第一，可持续发展得分排名前10的城市大部分在东南沿海地带。这可能与沿海城市气候条件优良、污染物不易堆积有关。同时这也说明了南方各城市与北方各城市相比更加注重绿色发展、可持续发展的经济发展理念以及高质量、环境友好的产业结构体系。

第二，城市的可持续发展水平与城市目前经济发展程度无必然联系。从图23可以看出，除厦门、深圳、东莞等少数城市经济发展水平较高外，其他城市均不属于经济发达城市。对于这些城市,如何能在保持环境友好和资源节约的同时,利用双创环境和双创资源促进经济发展水平的进一步提升,避免重蹈经济发达城市"先污染,后治理"的覆辙,是这些城市能否发挥自身优势、激发双创动力的关键所在。

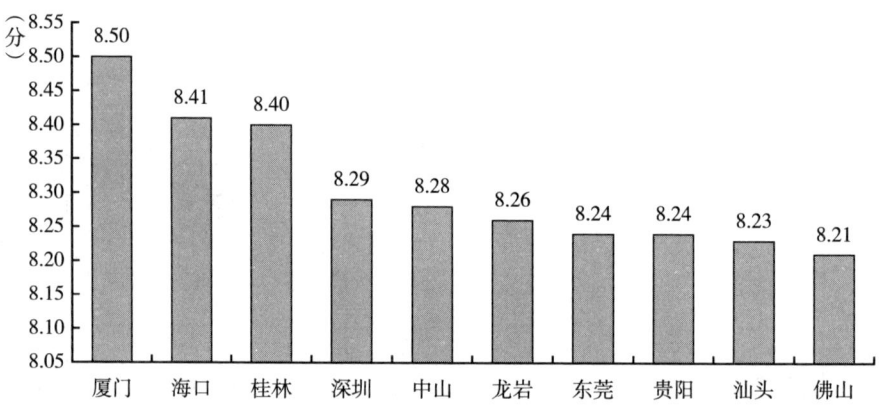

图23 2020年可持续发展得分排名前10的城市

参考文献

林毅夫:《中国经验:经济发展和转型中有效市场与有为政府缺一不可》,《行政管理改革》2017年第10期。

B.4 双创核心指标提取与分析

苗璐 黄晓林 谭惠昕*

摘　要： 在新冠肺炎疫情冲击和经济下行的双重压力下,"大众创业、万众创新"带来的市场主体基础支撑、培育经济发展的新动能、扩大和稳定就业对中国经济恢复性增长有着重要作用。为揭示我国各城市双创发展的底层支持情况和已取得的成果,本报告首先通过提取并分析中国双创指数评价指标体系中对双创得分有重要影响的细分指标,进一步分析我国双创排名前100的城市的细分指标情况。其次,分析中国双创指数评价指标体系下环境支持、资源能力和绩效价值3个一级指标间的关系。通过分析发现,具有良好双创环境的城市有利于双创资源的集聚,进而为绩效价值的实现奠定基础。最后,本报告认为应继续完善、优化双创环境,推动创新创业高质量发展。

关键词： 双创指数评价指标体系　双创环境　双创资源　双创绩效

一　中国双创指数评价指标体系下各级核心指标的提取与分析

本报告基于本蓝皮书总报告构建的中国双创指数评价指标体系,从环境

---

* 苗璐,经济学博士,深圳大学中国经济特区研究中心助理教授,主要研究方向为区域经济学、可持续发展经济学、计量经济学;黄晓林,深圳大学应用统计专业硕士研究生,主要研究方向为经济统计模型与计量分析;谭惠昕,深圳大学金融专业本科生,主要研究方向为风险管理与投资。

支持、资源能力和绩效价值3个一级指标细化的33个三级指标中提取关键指标进行深入分析。本报告拟采用相关系数来衡量三级指标与对应一级指标之间相关关系的密切程度，相关系数的绝对值越大，表明该指标与对应一级指标的相关性越大。基于此标准，本报告主要选取相关系数较大的指标，即筛选一级指标下影响力相对较大且较具有代表性的三级指标作为关键指标进行深入分析。

（一）环境支持核心指标提取与分析

本蓝皮书中环境支持由4个二级指标14个三级指标构成。二级指标中配套支持指标与环境支持的相关系数最高（对应的相关系数为0.9330）。城市完善的配套支持为城市不断完善创新功能、提高城市形象奠定重要基础，该指标下有公共交通车辆数、货物运输总量、互联网宽带普及率、医院占医疗机构比重、国家级科技企业孵化器数量5个子指标。制度文化指标下有政府效率指数、商业信用环境指数、每万人藏书册数3个子指标；产业基础指标下有对外进出口总额、规模以上工业总产值、民间资本固定资产投资总额占GDP比重3个子指标；市场结构指标下有非公有制企业数量比重、规模以上工业小微企业数量比重、实际利用外商直接投资占GDP比重3个子指标。本节选取与环境支持相关系数较高且较有代表性的7个指标进行分析，分别为国家级科技企业孵化器数量（对应相关系数为0.8529）、公共交通车辆数（对应相关系数为0.8123）、规模以上工业总产值（对应相关系数为0.8121）、对外进出口总额（对应相关系数为0.7915）、每万人藏书册数（对应相关系数为0.6558）、非公有制企业数量比重（对应相关系数为0.6141）、货物运输总量（对应相关系数为0.5869）。其中国家级科技企业孵化器数量、公共交通车辆数、货物运输总量为配套支持指标下的子指标；规模以上工业总产值、对外进出口总额为产业基础指标下的子指标；每万人藏书册数为制度文化指标下的子指标；非公有制企业数量比重为市场结构指标下的子指标。下面对这些指标进行分析。

1. 国家级科技企业孵化器数量

通过为新创科技型中小企业提供空间、基础设施和支持服务，国家级科技企业孵化器对科技创新企业的落地发展、创造就业机会和经济长期高效增长有重要作用。目前,我国创业孵化载体数量和质量稳步提高,创业带动就业、大中小企业融通发展生态圈初步形成、产学研融合发展助力科技成果转化,进一步推动创新创业,激发全社会创新创业活力。

国家级科技企业孵化器集聚各类资源、搭建科技和金融对接服务平台、营造创新创业氛围,是城市双创环境营造的有力支撑。在2020年双创百强城市中,国家级科技企业孵化器数量共增加89个。每个城市平均数量为10.71个,较2019年增加0.87个。最多的城市为北京,其国家级科技企业孵化器数量高达64个,其次为上海(60个)、苏州(50个)。2020年国家级科技企业孵化器数量的城市分布情况见表1。

表1 2020年国家级科技企业孵化器数量的城市分布

单位:个

国家级科技企业孵化器数量	城市数量	主要城市
0个	6	三亚、莆田、郴州、衡阳等
1~9个	56	温州、福州、绍兴、泉州等
10~19个	22	长沙、嘉兴、济南、昆明等
20~29个	7	重庆、成都、西安、东莞等
30~39个	3	深圳、武汉、天津
40个及以上	6	北京、上海、广州、南京等

国家级科技企业孵化器数量相比上年有所增加,且大部分集中在经济较发达地区和东部地区。从表1可以看出,2020年双创百强城市中排名靠前的城市国家级科技企业孵化器数量有所增加,而排名靠后的城市无明显变化。约有40个城市的孵化器数量无明显变化,有6个城市的孵化器数量有所下降,在排名前10的城市中,孵化器数量共增加了46个。与2019年相比,没有国家级科技企业孵化器的城市数量变化不大,这些城市与其他双创百强城市相比,经济发展仍有较大提升空间;孵化器数量超过20个的双创百强城市增加至16个(2019年为14个),其中孵化器数量超过40个的城

市由3个增加至6个,上海、南京、杭州均增加了6个国家级科技企业孵化器。可以看到,国家级科技企业孵化器大多集中在经济发展水平较高的一、二线城市,如北京(64个)、上海(60个)、苏州(50个)、杭州(45个)、南京(41个)。超过一半的双创百强城市国家级科技企业孵化器数量依然在10个(中位数为7个)以下。国家级科技企业孵化器数量的多寡一定程度上影响了城市双创活动的推进。

国家级科技企业孵化器数量是城市双创环境支撑的重要支柱。2020年国家级科技企业孵化器数量与环境支持之间的相关系数为0.8529,相比往年有轻微下降,但在环境支持各子指标中,相关系数仍是最大的,表明国家级科技企业孵化器数量对城市双创环境的影响力不减。图1直观地呈现了2020年双创百强城市国家级科技企业孵化器数量与环境支持得分间的关系。

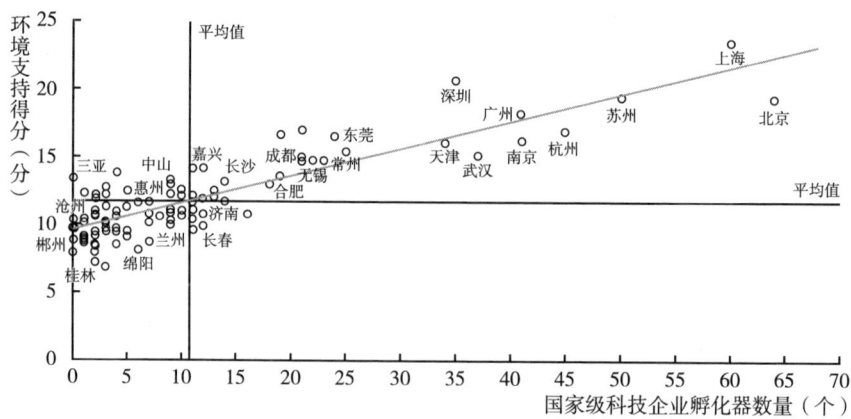

图1 2020年双创百强城市国家级科技企业孵化器数量与环境支持得分

从图1可以看出,城市双创环境支持得分随国家级科技企业孵化器数量的增加而提高,两者之间具有明显的正相关关系。国家级科技企业孵化器数量与环境支持得分均值分别为10.71个和11.72分,当国家级科技企业孵化器数量较少时(低于平均值),各城市间的国家级科技企业孵化器数量没有较大差距;但随着孵化器数量的增加,差距开始逐渐拉大,特别是北京、上海、苏州、杭州等城市,较多的国家级科技企业孵化器给城市双创发展带来了较大的优势；反之，孵化器数量较少的城市，其环境支持得分多处于平均值以下，例如，郴州、桂林、绵阳等。国家级科技企业孵化器数量处于平均值以上的城市，尽管其在孵化器的数量上有较大差距，但部分城市的环境支持得分没有明显优势。比如深圳，其国家级科技企业孵化器数量远少于北京，其环境支持得分却领先于北京，这说明在环境支持的其他维度上深圳表现优异。

国家级科技企业孵化器是双创环境支撑的重要组成部分，助力大众创业、万众创新高质量发展。所以政府在进行双创环境的总体部署时，除了增加孵化器数量，还应注重建设高服务水平的科技企业孵化器，推动创业孵化载体体系化、专业化发展。对于没有孵化器或孵化器数量较少的城市，应高效推动符合当地城市特色的孵化器建设，推动地区创新均衡发展。

2. 公共交通车辆数

公共交通工具对城市发展起着基本的推动作用。公共交通车辆通过影响产业布局、促进人口流动、推动经济发展等来影响城市发展。公共交通车辆数反映城市基本交通设施的完善程度和人口的流动程度，是双创环境支持中不可或缺的组成部分。

在2020年双创百强城市中，公共交通车辆数的平均值为4377辆，受新冠肺炎疫情影响，2020年公共交通车辆数的平均值较2019年减少了708辆。其中，公共交通车辆数最多的城市是北京（23948辆），最少的城市是拉萨（528辆），极差较大。2020年双创百强城市公共交通车辆数的城市分布情况如表2所示。

表2 2020年双创百强城市公共交通车辆数的城市分布

单位：个

公共交通车辆数	城市数量	主要城市
5000辆以下	74	珠海、嘉兴、中山、昆明等
5000（含）~10000辆	15	苏州、南京、武汉、西安等
10000（含）~20000辆	10	深圳、上海、广州、重庆等
20000辆及以上	1	北京

公共交通车辆数在5000辆以下的城市最多,与2019年相比,2020年双创百强城市的公共交通车辆数出现明显下降。从表2可以看出,2020年公共交通车辆数在5000辆以下的城市共有74个,占比为74%;而公共交通车辆数超过20000辆的城市仅有1个,而上年同期公共交通车辆数超过20000辆的城市有3个。超过40个城市的公共交通车辆数在2020年有较大幅度下降,其中广州下降幅度最大(减少约23000辆),昆明减少约19000辆,济南减少约11500辆。公共交通车辆城市分布不均,一线城市公共交通车辆数远大于其他城市,其中北京、上海、深圳的公共交通车辆数超过17000辆。而拉萨、滁州、安庆等城市的公共交通车辆数较少,不到700辆。公共交通车辆数的增加有助于人才的流动,对大众创业、企业创新发展有积极作用。

公共交通设施的建设有助于营造良好的双创环境。2020年双创百强城市中公共交通车辆数与环境支持间的相关系数为0.8123,呈现正相关。与2019年0.7151的相关系数相比,有较大幅度的上升。

如图2所示,大部分城市的公共交通车辆数在均值以下。随着公共交通车辆数的增加,城市的环境支持得分也开始逐渐提高。公共交通车辆数较高的城市,其环境支持得分也相对较高,说明公共交通车辆数的增加对城市环境支持水平的提高有积极作用。

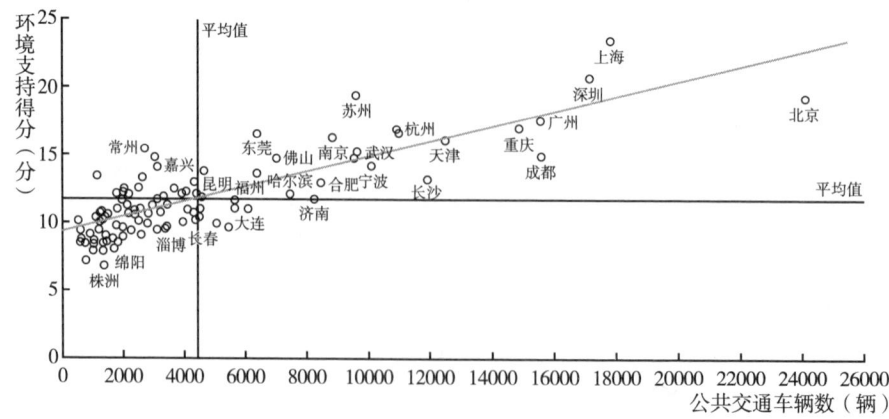

图2　2020年双创百强城市公共交通车辆数与环境支持得分

公共交通车辆不仅能缓解城市交通拥堵，还能提高交通资源利用率，发展公共交通是改善人居环境、促进人才流动、建设环境友好型社会的重要途径。各个城市应加快建设、完善公共交通基础设施，为市民出行和通勤提供便利，促进城市要素流动，提高城市运行效率，为营造良好的城市双创环境打下坚实基础。

3. 规模以上工业总产值

规模以上工业总产值是衡量当地工业发展程度的重要指标。规模以上工业总产值越高，说明该地区的产业基础越雄厚。而雄厚的产业基础有助于提升城市竞争力，有助于创新企业科技成果的落地。

在双创百强城市中，2020年规模以上工业总产值极差达38381.27亿元，较上年增加1131.60亿元，极差有所增大。2020年双创百强城市规模以上工业总产值平均值为7347.05亿元，较上年增加104.89亿元。排名前3的城市规模以上工业总产值均超过35000亿元，分别是深圳（38460.79亿元）、苏州（35342.55亿元）、上海（35233.70亿元）。排名靠后的城市有三亚（79.52亿元）、拉萨（144.03亿元）、海口（572.12亿元）。具体规模以上工业总产值排名的城市分布情况见表3。

表3 2020年规模以上工业总产值的城市分布

单位：个

规模以上工业总产值	城市数量	主要城市
5000亿元以下	50	汕头、长春、吉林、兰州等
5000亿元(含)~10000亿元	28	大连、绍兴、厦门、扬州等
10000亿元(含)~15000亿元	10	天津、成都、嘉兴、青岛等
15000亿元(含)~20000亿元	4	宁波、无锡、郑州、泉州
20000亿元(含)~25000亿元	5	重庆、佛山、广州、北京等
25000亿元及以上	3	深圳、上海、苏州

2020年双创百强城市规模以上工业总产值的分布是不均衡的，产值较高的城市多为一线城市。从表3可以看出，规模以上工业总产值在15000亿

元以下的城市占比为88%，共计88个城市，且这些城市的规模以上工业总产值分布差距不大，区间内分布的城市数量较多。规模以上工业总产值在5000亿元以下的城市有50个，5000亿元（含）~10000亿元的城市有28个，10000亿元（含）~15000亿元的城市有10个，15000亿元及以上的城市仅有12个，不同区间内的城市数量与规模以上工业总产值都有较大的差距。总体来看，2020年双创百强城市规模以上工业总产值分布与上年相似，呈金字塔分布，但位于塔顶的城市规模以上工业总产值有所增加，而位于塔底的城市规模以上工业总产值无明显变化。其中深圳、上海分别增加1211.10亿元、806.53亿元。苏州更是赶超上海位居第二。

规模以上工业企业与双创环境支持间仍保持较高的相关性，但这种相关性有减弱的迹象。规模以上工业总产值与环境支持间的相关系数为0.8121，有逐年减弱的趋势。伴随我国互联网企业的发展，越来越多的创新企业属于服务型的第三产业，体现多层次的创业发展格局。

由图3可知，规模以上工业总产值与环境支持之间具有明显的正相关关系。环境支持得分与规模以上工业总产值均高于平均水平的城市，其规模以上工业总产值差距较大，深圳、上海、苏州三个城市与其他城市拉开了较大的距离。部分城市的双创环境支持得分与规模以上工业总产值均小于平均值，如西宁、拉萨等城市，说明我国部分城市的工业仍有较大的发展空间。

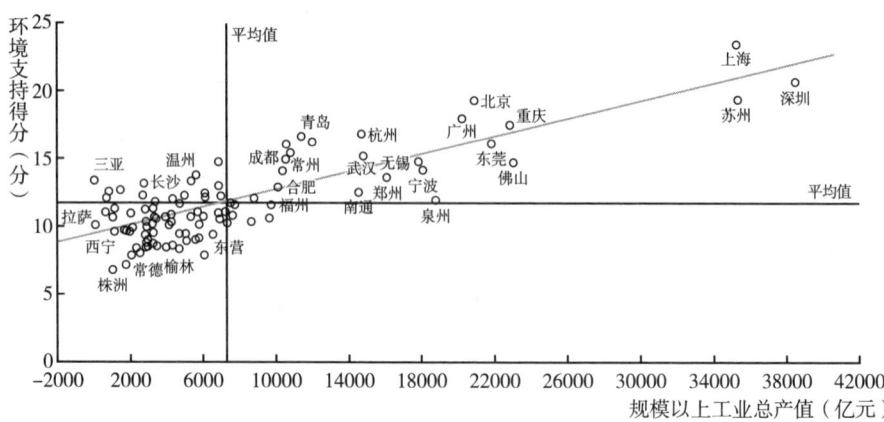

图3　2020年双创百强城市规模以上工业总产值与环境支持得分

从图 3 的趋势线不难看出，城市的环境支持得分随规模以上工业总产值的增加而逐渐增加，说明规模以上工业总产值的增加有助于营造良好的城市双创环境。政府可以通过出台政策和运用财政税收工具，加大对当地工业企业的培养和支持力度或引进已成熟的工业企业来增加当地工业总产值、扩大产业规模、推进经济高效高质量发展、激发企业创新活力，从而打造高水平的双创环境。

4. 对外进出口总额

受疫情影响，2020年双创百强城市的对外进出口总额明显下降，均值为3161.46亿元，较上年下降183.63亿元；对外进出口总额的极差较大，为34788.00亿元。其中，位居首位的是上海，其对外进出口总额达34800.00亿元，较往年有所增加；排名第二的是深圳（30772.74亿元）；榆林排在末位，其对外进出口总额只有12.00亿元。2020年双创百强城市对外进出口总额的城市分布情况见表4。

表4 2020年对外进出口总额的城市分布

单位：个

对外进出口总额	城市数量	主要城市
5000亿元以下	81	西安、合肥、中山、贵阳等
5000亿元(含)~10000亿元	14	厦门、佛山、无锡、天津等
10000亿元(含)~20000亿元	1	东莞
20000亿元(含)~30000亿元	2	北京、苏州
30000亿元及以上	2	上海、深圳

受疫情影响，2020年部分城市的对外进出口总额较上年有所下降。与2019年同期相比，对外进出口总额超过30000亿元的城市减少为2个（上年为3个）；对外进出口总额在10000亿元（含）~20000亿元的城市减少为1个（上年为3个）。对外进出口总额在5000亿元（含）~10000亿元的城市增加至14个（上年为6个），且排名末位的榆林对外进出口总额为12.00亿元，较上年有所提升。然而，双创百强城市的对外进出口总额总体

分布仍不均衡，大部分城市的对外进出口总额集中分布在5000亿元以下，共81个城市。

加快恢复进出口贸易，推动外贸稳定发展，有助于提高经济开放水平，营造良好的双创环境。2020年双创百强城市对外进出口总额与环境支持之间的相关系数为0.8066，说明二者之间存在较强的正相关性。

如图4所示，2020年双创百强城市的进出口贸易发展不均衡。大部分城市的对外进出口总额位于平均值以下，只有5个城市的对外进出口总额超过15000亿元。上海、深圳、北京、苏州的对外进出口总额与其他百强城市拉开了较大的距离，且这些城市以沿海城市为主。随着我国疫情控制措施的有效实施，各地的经济贸易有望恢复到疫情前的水平。同时，内陆城市应加大对外开放，利用后发优势、积极抓住新机遇，全面深化改革，促进国内国际双循环。持续扩大对外开放，营造高质量的双创环境，培育和发展国际创新企业。

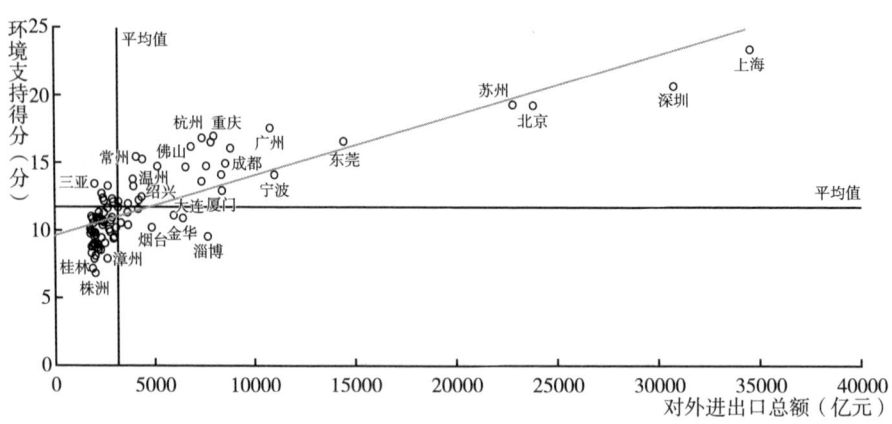

图4　2020年双创百强城市对外进出口总额与环境支持得分

5. 每万人藏书册数

书籍是文化传承的重要载体，知识文化是城市创新发展的内在驱动力，城市文化建设是双创发展的重要工具。每万人藏书册数一定程度上体现了该地区的文化建设情况，反映了该城市的文化底蕴。经济发展较好的城市通常有更多公共资源和配套服务提供给市民，在双创知识文化建设上具有优势。2020年双创百强城市中，广州的每万人藏书册数最多，为34981册，其次是北京（33079册）、上海（32518册）。总体来看，在双创百强城市中，每万人藏书册数平均值为9544册，各城市的每万人藏书册数存在较大的差别，藏书册数最多的城市与最少的城市相差33866册，部分双创百强城市的藏书册数相对较少，如常德、临沂、成都每万人藏书册数均低于1500册。2020年双创百强城市每万人藏书数的城市分布情况如表5所示。

表5　2020年每万人藏书册数的城市分布

单位：个

每万人藏书册数	城市数量	主要城市
5000册以下	26	成都、济南、昆明、惠州等
5000册(含)~10000册	37	重庆、宁波、合肥、江门等
10000册(含)~20000册	30	东莞、无锡、温州、大连等
20000册(含)~30000册	4	深圳、苏州、南京、太原
30000册及以上	3	广州、北京、上海

根据表5所示，2020年共有63个城市的每万人藏书册数在10000册以下，即人均藏书不到1本，占比为63%。每万人藏书册数在20000册及以上的城市仅有7个，占比为7%。

2020年每万人藏书册数与环境支持得分的相关系数为0.6558，说明两者有一定的正相关关系。从图5可以看出，大部分城市的每万人藏书册数集中在平均值附近。部分城市的每万人藏书册数较低，但环境支持得分相对较高，如成都、佛山等。因为城市文化的建设和传播除了书籍，还有很多其他途径，如影视、网络等。而北京、深圳、上海同时具有较多的每万人藏书册数和较高的环境支持得分，与其他城市拉开距离。总体来看，城市文化是一个城市的灵魂和软实力，积极推动城市文化建设，不仅有助于提高市民的文化素质和知识水平，而且能够激发城市创新活力，引领和支持城市的高质量发展。政府不应忽视城市文化的建设，除增加图书藏书册数外，还可以修建

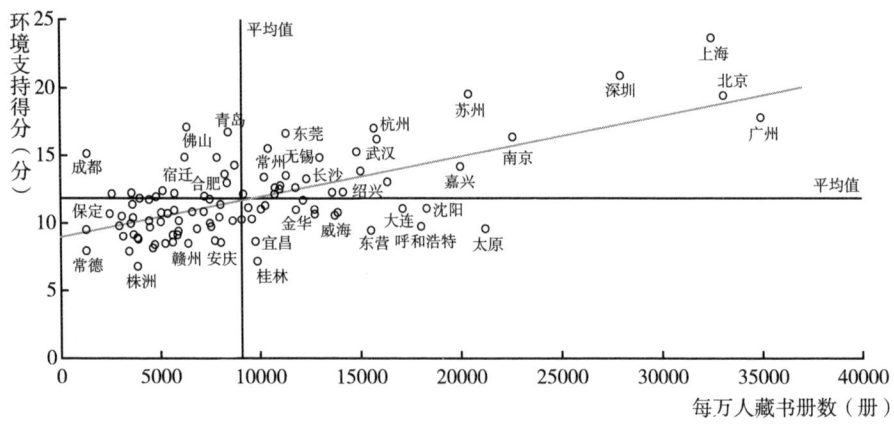

图5 2020年双创百强城市每万人藏书数与环境支持得分

图书馆等公共服务设施,积极开展多样的知识和文化交流活动。树立文化发展意识和超前的文化发展理念、增强城市文化底蕴,是城市创新发展的潜在动力。

6.非公有制企业数量比重

非公有制企业是我国市场经济主体的重要组成部分,其有利于激发市场的创新活力。2020年非公有制企业数量比重的城市分布情况如表6所示。

表6 2020年非公有制企业数量比重的城市分布

单位:个

非公有制企业数量比重	城市数量	主要城市
90%(含)~95%	10	江门、宜昌、湘潭、漳州等
95%及以上	90	北京、海口、杭州、合肥等

从表6可以看出,2020年双创百强城市中非公有制企业数量比重与上年基本持平。所有城市的非公有制企业数量比重均超过90%,最低的是曲靖(93.45%)。非公有制企业数量比重达到95%及以上的城市数量达90个,其中深圳最高为99.37%。这说明随着改革开放的深入,非公有制企业已成为支持经济增长、推动科技进步与创新、扩大劳动就业的重要支柱。未来,

非公有制企业将发挥越来越重要的作用。所以,应深化改革,在实践中坚持和完善我国基本经济制度,为非公有制企业营造良好的政策环境。进一步帮助中小微企业纾困解难,加大对制造业、科技创新、绿色发展等重点领域和薄弱环节的支持力度,发挥企业家才能,激发企业内在活力和创造力,从而调动城市创新创业积极性,促进经济健康稳定发展。

7. 货物运输总量

城市的货物运输总量是各地区之间经济来往的活跃程度的体现。我国市场广阔,建立完善的物流体制有助于发挥规模效应,提高各地区的货物流动效率,促进经济增长。国家对物流运输行业越来越重视,2019 年《关于推动物流高质量发展促进形成强大国内市场的意见》的发布将物流行业发展提升到新高度。大力推动物流行业发展,增强物流服务实体经济的能力,有助于深化供给侧改革、提升经济效益。

2020 年双创百强城市中,货物运输总量的平均值为 24743 万吨。货物运输总量排名前 3 的城市分别是上海(139226 万吨)、重庆(121390 万吨)、广州(92458 万吨)。货物运输总量最小的城市是三亚,只有 472 万吨。2020 年货物运输总量的城市分布情况如表 7 所示。

表 7 2020 年货物运输总量的城市分布

单位:个

货物运输总量	城市数量	主要城市
10000 万吨以下	20	珠海、长沙、西宁、汕头等
10000 万吨(含)~20000 万吨	35	东莞、常州、南昌、金华等
20000 万吨(含)~30000 万吨	22	北京、苏州、台州、桂林等
30000 万吨(含)~40000 万吨	8	成都、大连、昆明、青岛等
40000 万吨及以上	15	深圳、上海、广州、南京等

从表 7 可以看出,双创百强城市的货物运输总量集中分布在 30000 万吨以下,共 77 个城市,这些城市较均匀地分布在各个区间。排名靠前的城市货物运输总量较上年有升有降,深圳、北京、上海分别增加了 72634 万吨、1883

万吨、29617万吨。而广州、武汉、佛山下降了43707万吨、3911万吨、9280万吨。受疫情影响,其余经济较脆弱的城市其货物运输总量较上年都有明显下降。

通过计算得出2020年双创百强城市货物运输总量与环境支持之间的相关系数为0.5869,正相关关系较弱。双创百强城市的货物运输总量与环境支持得分如图6所示。

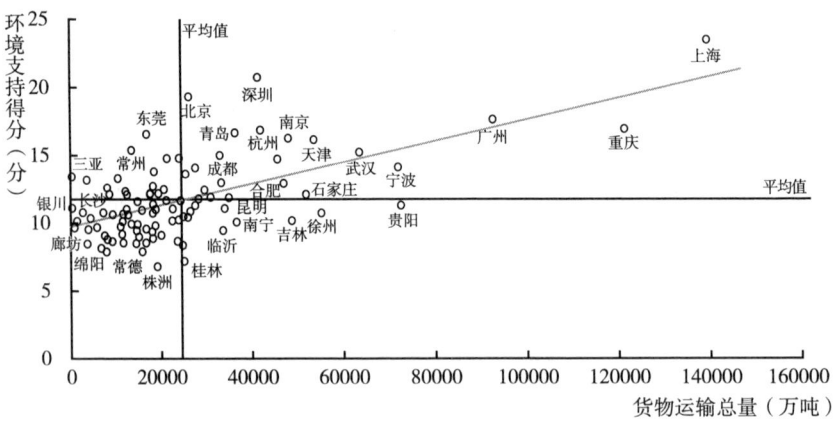

图6　2020年双创百强城市货物运输总量与环境支持得分

从图6可以看出,双创百强城市货物运输总量分布较分散,只有在货物运输总量较高时,其对环境支持得分的提升作用才比较显著,也存在一些货物运输总量较高但环境支持得分较低的城市,以及货物运输总量较低但环境支持得分较高的城市。

(二)资源能力核心指标提取与分析

本蓝皮书中双创资源能力由3个二级指标构成,其下共计11个三级指标。二级指标中人力资源指标与资源能力维度得分的相关系数最高(对应的相关系数为0.9705)。人力资源是一个城市发展的重要资源,其在城市双创发展中发挥重要作用,该指标下有净流入常住人口、高等教育学历人口比例、知识密集型服务业从业人员占总就业人数比例、普通高校在校生数量、规模以上工业企业R&D人员5个三级指标；资本市场指标下有年末总市值、年度IPO规模、年度新三板上市企业数量3个三级指标；科技投入指标下有基础研究经费支出占万元GDP比重、应用研究经费支出占万元GDP比重、试验发展经费支出占万元GDP比重3个三级指标。本节分别选取与资源能力相关系数较高且具有代表性的3个指标进行详细分析：一是高等教育学历人口比例（对应的相关系数为0.8406）；二是年度IPO规模（对应的相关系数为0.6649）；三是试验发展经费支出占万元GDP比重（对应的相关系数为0.6559）。

1. 高等教育学历人口比例

高等教育学历人口比例指拥有高等教育学历的人口占总人口的比重，该比例一定程度上反映了城市在人力资源上的创新竞争力。人才是推动城市高质量发展的"第一资源"，人力资源是城市创新核心竞争力的重要来源，为城市可持续创新发展提供坚实的人才保障。

双创百强城市中，高等教育学历人口比例均值为18.16%，其中比例最高的是北京，达到41.98%；最低的是汕头，仅为8.26%，极差达到33.72个百分点。2020年高等教育学历人口比例的城市分布情况如表8所示。

表8 2020年高等教育学历人口比例的城市分布

单位：个

高等教育学历人口比例	城市数量	主要城市
10%以下	11	遵义、漳州、岳阳、郴州等
10%（含）~20%	53	重庆、宁波、东莞、佛山等
20%（含）~30%	29	深圳、广州、苏州、杭州等
30%（含）~40%	6	上海、南京、武汉、西安等
40%及以上	1	北京

过半数的双创百强城市高等教育学历人口比例处于均值以下。从表8可以看出，共有11个城市的高等教育学历人口比例数在10%以下，共有53个城市的高等教育学历人口比例在10%（含）~20%，高等教育学历人口比例

在20%及以上的城市有36个,其中北京、南京、上海的高等教育学历人口比例排名靠前,这些城市拥有较多国家重点高校以及研究所,有助于人才的发展。北京的高等教育学历人口比例排名领先,在人才集聚方面有较大的优势。

高等教育学历人口与双创资源能力显著相关,高学历人才是城市双创发展的重要资源。根据测算,双创百强城市的高等教育学历人口比例与资源能力得分的相关系数为0.8406,二者具有显著的相关性。2020年双创百强城市高等教育学历人口比例与资源能力得分之间的关系如图7所示。

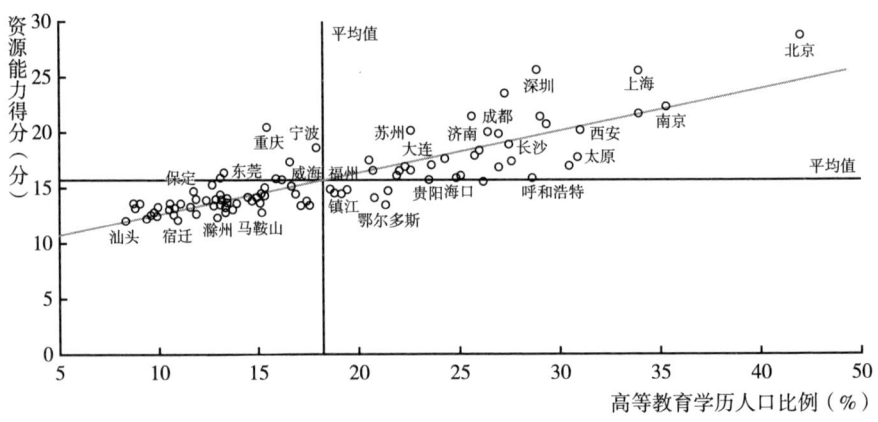

图7 2020年双创百强城市高等教育学历人口比例与资源能力得分

如图7所示,双创百强城市高等教育学历人口比例较高的城市,其资源能力得分也相对较高,资源能力与高等教育学历人口比例有着密切的联系。其中,高等教育学历人口比例以及资源能力得分均高于平均值的城市,在人才集聚及城市资源方面具有优势,如北京(41.98%,资源能力得分为28.75分)、南京(32.23%,资源能力得分为22.33分)、上海(33.87%,资源能力得分为25.55分)等。高等教育学历人口比例较低且资源能力得分处于平均值以下的城市,如汕头(8.26%,资源能力得分为11.99分)、临沂(8.72%,资源能力得分为13.50分)、郴州(8.77%,资源能力得分为13.22分)。这些城市需要进一步提升城市人才吸引力,推进双创城市的建设和发展。人才能为城市双创发展提供强大的动力,城市可以发挥平台聚才效应,根据城市的发展计划建设各类创新创业平台,优化人才发展政策体系,为培养和引进人才提供有力支撑,通过创新创业盘活人才资源,实现人才成长与城市发展的共赢。

2. 年度IPO规模

IPO即首次公开募股,是企业通过资本市场融资的重要方式之一。年度IPO规模一定程度上反映了城市资本市场发展的效率,科学合理地把握IPO节奏能引导资金向科技创新、中小企业等重点领域和薄弱环节靠拢,帮助企业发展,提高核心竞争力,同时有利于规范公司的规章制度和组织架构,优化城市产业结构,助力城市双创发展。年度IPO规模与资本市场得分的相关系数为0.8571。

2020年双创百强城市年度IPO规模平均值为85.15亿元,年度IPO规模高于平均值的城市仅有11个,其余城市的年度IPO规模均低于平均值。排名靠前的城市有上海、北京,其年度IPO规模分别为2234.81亿元、2031.74亿元,上海、北京的金融实力在双创百强城市中处于遥遥领先的地位。其次为深圳(734.88亿元)、杭州(628.01亿元)、广州(415.17亿元)、天津(342.80亿元)、苏州(245.67亿元),这些城市的年度IPO规模远高于平均值,且随着规模的不断扩大,城市间的差距逐渐拉开。2020年年度IPO规模的城市分布情况如表9所示。

表9 2020年年度IPO规模的城市分布

单位:个

年度IPO规模	城市数量	主要城市
0~10亿元	51	汕头、佛山、岳阳、海口等
10亿元(含)~50亿元	29	长春、大连、南昌、湖州等
50亿元(含)~100亿元	10	宁波、合肥、成都、东莞等
100亿元(含)~2000亿元	8	天津、广州、杭州、深圳等
2000亿元及以上	2	上海、北京

2020年，绝大部分双创百强城市年度IPO规模处于平均值以下，年度IPO规模较高的城市主要集中在北京、上海等一线城市，这些城市在金融实力上具有明显的优势。如表9所示，年度IPO规模在10亿元以下的城市有51个，其中年度IPO规模为0的城市有29个。年度IPO规模在10亿（含）~50亿元的城市有29个，年度IPO规模在50亿元以下的城市占比已经达到80%。首次公开募股主要集中在上海、北京、深圳、广州、天津等一线城市，此外杭州的年度IPO规模也较为突出，排名仅次于深圳。年度IPO规模排名前10的城市中，有5个城市位于长三角地区，它们分别是上海、杭州、苏州、无锡和南京；粤港澳大湾区有深圳、广州2个城市进入前10；京津冀地区有北京、天津上榜；成渝地区仅有重庆。总体来看，双创百强城市的年度IPO规模与往年相比明显扩大。

中心城市的年度IPO规模明显领先于其他城市，呈现明显的分层现象，大城市的年度IPO规模整体比中小城市高。经过测算，2020年年度IPO规模与资源能力得分的相关系数为0.6649。年度IPO规模与资源能力得分之间的关系如图8所示。

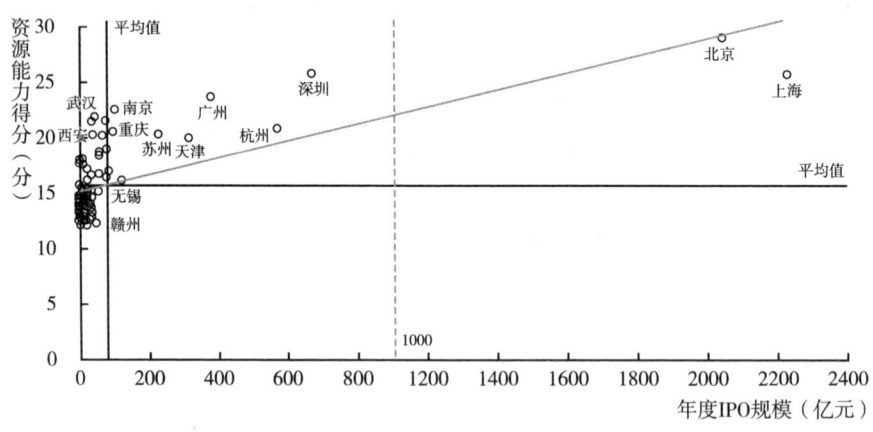

图8 2020年双创百强城市年度IPO规模与资源能力得分

如图8所示，上海、北京作为全国的金融中心，金融业在当地已具备相当规模，金融活跃度高，在资本市场上具有绝对优势。其他双创百强城市年度 IPO 规模与北京、上海相比差距较大，即使是排名第三的深圳，其年度 IPO 规模比排名第二的北京少了 1296.86 亿元。其他城市在资本市场的发展，如股权投资等领域有较大的提升空间，科学引导资本市场金融资源的合理配置，有助于城市创新发展。

3. 试验发展经费支出占万元 GDP 比重

试验发展指利用从基础研究、应用研究和实际经验获得的现有知识，为产生新的产品、材料和装置，建立新的工艺、系统和服务，以及对已产生和建立的上述各项做实质性改进而进行的系统性工作。① 2020 年，全国共投入研究与试验发展（R&D）经费 24393.1 亿元，分活动类型看，基础研究、应用研究和试验发展经费所占比重分别为 6.0%、11.3% 和 82.7%，试验发展经费在整个 R&D 经费中占据较大的比重。在双创百强城市中，试验发展经费支出占万元 GDP 比重的平均值为 39.83%，其中，深圳试验发展经费支出占万元 GDP 比重最高，位居榜首，其次为北京、上海。2020 年试验发展经费支出占万元 GDP 比重的城市分布情况如表 10 所示。

表 10　2020 年试验发展经费支出占万元 GDP 比重的城市分布

单位：个

试验发展经费支出占万元 GDP 比重	城市数量	主要城市
5% 以下	55	洛阳、青岛、台州、长春等
5%（含）~25%	20	西安、武汉、郴州、常德等
25%（含）~100%	12	太原、衡阳、咸阳、昆明等
100%（含）~300%	10	珠海、成都、宁波、泰州等
300% 及以上	3	深圳、北京、上海

有 55 个城市的试验发展经费支出占万元 GDP 比重在 5% 以下，同时有部分城市的比重远高于其他城市，这说明城市间存在明显的差距。从表 10

---

① 定义来自国家统计局网站。

可以看出，试验发展经费支出占万元GDP比重在5%以下的城市有55个，超过半数；其中试验发展经费支出占万元GDP比重不足1%的城市有28个，如拉萨、柳州、嘉兴、汕头等；试验发展经费支出占万元GDP比重在100%以下的城市有87个；比重在100%（含）~300%的城市有10个；比重在300%及以上的城市有3个，分别是深圳、北京和上海，其试验发展经费的投入强度远高于其他城市。

双创百强城市试验发展经费支出占万元GDP比重与资源能力得分间存在正相关关系，且随着比重的增加，城市之间试验发展经费支出占万元GDP比重的差距逐渐扩大。通过计算分析得出，试验发展经费支出占万元GDP比重与资源能力得分之间的相关系数为0.6559，二者之间存在正相关关系。图9直观呈现了2020年双创百强城市试验发展经费支出占万元GDP比重与资源能力得分之间的关系。

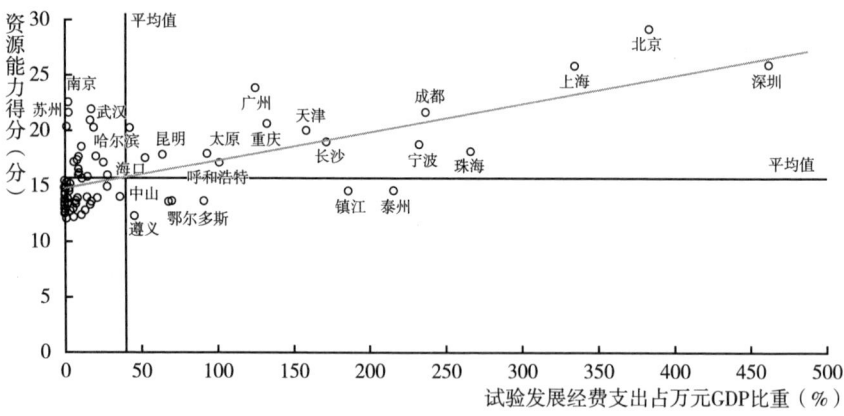

图9　2020年双创百强城市试验发展经费支出占万元GDP比重与资源能力得分

从图9可以看出，随着试验发展经费支出占万元GDP比重的增加，城市间的差距逐渐扩大。大部分双创百强城市的试验发展经费支出占万元GDP比重在平均值以下。深圳试验发展经费支出占万元GDP比重遥遥领先，其次为北京、上海。这些城市的研发支出较高，为城市的创新发展奠定了重要的基础。

（三）绩效价值核心指标提取与分析

双创绩效价值维度分别由产业绩效、创新绩效以及可持续发展3个二级指标构成，体现了双创活动的重要成果和输出，其下共计8个三级指标。产业绩效指标由人均GDP、高新技术企业数量、规模以上工业企业利润总额3个三级指标构成；创新绩效指标由专利授权量、每万人国内发明专利申请量、中国城市数字经济指数3个三级指标构成；可持续发展指标由单位GDP能耗、空气质量优良（二级及以上）天数占比2个三级指标构成。本节分别选取绩效价值指标下具有代表性的三级指标进行分析。选取的三级指标如下：一是规模以上工业企业利润总额（对应的相关系数为0.7930）；二是专利授权量（对应的相关系数为0.8456）；三是空气质量优良（二级以上）天数占比（对应的相关系数为0.4632）。

1. 规模以上工业企业利润总额

规模以上工业企业利润总额指规模以上工业企业在生产经营过程中各种收入扣除各种耗费后的盈余。工业企业的利润总额受市场需求、工业品价格、成本等各种复杂因素影响，良好的利润才能确保地区工业企业的持续发展。规模以上工业企业利润总额一定程度上反映了该城市规模以上工业企业数量和经营效益。城市工业发展情况是衡量一个地区经济发展程度的重要指标，规模以上工业企业利润总额越高，城市工业产业绩效水平就越高，这是城市双创绩效水平的重要体现。

在2020年双创百强城市中，规模以上工业企业利润总额均值为508.11亿元，与2019年相比有所提高。双创百强城市的规模以上工业企业均为盈利状态。其中，规模以上工业企业利润总额最高的城市是上海（2882.67亿元），最低的城市是三亚，仅为4.37亿元，极差达2878.30亿元。2020年双创百强城市规模以上工业企业利润总额的城市分布情况见表11。

表11 2020年规模以上工业企业利润总额的城市分布

单位：个

规模以上工业企业利润总额	城市数量	主要城市
0~250亿元	39	海口、兰州、拉萨、三亚等
250亿元（含）~500亿元	27	潍坊、南昌、宜昌、济南等
500亿元（含）~1000亿元	22	成都、东莞、榆林等
1000亿元（含）~2000亿元	9	北京、佛山、重庆、宁波等
2000亿元及以上	3	上海、深圳、苏州

2020年双创百强城市的规模以上工业企业利润总额整体有所提高。从表11可以看出，过半数双创百强城市的规模以上工业企业利润总额在500亿元以下，其中小于250亿元的城市比上年减少4个。1000亿元及以上的城市有12个，与上年持平，其中苏州规模以上工业企业利润总额突破了2000亿元，排名第三，仅次于上海、深圳。上海、深圳的规模以上工业企业利润总额仍稳居前2名，其突出的工业绩效水平，在双创百强城市中仍保持较大的优势。

规模以上工业企业利润总额与绩效价值得分的相关系数为0.7930，这说明两者之间具有较高的相关性，规模以上工业企业利润总额是反映城市双创绩效价值水平的重要指标之一。图10直观地反映了规模以上工业企业利润总额和绩效价值得分之间的关系，随着规模以上工业企业利润总额的增加，绩效价值得分也在逐渐提高。

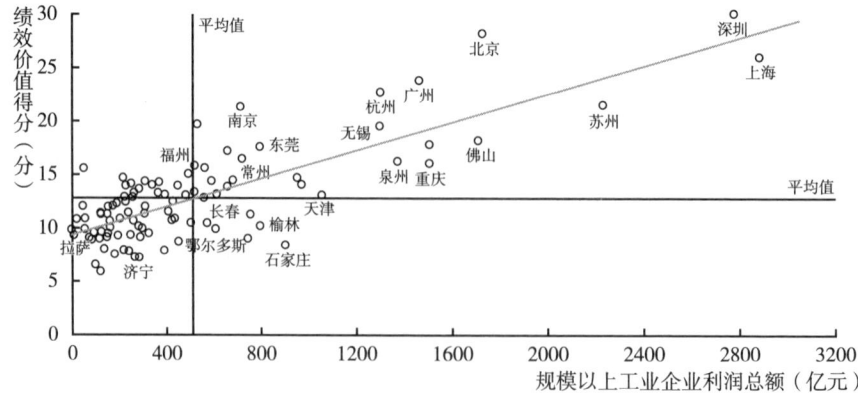

图10 2020年双创百强城市规模以上工业企业利润总额与绩效价值得分

从图 10 可以看出，位于工业企业利润总额平均值以下的双创百强城市分布较为集中，随着规模以上工业企业利润总额的增加，城市间的距离逐渐拉大；其中，具有较高的规模以上工业企业利润总额和绩效价值得分的城市，在绩效价值方面具有较大的优势。规模以上工业企业利润总额是一个城市与其他城市拉开距离的重要指标。尤其是上海、深圳等城市，其规模以上工业企业利润总额远高于其他城市，这些城市的绩效价值得分也较高。规模以上工业企业利润总额是双创绩效价值的重要组成内容，各城市在发展规模以上工业企业时要注意，合理高效布局工业产业结构，提升工业经济效益，制定市场环境变化的应对措施，扎实推进供给侧结构性改革，实现工业产值的稳健增长。

2. 专利授权量

专利授权量指在一定时间内，由专利行政部门授予专利权的件数，包括发明专利、实用新颖专利、外观设计三种。新增的专利授权量是衡量城市创新绩效的重要指标之一，专利授权量可以在一定程度上反映城市的创新水平，专利授权量越高，城市的技术发展活动越活跃，城市创新越具有活力和发展潜力。因此，专利授权量是体现城市绩效价值的重要指标。

2020 年双创百强城市的专利授权量均值有所提高，同时极差也有所扩大。2020 年双创百强城市专利授权量均值为 25988 件。其中，深圳专利授权量最多，为 222412 件；拉萨的专利授权量最少，为 349 件，极差达 222063 件。2020 年专利授权量的城市分布情况如表 12 所示。

表 12　2020 年专利授权量的城市分布

单位：个

专利授权量	城市数量	主要城市
0~5000 件	25	洛阳、三亚、成都、拉萨等
5000 件(含)~10000 件	17	南宁、绵阳、保定、龙岩等
10000 件(含)~20000 件	22	吉林、贵阳、昆明、宿迁等
20000 件(含)~50000 件	22	济南、中山、佛山、青岛等
50000 件及以上	14	深圳、北京、广州、上海等

2020年双创百强城市专利授权量整体有所提高,呈现稳步增长态势。从表12可以看出,2020年专利授权量在5000件以下的城市有25个(上年同期有31个),比上年减少6个;5000件(含)~10000件的城市有17个;10000件及以上的城市有58个(上年同期有50个),比上年增加8个。专利授权量50000件及以上的城市有14个(上年同期有9个),比上年增加5个。

专利授权量是衡量绩效价值水平的重要指标,两者之间的相关系数达0.8456,说明这两个指标关系密切。2020年双创百强城市专利授权量与创新绩效得分如图11所示。

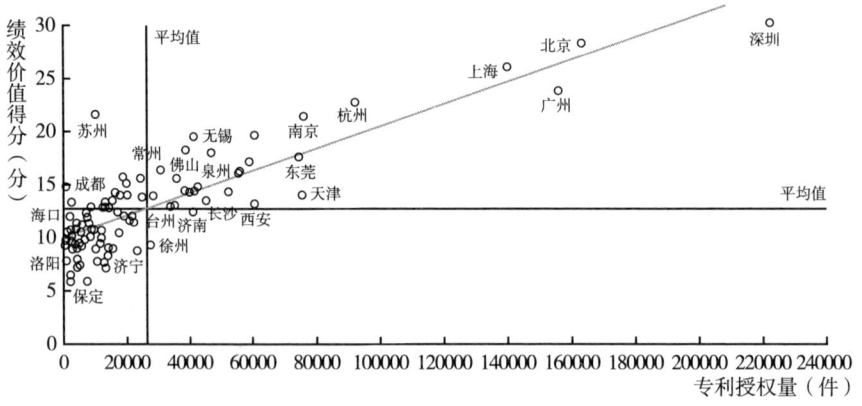

图11 2020年双创百强城市专利授权量与绩效价值得分

如图11所示,专利授权量较多的城市,其创新绩效得分也相对较高,专利授权量是衡量城市创新绩效的重要指标之一。在双创百强城市中深圳、北京、上海、广州等城市专利授权量较多,其创新绩效得分也相对较高,同时这些城市往往具有"知识正外部性"的优势,使双创主体能够从外部汲取知识,有利于其开展创新活动。专利授权量是一个城市创新创业活动成果的重要体现。伴随城市的创新发展,其专利授权量有了一定的提升,与此同时,专利授权的质量也需要提高。对于专利授权量相对较少的城市,其创新绩效水平还有较大的提升空间。城市应积极倡导创新文化,强化知识产权创造、保护、运用,在原有基础上,提升专利质量,让专利的"含金量"更高、竞争力更强，不断推动城市双创发展。

3. 空气质量优良（二级及以上）天数占比

经济发展与环境保护两者是无法分离的，它们相辅相成，达到和谐共存的状态。城市发展要以新发展理念为指导，进一步实现城市规划、建设和治理的绿色转型。为加快创新型城市建设，应加快推动城市绿色可持续和高质量发展。其中，空气质量优良（二级及以上）天数占比是衡量城市可持续发展的重要指标之一。空气质量优良（二级及以上）天数占比反映了城市的空气质量情况，是衡量城市环境保护、可持续发展情况的重要指标之一。

2020年双创百强城市中，空气质量优良（二级及以上）天数占比均值为91.61%，说明双创百强城市的空气质量水平有了明显的提高。该指标的极差为26.23个百分点。其中，空气质量优良（二级及以上）天数占比为100%的城市有17个，空气质量优良（二级及以上）天数占比最低的城市为石家庄（73.77%）。2020年空气质量优良（二级及以上）天数占比的城市分布情况如表13所示。

表13 2020年空气质量优良（二级及以上）天数占比的城市分布

单位：个

空气质量优良（二级及以上）天数占比	城市数量	主要城市
70%~80%	14	咸阳、济宁、洛阳、西安等
80%（含）~90%	21	哈尔滨、银川、吉林、长春等
90%（含）~100%	65	深圳、珠海、泉州、三亚等

超过一半的双创百强城市空气质量优良（二级及以上）天数占比在90%及以上。如表13所示，有65个双创百强城市的空气质量优良（二级以上）天数占比在90%及以上，占比低于80%的城市仅有14个，且占比最低的城市也达到70%以上。总体来看，2020年大部分城市的空气质量水平有所提升，这说明城市在建设发展的过程中更加重视环境保护问题。城市在发展创新的过程中，应以科技创新推动绿色发展，加快经济发展方式的转变，

不断调整产业结构，构建绿色技术创新体系，以系统思维统筹布局绿色城市建设，处理好城市生产生活和生态环境保护的关系，实现发展方式和生活方式的绿色转型。从长期看，以科技创新推动绿色发展是城市发展的长远之计，这就需要充分发挥绿色技术创新的支撑作用。

二 双创指标间的相关性分析

本节进一步探究双创活动中不同维度及双创系统内部各要素之间的联系，在环境支持、资源能力和绩效价值三个维度的基础上研究不同维度之间的关系。

（一）双创综合竞争力与城市产业发展的关系

本蓝皮书测算的双创指数反映了各城市的双创竞争力，综合反映了城市双创发展过程中需要的双创环境支持、双创资源能力水平，以及在此基础上整合输出的双创绩效价值。产业是经济发展的关键所在，双创综合竞争力与城市的产业发展水平具有密切的关系，两者相互促进、协调联动，城市产业的发展能为双创发展提供良好的环境支持和发展所需的各种资源，双创竞争力水平的提高则是城市经济高质量发展的动力源泉。创新创业是城市发展的动力，通过技术创新提高经济效率，通过激发市场创新潜力提升知识的溢出水平，提供城市发展所需的知识与各种新技术和新方法。同时双创发展能够优化城市产业布局，为产业创新发展提供先进技术，提升城市的资源整合能力，推动产业技术转型升级，促使经济结构不断优化，促进经济增长。为进一步研究双创综合竞争力与城市产业发展的关系，本节选择二级指标产业绩效以综合衡量城市产业发展状况。2020年双创百强城市的双创总指数得分与产业绩效得分的相关系数高达0.9125，说明双创综合竞争力与城市产业发展间具有较高的相关性。

如图12所示，双创竞争力与城市产业绩效水平有着密切联系，总体来看，双创竞争力水平较高的城市，其产业绩效水平也相对较高；而双创竞争

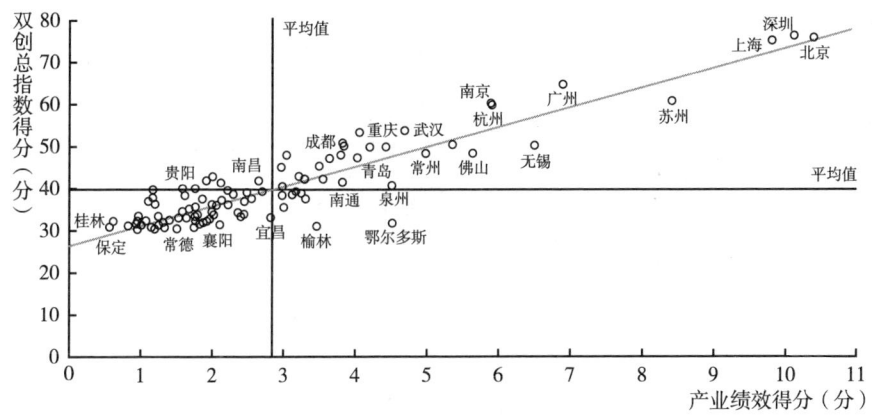

图12 2020年双创百强城市双创总指数得分与产业绩效得分

力较弱的城市,其产业绩效水平也相对较低。从图12可以看出,北京、深圳、上海具有较高的产业绩效水平且双创总指数也相对较高,与其他双创百强城市拉开了一定距离。这些城市在产业发展和双创竞争力上有绝对优势。另外,如部分依靠传统产业与地区丰富的自然资源等发展的城市,其产业绩效得分高于平均值,但双创总指数得分并不高,如鄂尔多斯、榆林等。产业大而不强的现象仍然存在,区域产业发展需要继续协调,充分发挥基础技术的支撑作用,促进产业健康发展。从整体上看,双创综合竞争力水平与城市产业发展存在密切关系。产业发展是城市经济发展的重点所在,双创发展和产业发展相互融合是创新创业转型的关键环节,通过产业发展平台去支撑创业,同时双创发展推动产业链和供应链不断完善,提升现代化水平、增强韧性,不断武装、改造传统产业链,推动产业发展由要素驱动转向创新驱动,从而让城市经济能够持续健康高质量地发展下去。

(二)双创环境与双创资源的相关性分析

本节将进一步讨论环境支持与资源能力这两个维度之间的关系。理论上,环境支持与资源能力相辅相成、相互促进。双创环境中优化的市场结构、雄厚的产业基础、高效的制度文化和完善的配套支持助力信息共享与大数据服务项目，通过吸引优质项目，实现与优质资源的对接，为创业者和创新企业提供良好的发展环境。双创资源能力的提升对双创环境的建设起到一定的促进作用。在当前受疫情冲击以及经济下行的压力下，就业形势相对不理想，双创资源能力的提升有助于解决更多人的就业问题。同时带动大数据、互联网等新技术的发展和应用，营造更加良好的双创环境。经过计算，2020年双创百强城市的环境支持得分与资源能力得分之间的相关系数为0.7836，这说明两者存在一定的相关性（见图13）。

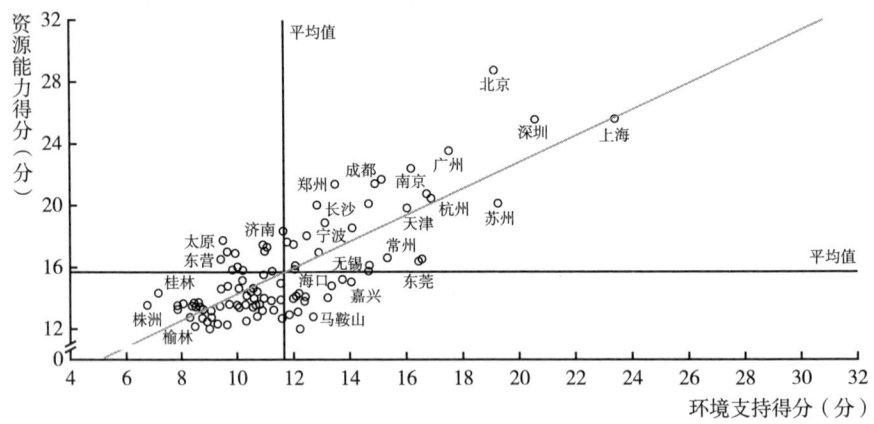

图13　2020年双创百强城市环境支持得分和资源能力得分

如图13所示，双创百强城市的环境支持得分和资源能力得分具有一定的相关性。其中，环境支持得分和资源能力得分均低于平均值的城市分布较为集中，这些城市之间的得分差距较小；而对于环境支持得分和资源能力得分均高于平均值的城市，其双创环境和双创资源水平与其他城市拉开一定的距离，如上海、深圳、北京、苏州等城市，其双创环境支持和双创资源能力均具有较强的优势。通过进一步分析可以发现，2020年双创百强城市的环境支持得分与资源能力得分与上年相比均有一定程度下降，且城市间的得分差距有所缩小。对于排名靠前的城市，其环境支持得分与上年相比下降幅度较大，环境支持得分与资源能力得分之间的相关系数有所减小，但两者依然具有较高的相关性。以北京为例，北京仍与往年一样拥有丰富的双创资源，其资源能力得分排名第一（资源能力得分为28.75分，上年同期为32.51分），但与上年相比北京资源能力得分与第2名的差距有所缩小，其资源优势有所减弱；而北京的环境支持得分排名第四（环境支持得分为19.21分，上年同期为26.94分），苏州的环境支持得分略高于北京，排名第三。环境支持与资源能力两者相辅相成、相互促进。城市在建设双创环境的过程中，应不断提升资源整合能力，借助科学的理念、有效的方法对各种资源进行整合，深入挖掘和利用资源价值，既要强调资源"量"的增加，更要注重资源"质"的提升，形成双创环境建设的动力。

（三）双创环境与双创绩效的相关性分析

本节将讨论环境支持与绩效价值两个维度之间的关系。环境支持对双创绩效价值的输出具有重要的支持作用。如前文所述，环境支持包括市场结构、产业基础、制度文化和配套支持四个方面；绩效价值包括产业绩效、创新绩效和可持续发展三个方面。2020年双创百强城市绩效价值得分与环境支持得分如图14所示。

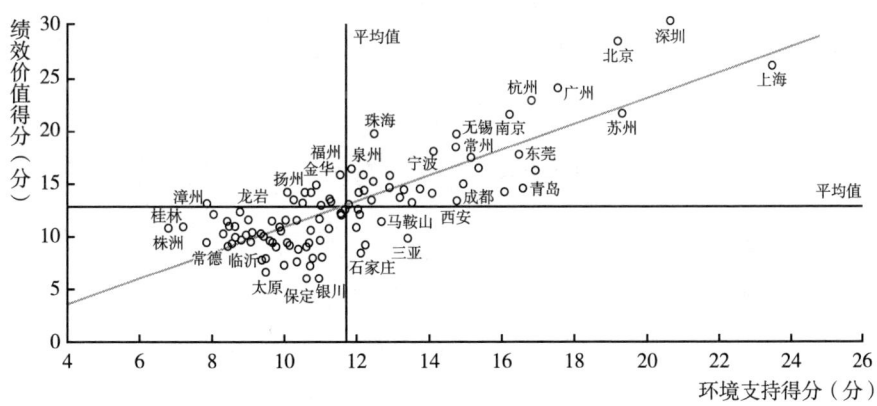

图14 2020年双创百强城市绩效价值得分与环境支持得分

从图14可以看出，双创百强城市的绩效价值得分与环境支持得分间存在正相关关系，通过计算两者相关系数为0.8090，说明两者具有较高的相关性。随着城市环境支持得分的提高，绩效价值得分也逐渐提高；环境支持得分较低的城市，其绩效价值得分也相对较低。

通过进一步分析可以发现，在环境支持均值线附近及以下区间的城市分布较为密集，且在环境支持水平相当的情况下，城市间绩效价值仍存在一定的差距。比如金华环境支持得分为 10.90 分，其绩效价值得分为 14.78 分；保定的环境支持得分为 10.63 分，与金华相当，但其绩效价值得分仅有 6.06 分。同样，在同一绩效价值水平下，各城市的环境支持水平也有一定差距。如漳州的绩效价值得分为 13.09 分，环境支持得分为 7.88 分；西安的绩效价值得分为 13.29 分，与漳州相当，但环境支持得分为 14.75 分，远高于漳州。城市绩效价值水平会受到环境支持的影响，良好的双创环境有利于绩效价值水平的提升。此外，绩效价值水平还会受到其他各种因素的影响。不仅如此，不同的双创环境下，城市的市场结构、产业基础、制度文化和配套支持不同，其双创系统运作的效率水平不同，绩效价值也会存在较大差距。所以在双创环境建设的过程中，在扩大产业规模的同时要注重效率的提高，优化市场结构，不断探索适合城市经济发展的制度文化，完善区域内的配套设施，为城市双创发展营造更加高效和可持续的环境。总体来看，环境支持得分与绩效价值得分具有正相关关系，理论上城市环境支持有助于绩效价值的提升。

（四）双创资源与双创绩效的相关性分析

城市绩效价值水平不仅会受环境支持水平的影响，也与资源能力有着密切的关系。本节将继续探讨资源能力得分与绩效价值水平间的关系。经过测算，双创百强城市资源能力得分与绩效价值得分的相关系数为 0.7207，二者存在正相关关系。2020 年双创百强城市绩效价值得分与资源能力得分情况如图 15 所示。

资源能力的提升有助于城市绩效价值水平的提升。资源在一线大城市的分布较为集中，同时这些城市的绩效价值也处于较高水平。从图 15 可以看出，随着资源供给水平的提高，城市双创绩效价值水平也会相应提高。比如

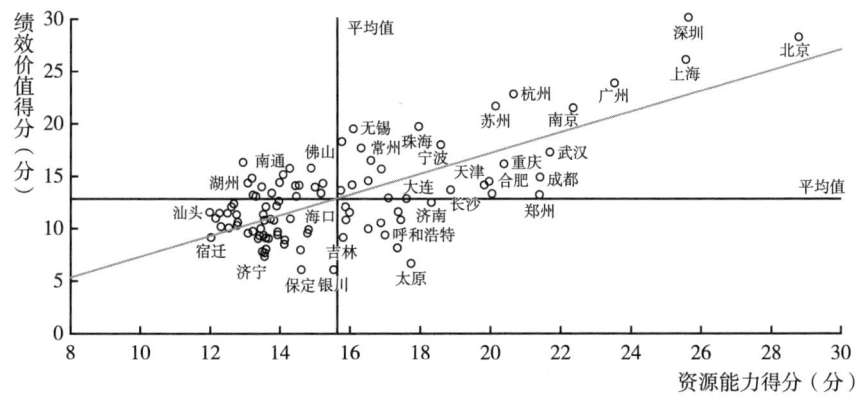

图 15 2020年双创百强城市绩效价值得分与资源能力得分

北京、深圳、上海等一线城市有更为明显的资源优势,这些一线城市聚集大量的双创资源,其中北京更是在资源的分布上有着绝对优势。但与2019年相比,这些城市的资源分布差距有所缩小。通过进一步分析发现,北京的资本市场得分(8.81分)和科技投入得分(8.56分)都排在首位。广州的人力资源得分(11.89分)领先,但广州的资本市场得分(6.89分)和科技投入得分(4.75分)较低,尤其在科技投入上,表现相对落后。从资源能力来看,北京、深圳、上海的资本市场得分和科技投入得分均较高,总体资源能力领先于其他双创百强城市。城市资源能力相当,其双创绩效价值得分有一定的差异;同样地,绩效价值得分相当的城市,其资源能力水平也存在一定差距,且差距较大。资源集聚是形成城市竞争力的重要条件,但资源水平相当的城市,其绩效价值却可能存在较大差异。这是因为人力、资本和科技投入等资源之间不是简单的堆砌,而是将人才、市场、信息、技术等要素进行深度组合,内化于中,其中可能还隐含着制度文化等环境因素。总体来看,资源的分布存在明显的集聚效应,这些拥有较多优质双创资源的城市通常具有较高的绩效价值。当然城市双创发展中资源的供给不可能无限地扩张,而资本市场的融合发展和创新能力的提高,将是突破瓶颈的关键,也是绩效价值提升的动力。所以在资源集聚的同时,充分发挥城市的规模效应和规模溢出效应,将有利于科学合理地配置市场经济的资源,吸引优质的生产

要素，实现自身的经济增长和产业结构的转型升级。同时，通过扩散效应向周围地区传播先进的技术、资金等资源，可以发挥地区差异化优势，带动区域经济的协同发展，提升城市的双创竞争力水平。

参考文献

卜祥峰、寇小萱：《高质量发展下科技企业孵化器发展研究——以天津为例》，《天津经济》2020年第5期。

薛建、郭万山：《新常态"创新驱动发展战略"实施前后规模以上工业企业研发创新效率比较研究——基于DEA-Malmquist指数方法的实证分析》，《工业技术经济》2020年第5期。

辜胜阻、余贤文、杨嵋：《优化"双创"生态与实现"双创"升级的制度政策选择》，《财经科学》2018年第5期。

张学勇、张叶青：《风险投资、创新能力与公司IPO的市场表现》，《经济研究》2016年第10期。

前 沿 篇
Regional Articles

前沿篇以地理区域为分析基点,首先,对比分析各种外部负面因素影响下的东、中、西和东北四大区域的城市双创发展现状和动态变化情况;其次,重点研究区域双创表现卓越的深圳市,系统考察深圳市的智能网联汽车技术发展和应用情况,并进一步以深圳市的今日人才公司为例,研究企业人力资源管理数字化转型趋势以及未来面临的挑战;最后,立足深圳、展望全国,总结双创在"十四五"规划开局之年和疫情防控常态化背景下面临的新形势和新挑战,探索我国双创活动未来的发展方向和前进路径。

B.5
基于双创指数的区域总体情况分析

陈庭翰*

摘　要： 2020年中国双创发展的外部因素不断变化，美国政界在大选年频提中国议题，中美贸易争端并未缓解；在全球新冠肺炎疫情快速蔓延的大环境下，英国脱欧、澳洲大火、席卷全球的"黑命贵"运动等黑天鹅事件频发，全球宏观经济面临诸多挑战。在各种宏观负面因素的持续影响下，中国双创发展也随之发生变化。为进一步把握2020年中国双创发展的变化趋势，本报告以区域为视角，运用中国双创指数评价指标体系，分析我国双创事业的进展和变化。从总体特征来看，在各种宏观负面因素持续影响下，全国双创发展受到了一定程度的影响，但全国各地区双创发展更加均衡。双创百强城市中，深圳、北京、上海、苏州、杭州等排名前6的城市受外部因素影响较为明显。从环境方面来看，东部地区再次建立全方位优势，西部地区实现了对中部地区的赶超，东北地区产业结构疲软问题未得到有效改善；从资源方面来看，东部地区强于要素投入，西部地区较为均衡，中部地区与东北地区在人力、技术和资源上的投入失衡；从绩效方面来看，东部地区表现强势，西部地区表现稳健，中部地区和东北地区表现欠佳。从整体来看，东部地区全面占优的局势未改变，但是各区域发展更加均衡，中部地区整体实力强于西部地区，东北地区整体表现欠佳，值得关注。

---

* 陈庭翰，经济学博士，深圳市社会科学院助理研究员，主要研究方向为产业经济、区域经济。

基于双创指数的区域总体情况分析

关键词： 区域比较 双创指数 绩效价值

一 区域视角下的双创指数特点

根据总报告构建的中国双创指数评价指标体系，对双创百强城市的区域特征进行分析。以区域为分类方式，对双创指数区域特征、双创环境区域特征、双创资源区域特征以及双创绩效区域特征进行归纳与分析。

根据总报告对城市区域的划分①，本报告将我国双创的特点总结为：在外部负面因素的持续影响下，全国双创发展遭遇了一定困难，但全国双创发展更加均衡。2020年双创百强城市中，有54个东部城市、21个中部城市、20个西部城市和5个东北城市。相较2019年，东部城市减少了5个，中部城市增加了4个，西部城市增加了1个，东北城市数量保持不变。双创百强城市的地区分布格局大体上依然是东部最强、中部其次、东北最弱。不过，2020年东部城市的双创发展呈收缩态势，中部城市双创水平有所提高，西部城市有所改善，东北地区城市的双创水平则呈下降趋势。

2020年双创百强城市的双创总指数得分的平均值为40.20分，东部城市双创总指数得分的平均值为42.96分，中部城市双创总指数得分的平均值为36.61分，西部城市双创总指数得分的平均值为37.74分，东北地区城市双创总指数得分的平均值为32.30分。由于受到外部负面因素的影响，与2019年相比全国双创水平出现明显下滑，已经连续2年下滑。2020年双创百强城市双创总指数得分的平均值下滑11.4%，东部城市双创总指数得分的平均值下滑10.9%，中部城市双创总指数得分的平均值下滑10.2%，西部城市双创总指数得分的平均值下滑18.6%，东北城市双创总指数得分的平均值下滑

---

① 区域指东部、中部、西部和东北四个地区。东部10省（市）包括北京、天津、河北、上海、江苏、浙江、福建、山东、广东和海南；中部6省包括山西、安徽、江西、河南、湖北和湖南；西部12省（区、市）包括内蒙古、广西、重庆、四川、贵州、云南、西藏、陕西、甘肃、青海、宁夏和新疆；东北地区3省包括辽宁、吉林和黑龙江。划分标准参考国家统计局。

25.5%。总体来看，2020年双创百强城市格局出现了以下变化：第一，东部地区依旧是唯一超过双创总指数得分平均值的区域，下滑幅度明显小于西部和东北地区；第二，东北地区双创平均水平下滑最为明显，下降幅度明显大于其他地区；第三，中部地区双创总指数得分的平均值再度反超西部地区，进入双创百强的中部城市数量显著增加。大体上，中部地区和西部地区的双创水平较为接近（见图1）。

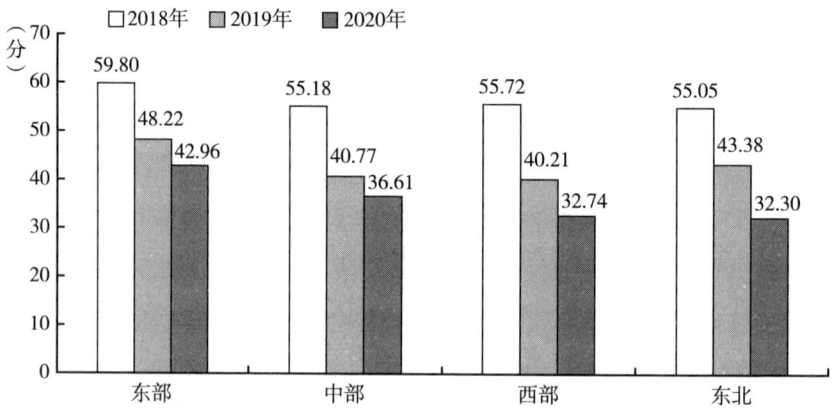

图1　2018~2020年各地区双创总指数得分的平均值

根据本蓝皮书测算的双创百强城市及其总指数得分，统计其所在区域的分布情况，结果如表1所示。

表1　2020年双创百强城市总指数得分的分布情况

单位：个

双创总指数分数段	东部	中部	西部	东北	合计
[30,40)分	29	16	15	3	63
[40,50)分	13	4	3	2	22
[50,60)分	5	1	2	0	8
[60,70)分	4	0	0	0	4
[70,80)分	3	0	0	0	3
[80,90)分	0	0	0	0	0
合计	54	21	20	5	100

根据表1，将2020年中国双创发展形成的新特征归纳如下。

第一，外部负面因素的持续影响，给中国双创发展造成了较大困扰。相较2019年，双创百强城市的双创总指数得分出现明显下降，深圳的双创总指数得分降至76.44分，仅有深圳、北京、上海的双创总指数得分在70分以上，双创总指数得分在60（含）~70分的城市仅有广州、苏州、杭州和南京。30（含）~40分成为双创百强城市分布最集中的区间。

第二，各区域核心城市优势更加明显。多达85个城市在30（含）~50分，单一区间聚集度突破新高。排名前15的城市分布在50（含）~60分、60（含）~70分、70（含）~80分三个区间内，这表明双创综合表现较好的城市具有相对领先的优势。

第三，一线城市和新兴城市之间的差距逐渐缩小。在排名前15的城市形成与其他城市更明显分层的同时，另一个显著变化是排名前5的城市和排名第六到第十五的城市之间的差距明显缩小。从表2可以看出，排名前6的城市2020年双创总指数得分下滑幅度均在10%以上，深圳和北京双创总指数得分的下滑幅度更是高达13%以上，而排名第七到第十五的城市双创总指数得分下滑幅度要小得多，南京更是只有不到3%的跌幅。这表明，外部环境恶化之后，中国"双循环"拉开大幕，一些次强城市可以通过内循环逐渐缩小与全国核心城市在双创方面的实力差距。重庆、成都等西南城市在2020年进入双创总指数得分前15名，西南城市在内循环大局中的地位开始彰显。

表2 2019~2020年双创总指数得分排名前15的城市变化

单位：分，%

排名	城市（2019/2020）	双创总指数得分		
		2019年	2020年	变化幅度
1	深圳/深圳	88.28	76.44	-13.41
2	北京/北京	88.16	76.26	-13.50
3	上海/上海	83.94	75.13	-10.50
4	广州/广州	73.65	64.97	-11.79

续表

排名	城市（2019/2020）	双创总指数得分		
		2019年	2020年	变化幅度
5	苏州/苏州	69.74	61.10	-12.39
6	杭州/杭州	67.41	60.30	-10.55
7	南京/南京	61.51	60.03	-2.41
8	武汉/武汉	60.07	54.13	-9.89
9	宁波/重庆	57.02	53.52	-6.14
10	西安/成都	56.73	51.19	-9.77
11	佛山/宁波	56.45	50.70	-10.19
12	东莞/东莞	55.53	50.49	-9.08
13	无锡/无锡	55.44	50.38	-9.13
14	厦门/珠海	54.99	50.14	-8.82
15	长沙/天津	54.97	50.12	-8.82

二　区域视角下的双创环境特征及对比

根据本蓝皮书所用的评价方法，双创环境的子特征包括区域市场结构、产业基础、制度文化与配套支持。具体测算结果见表3。

表3　2020年各区域双创环境子特征得分的平均值

单位：分

地区	市场结构	产业基础	制度文化	配套支持	合计
东部	4.69	1.80	1.25	5.19	12.93
中部	4.58	0.89	0.83	3.72	10.02
西部	4.16	1.00	0.95	4.40	10.51
东北	3.71	1.01	1.05	4.57	10.34

根据表3中的数据可以总结出2020年双创环境区域分布特征的变化。

第一，东部地区在创新环境上再次建立全面优势。2020年，东部地区创新环境所有子特征的得分的平均值都高于其他地区，尤其在配套支持方面，具备了较明显的优势，得分的平均值由2019年的3.79分提高到了5.19分。在外部各种负面因素的持续影响下，东部地区在配套支持方面做出了大量努力，以保护和激励当地创新创业活动。2019年东部地区配套支持得分的平均值低于东北地区，2020年得分的平均值反超东北地区。产业基础方面，东部地区下滑幅度小于其他地区，2020年其产业基础得分的平均值比排在第二位的东北地区高78%。在各种负面因素的持续影响下，东部地区深厚的产业根基开始发挥关键作用。

第二，中部地区产业基础雄厚，但软竞争力和配套支持方面存在的问题较大。中部地区的市场结构仅次于东部地区，且两地区的差距很小，与西部地区和东北地区相比领先优势明显。但中部地区在产业基础、制度文化和配套支持上得分的平均值是全国各区域中最低的，尤其是配套支持水平远低于其他地区。2019年中部地区出现软硬实力不均衡的问题，较差的配套支持也使中部地区更容易受到疫情等突发因素的影响。

第三，西部地区创新环境水平整体超越了中部地区。与2019年相比，西部地区首次在产业基础方面实现了对中部地区的超越，仅在市场结构上稍有落后，但是其他三项，尤其是配套支持大举领先中部地区。西部地区创新环境整体已经优于中部地区，排在全国第二位。

第四，东北地区软实力相对增强，产业结构依旧有待调整。2019年，东北地区在产业基础、制度文化方面的表现欠佳。2020年，在全国创新环境恶化的大背景下，东北地区的产业基础和制度文化却出现了一定的好转。除了市场结构外，其他三项表现都仅次于东部地区。作为中国老工业基地，东北地区产业发展积累的实力正在逐渐释放。不过，市场结构得分的平均值依然大幅落后其他地区，这表明市场结构是东北地区营造良好双创环境的主要阻碍。

三 区域视角下的双创资源特征及对比

为研究双创百强城市双创资源的区域分布特征，根据本蓝皮书确定的评价方法，对双创百强城市的资源子特征得分情况进行统计。双创资源子特征包括支持该区域双创发展所需的人力资源和资本，以及2020年新增的科技投入子特征，具体测算结果见表4。

表4 2020年各区域双创资源子特征得分的平均值

单位：分

地区	人力资源	资本市场	科技投入	合计
东部	4.91	6.59	4.44	15.94
中部	3.92	6.38	4.18	14.48
西部	4.90	6.38	4.39	15.67
东北	5.99	6.33	4.09	16.41

从表4可以看出，双创百强城市的双创资源子特征呈现以下变化。

第一，东部地区双创发展的优势依旧在要素投入，特别是人力资源在其中发挥的作用显著增强。在资本市场和科技投入方面，东部地区已经占据领先位置，能够为资本密集和技术密集产业的孵化与发展提供资源支撑。与2019年相比，2020年东部地区的人力资源支撑能力出现显著提升。2019年东部地区人力资源的平均得分为3.40分，2020年增加了44.4%，仅次于东北地区。其实，在其他方面发展受限下的情况，全国各个地区都在加强人力资源建设，但东部地区拥有较强的要素集聚能力，因而具有较大的人才吸引力。

第二，中部地区在资本、人才、技术的投入方面出现了一定的失衡。在资本投入上，中部地区和西部地区并列全国第二，但在人力资源上的投入全国垫底，且劣势明显，这充分表明中部地区人才支撑能力不足，这一问题近几年没有得到明显改善。人才匮乏会影响资本的投入产出效率，也会对科技投入形成制约。西部地区则稳扎稳打，进一步加大人力资源和资本投入，在资源投入方面相较中部地区，更加稳健和均衡。

第三，东北地区在人力资源的投入方面继续保持优势，但科技投入受到很大影响。东北地区由于只有 5 个城市入选双创百强城市，因此在资源首位度影响下，资源能力得分的平均值再次位居全国第一。2020 年东北地区延续了其在人力资源投入方面的优势，彰显了作为全国高等教育发达地区的实力，且在资本投入方面并不逊色于东部地区。不过，东北地区的科技投入出现了较为明显的下滑，其下滑幅度位居全国之首。由于东北地区产业转型滞后，加之疫情等负面因素的持续影响，东北地区需要牺牲更多的科技投入来确保其他必要投入。

四 区域视角下的双创绩效特征及对比

为研究双创百强城市双创绩效的区域分布特征，根据本蓝皮书总报告确定的评价方法，对双创百强城市绩效价值子特征的得分情况进行统计分析。双创绩效价值子特征具体包括该区域支持双创发展的产业绩效、创新绩效与可持续发展三个方面，具体测算结果及区域对比情况见表5。

表 5 2020 年各区域双创绩效子特征得分的平均值

单位：分

地区	产业绩效	创新绩效	可持续发展	合计
东部	3.50	4.32	6.82	14.64
中部	1.90	2.53	5.80	10.23
西部	2.07	2.86	5.89	10.82
东北	1.96	2.75	5.80	10.51

根据表 5 的数据，可以总结出 2020 年双创百强城市的双创绩效价值的特征发生了如下变化。

第一，东部地区绩效价值是全国唯一保持了正增长的地区，产业绩效下滑幅度相对较小，创新绩效和可持续发展均获得了提升。这表明，在中国整体双创活动受到抑制的情况下，东部地区在专利产出、数字经济、高新技术产业和规模以上工业盈利能力方面的优势凸显，尤其是疫情下数字经济的蓬勃发展，推动了东部地区产业绩效和可持续发展的改善。

第二，中部地区绩效价值各项指标在全国垫底，中部地区双创绩效产出水平较2019年未得到明显提高。尤其是产业绩效下滑幅度排在全国首位，下滑幅度达23.6%，西部地区产业绩效的下滑幅度为17.5%，东北地区为22.2%。结合资本市场和科技投入的相关数据可以看出，中部地区近年来陷入了高投资、低技术含量、低回报的模式，这样的问题亟待改变。

第三，西部地区产业绩效下滑幅度较小，绩效价值总体表现稳健。西部地区绩效价值反超东北地区，排在第二位，仅次于东部地区。西部地区主要依靠产业绩效，以及创新绩效方面的优异表现实现对东北地区的反超。这表明，西部地区在推动产业转型升级方面效果明显，创新经济实力逐步增强，在技术进步下，产出水平也有所提高。

第四，东北地区绩效价值各项数据下滑幅度比西部地区大，东北地区产业转型滞后正在日益影响东北地区的双创产出。疫情和"黑天鹅"事件对传统工业影响较大，东北地区缺乏高新技术、数字经济等新兴产业，使其在应对风险时更为脆弱，创新绩效水平维持难度较大。在全国大力发展创新经济，减少对传统工业的依赖时，东北地区无法大幅提高创新水平。

五 区域视角下的双创环境、资源和绩效总体水平

通过对各区域双创百强城市的双创环境、资源和绩效的平均水平进行分析，可以对进入双创百强的各区域城市水平有一定了解。但是，四个区域进入双创百强的城市数量差别较大，平均水平不足以完全展现各区域双创的实力。因此，本报告将每个区域进入双创百强的城市视作一个整体，直接比较各区域双创总体水平，结果见表6。

基于双创指数的区域总体情况分析

表6 2020年各区域双创百强城市双创总体水平比较

单位：分

地区	环境支持得分	资源能力得分	绩效价值得分	总指数得分
东部	54.79	50.22	57.26	53.78
中部	21.66	23.28	20.42	21.90
西部	18.17	20.15	17.27	18.66
东北	5.37	6.33	5.03	5.64

可以看出，2020年东部地区双创总体水平下滑严重，总指数得分由2019年的59.23分下降到2020年的53.78分。同时，中西部地区的双创总体水平都得到了提高，东北地区的双创总体水平保持稳定。尤其是中部地区在双创总体水平上实现了对西部地区的反超，这主要得益于入选双创百强的中部城市比西部多5个。说明中部地区发展水平虽然在首位度方面有所欠缺，但是双创发展更为均衡，西部地区在首位度方面表现更好。借助中部地区均衡发展态势，在双创百强城市格局方面，呈现了东部地区部分城市让位于中部地区城市的现象，全国的双创发展态势良好。

环境支持方面，中部地区开始发力，双创环境的改善促进了中原城市群、长江中游城市群、山西中部城市群的联片发展；资源能力方面，东部地区有所下滑，中西部地区和东北地区均有所上升，尤其是中西部地区资源能力明显增强；绩效价值方面，虽然东部地区入选双创百强的城市数量减少了5个，但是绩效价值得分的下降并不明显，可见东部地区城市双创竞争力非常稳定。东北地区绩效价值得分下滑明显，下滑幅度超过10%，这给东北地区双创产出方面敲响了警钟。

B.6 深圳市智能网联汽车行业发展研究分析

赖勉珊*

摘　要： 智能网联汽车技术发展和应用是我国交通强国建设的重要内容。深圳市是智能网联汽车产业发展的政策创新高地、产品应用高地以及产业集聚高地。本报告对深圳市智能网联汽车发展现状进行分析。深圳市在智能网联汽车发展的多方面树立标杆，智能网联交通测试示范区按阶段推进，以智慧引领打造深圳范例。当前深圳市可从以下四个方面推动智能网联汽车行业的发展：制定智慧交通整体解决方案、提供创新汽车智能化测试服务、出台信息安全与平台管理办法以及完善标准法规与测试体系政策。

关键词： 智能网联汽车　自动驾驶　测试示范区

一　智能网联汽车的概念与发展意义

（一）智能网联汽车的概念

当前，全球汽车产业正处在百年来最深刻的变革当中，智能网联被认为是这一轮颠覆性变革中竞争的焦点。[①] 智能网联汽车是指"车联网与智能车

---

* 赖勉珊，土地经济学博士，深圳大学中国经济特区研究中心助理教授，主要研究方向为区域经济学、产业经济学。
① 《〈智能网联汽车技术路线图2.0〉日前发布——汽车智能网联是未来竞争焦点》，中国政府网，2020年11月19日，http://www.gov.cn/xinwen/2020-11/19/content_5562464.htm。

的有机联合,是搭载先进的车载传感器、控制器、执行器等装置,并融合现代通信与网络技术,实现车与人、车、路、后台等智能信息交换共享,实现安全、舒适、节能、高效行驶,并最终可替代人来操作的新一代汽车"。①智能网联汽车作为一种与智慧移动、智慧工厂、智慧能源、智慧居民、智慧管理、智慧生活紧密联系的全新汽车产业体系,将移动出行、智能汽车与社会生活等诸多要素有机结合在一起。②

如图1所示,智能网联汽车的产业链可分为上游、中游和下游。产业链上游行业包括感知系统制造业、控制系统制造业和通信系统制造业。感知系统制造业包含摄像头制造业、雷达制造业和高精地图与定位系统设计行业等;控制系统制造业包含算法设计行业、芯片制造业和操作系统供应业等;通信系统制造业包含电子电器架构制造业和云平台设计行业。产业链中游行业包括执行系统制造业和整车制造业。执行系统制造业包含高级驾驶员辅助系统(ADAS)、智能中控和语音交互等的设计和制造行业。产业链下游主要为维护运营行业,包含开发测试业、出行服务业和物流服务业等。

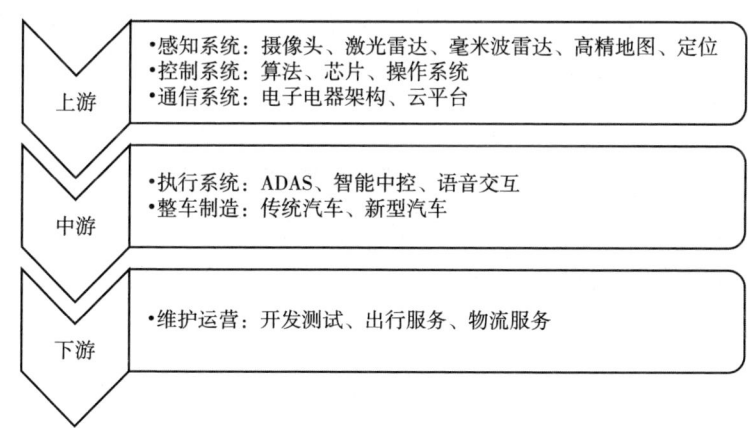

图1 智能网联汽车行业产业链

资料来源:前瞻产业研究院,《中国智能网联汽车(ICV)行业发展模式与投资战略规划分析报告》2021年9月。

---

① 《2022年中国智能网联汽车行业最新政策汇总一览(图)》,中商情报网,2022年3月22日,https://www.askci.com/news/chanye/20220322/1529301746514.shtml。
② 李克强:《智能网联汽车的发展现状与对策建议》,《机器人产业》2020年第6期。

双创蓝皮书

智能网联汽车发展迅速,其发展驱动因素包括汽车产业寻求新变革、上游技术发展日趋成熟以及在政策推动下的行业新发展。① 在这三大因素的驱动下,智能网联汽车的发展路线分为渐进式发展与跨越式发展。前者指传统汽车逐渐演进,从低级的辅助驾驶开始切入,通过不断提升智能级别最终实现完全体智能网联汽车。渐进式发展路线是传统主流车厂和造车新势力的选择。而后者则体现为一步到位的革命性路线,直接研发并推出汽车智能化达到 L4 级别的无人自动驾驶车辆。科技初创企业和互联网造车大厂通常会选择这条路线。无论是选择渐进式发展还是跨越式发展,政府、行业以及企业都扮演着重要的角色:政府应加强顶层设计以引导产业发展,行业应建立完备的产业体系,企业则应关注发展创新动态、掌握产业链资源、尝试创新商业模式。

(二)发展智能网联汽车产业的意义

首先,发展智能网联汽车产业具有重要的战略意义,是我国从汽车大国迈向汽车强国的重要升级路径。在汽车智能化、网联化道路上,我国应抢抓此重大历史机遇,聚焦新产品、新模式,积极推进科技创新、寻求改革突破,通过领先的智能网联技术实现"弯道超车"。

其次,发展智能网联汽车产业可带动战略性新兴产业技术的持续创新。智能网联汽车集人工智能、新型显示、移动智能终端、5G、先进传感器于一身。因此,智能网联汽车产业的发展对我国 IT 产业的发展意义重大。

最后,智能网联汽车的发展是解决交通安全、道路拥堵、污染等社会问题的重要手段,是实现智慧出行的关键,是推动汽车产业由传统模式向数字化驱动转型的关键。

鉴于发展智能网联汽车产业的重要意义,我国多部门积极出台相应的产业政策大力支持与引导智能网联汽车的发展。表 1 为近几年与我国

---

① 《车联网行业投融资起伏较大总体呈现先上升后下降再上升的趋势》,21ic 电子网,2022 年 8 月 3 日,https://www.21ic.com/a/934150.html。

智能网联汽车行业发展相关的部分重要政策，这些政策表明国家加大了对智能网联汽车商业探索的政策支持力度。

表1 近几年与我国智能网联汽车行业发展相关的重要政策

政策颁布时间	政策颁布部门	政策名称
2018年12月25日	工业和信息化部	《车联网(智能网联汽车)产业发展行动计划》
2020年2月10日	国家发展改革委等11部门	《智能汽车创新发展战略》
2020年6月28日	国家发展改革委等12部门	《关于支持民营企业参与交通基础设施建设发展的实施意见》
2021年2月20日	工业和信息化部、交通运输部、国家标准化管理委员会联合印发	《国家车联网产业标准体系建设指南(智能交通相关)》
2021年8月3日	工业和信息化部、公安部、交通运输部联合制订	《智能网联汽车道路测试与示范应用管理规范(试行)》

发展智能网联汽车的意义还表现在智能网联汽车及相关技术在抗击疫情中发挥了积极的作用。自动驾驶技术在防疫消毒、医药物资配送等疫情防控工作中的运用，有效降低了人员流动造成交叉感染的概率。百度Apollo自动驾驶系统支持的无人物流小车和京东智能送餐送药机器人就是典型的例子。车路协同信息化技术应用于ETC车辆识别、AI测温等领域，这在"人流—车流—物流"的信息管理工作中发挥了极大的作用，具体包括疫情与人员回溯以及物资配送的追踪等。通过此轮疫情，智能网联汽车的应用价值被高度开发与重视，预测未来智能网联汽车及其相关技术将成为人们应对疫情等突发公共事件不可或缺的部分。例如，以自动驾驶、车路协同为核心的智能网联技术可通过追踪车辆轨迹与管控人流，对车辆进行重点隔离和消毒，大幅提高社会对疫情等突发公共事件的应对能力。

（三）智能网联汽车产业的阶段目标

自2012年党的十八大以来，我国用10年时间摸索出一套成功的中国智能网联汽车创新发展方案，取得了显著的阶段性成果。如表2所示，我国智能网联汽车发展进程具体可分为三个阶段：起步阶段、初级阶段以及成长阶段。

表2 智能网联汽车发展的三个阶段（2010~2015年后）

阶段	时间	发展进程
起步阶段	2010~2012年	我国智能网联汽车发展的探索和起步期，政策提出了未来产业的发展方向。国内高校、研究机构提出智能交通ITS、物联网的发展理念，并出台道路运输和物联网等"十二五"专项规划
初级阶段	2013~2014年	我国智能网联汽车发展的初级阶段。国务院、工业和信息化部、交通运输部从智能系统的角度出发，颁布了系列规划，明确了未来物联网、智能交通的发展重点，提前就智能交通系统、基础设施建设领域进行产业布局，为智能网联汽车的发展奠定了良好基础
成长阶段	2015年后	我国智能网联汽车的快速发展阶段，得益于系列政策的刺激和激励，国务院、国家发展改革委、工业和信息化部、交通运输部、国家质量监督检验检疫总局、国家标准化管理委员会等主管部门加快制定智能网联汽车的发展规划、专项行动计划等，为产业发展营造了良好的环境

资料来源：海银财富。

2020年，《智能网联汽车技术路线图2.0》[①]出台，将智能网联汽车发展历程分成三个阶段：发展期（2020~2025年）、推广期（2026~2030年）和（成熟期2031~2035年）。如图2所示，该文件明确了智能网联汽车在各个阶段的发展目标。

二 深圳市智能网联汽车行业发展现状分析

（一）深圳市智能网联汽车发展现状

深圳市是智能网联汽车行业发展的政策创新高地、产品应用高地、产业

---

① 《〈智能网联汽车技术路线图2.0〉日前发布——汽车智能网联是未来竞争焦点》，中国政府网，2020年11月19日，http://www.gov.cn/xinwen/2020-11/19/content_5562464.htm。

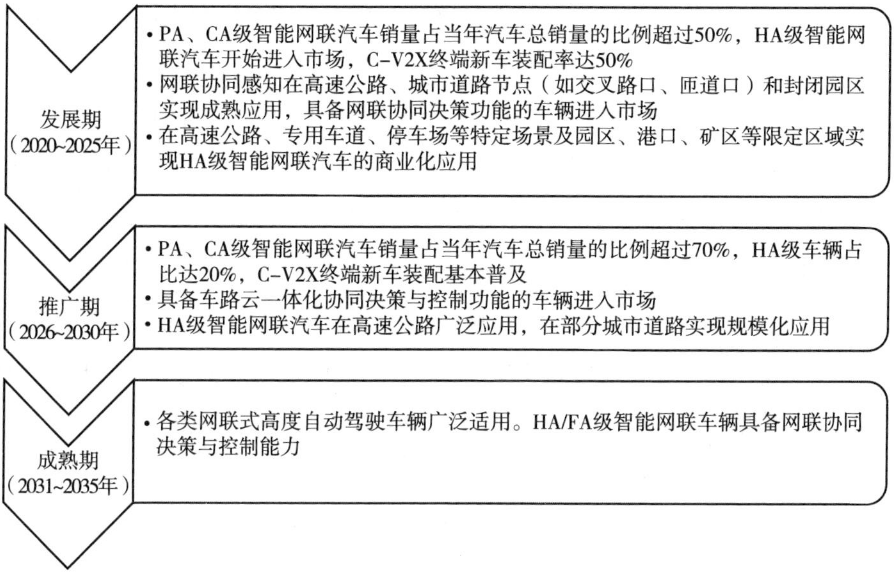

发展期 (2020~2025年)	• PA、CA级智能网联汽车销量占当年汽车总销量的比例超过50%,HA级智能网联汽车开始进入市场,C-V2X终端新车装配率达50% • 网联协同感知在高速公路、城市道路节点(如交叉路口、匝道口)和封闭园区实现成熟应用,具备网联协同决策功能的车辆进入市场 • 在高速公路、专用车道、停车场等特定场景及园区、港口、矿区等限定区域实现HA级智能网联汽车的商业化应用
推广期 (2026~2030年)	• PA、CA级智能网联汽车销量占当年汽车总销量的比例超过70%,HA级车辆占比达20%,C-V2X终端新车装配基本普及 • 具备车路云一体化协同决策与控制功能的车辆进入市场 • HA级智能网联汽车在高速公路广泛应用,在部分城市道路实现规模化应用
成熟期 (2031~2035年)	• 各类网联式高度自动驾驶车辆广泛适用。HA/FA级智能网联车辆具备网联协同决策与控制能力

图 2 智能网联汽车发展的三个阶段 (2020~2035年)

资料来源:《智能网联汽车技术路线图 2.0》。

集聚高地,是全国最具智能网联汽车发展优势的城市。深圳市早在 2000 年便为构建未来城市交通做好准备,城市管理由过去的被动管理转向基于大数据支持并实施精准管控的精明治理。

凭借人工智能、5G、汽车电子等领域的技术实力,成熟的交通治理能力和合理的交通组织秩序,以及政府出台的各类扶持政策和持续完善的法规,深圳市在智能网联汽车发展领域再次领跑全国,并将竖起中国智能网联汽车发展的第二个里程碑。深圳市正在加快建设智能网联汽车示范区城市道路。

截至 2022 年 3 月,超过 1100 家自动驾驶相关企业分布在深圳市,占全国同类型企业的 19%。这些企业拥有 3600 个专利,其中,发明专利占 50.84%,实用新型占 34.36%。深圳市在培育本土新兴科技企业,如元戎启行、裹动智驾等的同时,还成功吸引了国内头部企业在此落户发展,包括百度、小马智行、文远知行等企业。随着一大批智能网联出行服务企业在深圳

市落地,智能出行产业发展环境越发成熟,相关产业在区域内的布局也越发完善。

在深圳市打造技术创新和经济发展新增长点的过程中,发展智能网联汽车产业是关键。深圳市政府充分认识到发展智能网联汽车的战略性意义,积极布局和推进智能网联汽车行业发展,出台多项支持政策。2020年,深圳市发展和改革委员会发布《深圳市关于支持智能网联汽车发展的若干措施》,分别在提高技术自主创新能力、构建协同共享发展生态、完善基础设施建设以及完善产业配套环境等方面提出了16条支持举措。政策重点对智能网联汽车相关项目及企业给予资金支持,旨在推进深圳市智能网联汽车产业的有序健康发展,助力深圳市形成智能网联汽车技术引领和应用示范的创新发展格局。[①] 表3为2018~2021年深圳市智能网联汽车相关政策汇总。

表3 2018~2021年深圳市智能网联汽车相关政策汇总

时间	政策名称
2018年4月	《智能网联汽车道路测试管理规范》
2019年5月	《深圳市新一代人工智能发展行动计划(2019—2023年)》
2020年5月	《深圳市关于支持智能网联汽车发展的若干措施》
2020年8月	《深圳市关于推进智能网联汽车应用示范的指导意见》
2021年6月	《深圳市国民经济和社会发展第十四个五年规划和二〇三五年远景目标纲要》
2021年11月	《深圳市智能网联汽车道路测试与示范应用管理实施细则(征求意见稿)》

(二)深圳市在智能网联汽车发展的多方面树立标杆

深圳市作为创新之都,在智能网联汽车产业的发展方面同样发挥引领作用,在多个方面为智能网联汽车的发展树立标杆。

---

① 《深圳市发展和改革委员会关于印发〈深圳市关于支持智能网联汽车发展的若干措施〉的通知》,深圳市发展和改革委员会网站,2020年5月27日,http://fgw.sz.gov.cn/zwgk/qt/tzgg/content/post_7626573.html。

1. 深圳市有望出台我国首部规范智能网联汽车管理的法规

管理法规是智能网联汽车发展应用的重要组成部分,但目前我国这方面的法规还有待完善。深圳市对此给予高度重视,并将率先填补智能网联汽车的法律空白。"深圳经济特区智能网联汽车管理条例"目前已经过"三审",有望在2022年"出炉"。这将是我国首部规范智能网联汽车管理的法规,助推深圳市率先实现自动驾驶商业化落地。

2. 深圳市率先提出"允许车辆无安全员"

2021年3月,深圳市的监管政策[①]大胆提出经市相关主管部门安全评估、审核批准,并采取相应安全措施的前提下,允许以远程监控替代驾驶人,即"允许车辆无安全员"。

3. 深圳市放开智能网联汽车商业化,允许相关企业收取费用

从事道路运输经营活动的智能网联汽车可以向相关主管部门提出申请,在获得批准后可以收取相关费用。同时,政府放开智能网联汽车商业化,鼓励智能网联汽车提供多样化服务,包括定制出行、社区出行、夜间出行、应急保障等。

4. 深圳市筹建智能网联汽车大数据云控平台

目前,深圳市正在筹建"车、路、云"一体的自动驾驶与交通监管和控制的智能网联汽车大数据云控平台。通过该平台记录智能网联汽车以及基础设施等运行数据。

5. 深圳市打造全球首个"5G+自动驾驶"规模化应用港口

深圳市以38台无人驾驶集装箱卡车来实现自动驾驶作业,把妈湾智慧港打造成全球首个"5G+自动驾驶"规模化应用港口。自动驾驶小车、小巴、配送小车等试点工作也纷纷在南山、福田、坪山等区域展开,推动了自动驾驶应用场景的多样化。

---

① 《深圳市第七届人民代表大会常务委员会公告(第五十五号)》,深圳政府在线,2022年7月18日,http://www.sz.gov.cn/zfgb/2022/gb1250/content/post_ 9967816.html。

（三）深圳市智能网联交通测试示范区

目前，深圳市开放测试道路里程约145公里，累计发放道路测试及示范应用通知书93张，其中载人示范应用通知书23张。深圳市未来智能网联交通系统产业创新中心提出，深圳市智能网联交通测试示范平台建设共分三个阶段：封闭测试区、开放/半开放测试区以及环境园封闭测试区。示范区的阶段性推进体现了深圳市对智能网联交通应用研发与测试的支持。

1. 第一阶段：封闭测试区

金联路封闭测试区是在现有市政道路（金联路—聚青路—金辉路—卢田路）基础上进行改造，全长2.6公里，已于2019年6月开始运营。

2. 第二阶段：开放/半开放测试区

半开放测试区：规划面积3平方公里，为国家级出口加工区，园区内车辆进出受管控，属于半封闭状态，交通环境相对简单、可控。满足车辆从全封闭测试区到开放测试区过渡阶段的测试需要。开放测试区：位于聚龙山生态公园南侧，环线总长度约4.3公里，占地约1平方公里。将形成典型智能汽车综合示范区，支持在真实道路环境下的智能汽车试验、测试与示范。

3. 第三阶段：环境园封闭测试区

环境园封闭测试区位于坪山高新区南片区环境园、田心社区范围内，面积约0.51平方公里，目前处于规划设计阶段。封闭区内规划连续环路、模拟高速公路、低等级公路、山区道路、城市道路、乡村道路等丰富的道路形式，设置模拟隧道、匝道等道路环境，能够支持面向不同应用场景的智能网联功能开发的测试与验证。

三 深圳市智能网联汽车的发展机遇与挑战

目前智能网联汽车尚未在大范围内普及应用，深圳市应抓住机遇，打造智能网联汽车高质量发展先行示范城市。其中，车联网的八个市场发展趋势[1]对智能网联汽车的发展具有重要意义：一是以互联互通为根本，营造"互联网+交通"基础环境；二是以大数据为支撑，全面提升交通运输管控决策能力；三是以用户体验为导向，构建高效便民交通服务体系；四是以开放共享为原则，促进部门协调联动、产业融合；五是建设交通基础设施 BIM 平台，实现全生命周期管理；六是建设全出行链智慧服务体系，提升出行服务品质；七是建设车道级实时在线仿真平台，完善动态预警评估机制；八是推动车路协同和自动驾驶示范，实施创新驱动发展战略。

在此基础上，深圳市智能网联汽车面临的发展机遇与挑战还包括以下几个方面。

（一）构建智慧交通整体解决方案

加快建设道路测试管理体系，升级交通设施，构建面向未来城市的智慧交通整体解决方案，以建设"全息感知城市[2]、在线推演城市、闭环管控城市和全程服务城市"[3]为特色的未来城市，为未来智能网联汽车提供广阔的应用市场。

（二）提供创新汽车智能化测试服务

积极主动提供定制化测试服务以满足企业多元化需求，尤其是提供创新智能化测试解决方案，助力智能网联汽车的发展，满足更多应用场景的汽车智能化测试需求。

---

[1] 《2021 年深圳市车联网行业市场现状及发展前景分析　未来市场规模有望突破 100 亿元》，前瞻经济学人，https://ecoapp.qianzhan.com/detials/211015-c54a607a.html。

[2] 全息感知城市是基于空间单元大数据构建的一个面向多层次（包括智慧路口、智慧路段）的感知体系，实现多层次、全时空、精确到车道的感知，从过去只关注车辆到关注人、车、路、天气乃至整个交通运行环境。（邵源：《面向未来城市的智慧交通整体解决方案》，第十二届中国智能交通年会交通大数据应用，2018。）

[3] 刘琪：《智能网联汽车道路测试体系构建探索》，第三届中国人工智能产业大会，2018。

(三) 出台信息安全与平台管理办法

信息安全及统一的平台是智能网联汽车规模化应用的基石,然而涉及个人信息及重要数据的智能网联汽车云平台服务器网络安全保护等级不明确[①],亟须出台相关管理办法及分类标准,明确包含收集、存储、传输、处理以及使用数据的权限及范围。其中,境外信息与数据的安全评估是重中之重。

(四) 完善标准法规与测试体系政策

针对目前我国落后的智能网联汽车标准法规和测试体系,应从两方面采取措施:一方面要完善与智能网联汽车相关的政策,进一步加强信息安全、基础设施、企业及产品准入方面的管理;另一方面要构建从战略、规划、示范运行到标准及关键技术支撑的系统化政策体系。

---

① 《邵源院长:面向未来城市的智慧交通整体解决方案》,中国安防展览网,2018年3月9日,http://www.c114.com.cn/topic/4305/a1045516.html。

B.7 企业人力资源管理数字化转型趋势
——以今日人才公司为例

徐雯 胡伟 刘昊兰*

摘 要： 近年来，数据的爆炸式增长以及云计算、人工智能、大数据等新技术的不断发展，促使人力资源领域产生了很多新理论和新观念，数字化转型逐渐成为企业人力资源管理的工作重点。本报告梳理了数字化转型相关政策并提出一系列对策建议，分析了我国企业人力资源管理数字化转型的趋势，并以今日人才公司为例，介绍了其在企业人力资源管理数字化方面的创新实践。同时，本报告分析了当前企业人力资源管理数字化面临的潜在风险与挑战，挑战主要来自技术成本过高、历史数据缺失、数据安全性问题、数据分析人才匮乏四个方面。最后，本报告总结了企业人力资源数字化未来的发展方向，并针对企业领导和管理团队提出转型建议。数据化、智能化、精准化的人力资源管理模式必将成为主流。

关键词： 大数据 人力资源管理 数字化转型

一 数字化转型政策分析

（一）数字化转型政策动向

2021年是"十四五"规划开局之年，"十四五"规划第五篇"加快数

---

* 徐雯，复旦大学统计学博士，今日人才高级算法工程师，主要研究方向为人岗匹配、推荐系统、风险管理；胡伟，复旦大学硕士，今日人才创始人，今日人才董事长兼CEO，主要研究方向为人力资源管理、创新创业；刘昊兰，香港理工大学硕士，主要研究方向为经济特区研究。

字化发展,建设数字中国"中提出了"推动产业数字化转型"的发展方针,是数字化转型在国家顶层设计政策中的明确体现。近年来,中央和地方的各级部门相继出台了一系列与数字化转型相关的政策,通过总结这些政策,可以发现两个动向。

一是数字化转型的政策地位越来越高。在国家顶层设计中,2015年5月,国务院印发的《中国制造2025》提出"推进信息化与工业化深度融合",关注制造业数字化、智能化建设。2016年3月,"十三五"规划提出"加快建设数字中国,推动信息技术与经济社会发展深度融合",着手布局信息化基础设施建设及"互联网+"的数字中国探索。2021年3月,国务院"十四五"规划明确"迎接数字时代,激活数据要素潜能,推进网络强国建设,加快建设数字经济、数字社会、数字政府,以数字化转型整体驱动生产方式、生活方式和治理方式变革",我国数字经济转向深化应用、规范发展、普惠共享的新阶段。① 数字化转型政策地位的逐步提升标志着在信息化基础设施逐渐成熟的背景下,在建设数字中国战略下,数字化转型将覆盖经济、社会、政府管理等生产生活的方方面面。2020年及"十四五"规划出台后,工业和信息化部、国家发展改革委等相关部委继续出台支持政策,部署5G、区块链、大数据中心等信息基础设施建设,这充分体现了我国对数字化转型的重视及迫切需求。

二是数字化转型的政策行动越来越贴合实际。当前各省市都在积极推进数字化建设,明确数字化转型采取的具体举措,比如《上海市全面推进城市数字化转型"十四五"规划》《浙江省数字经济促进条例》《广东省建设国家数字经济创新发展试验区工作方案》等(见表1)。各地纷纷推出数字化转型政策举措和一系列激励机制、特色做法,从企业主导到产业赋能,从试点示范到规模化推广,覆盖了从技术推动到应用拉动的一系列政策,织起了一张推进数字化转型落地实施的政策网络。②

---

① 《国务院关于印发"十四五"数字经济发展规划的通知》,中国政府网,2021年12月12日,http://www.gov.cn/zhengce/content/2022-01/12/content_ 5667817. htm。
② 《大咖论"数"|何伟:新发展阶段下数字化转型的政策逻辑》,河北新闻网,2022年2月25日,https://hebei.hebnews.cn/2022-02/25/content_ 8734806. htm。

表1 数字化转型部分相关政策

		国务院政策	
出台时间	政策	颁布机构	要点
2015年5月8日	《中国制造2025》	国务院	以加快新一代信息技术与制造业深度融合为主线,促进制造业数字化网络化智能化
2016年3月16日	《中华人民共和国国民经济和社会发展第十三个五年规划纲要》	中共中央、国务院	加快建设数字中国,推动信息技术与经济社会发展深度融合
2021年3月13日	《中华人民共和国国民经济和社会发展第十四个五年规划和2035年远景目标纲要》	中共中央、国务院	以数字化转型驱动生产方式、生活方式和治理方式整体变革
2021年12月12日	《"十四五"数字经济发展规划》	国务院	大力推进产业数字化转型,引导企业强化数字化思维,强化全流程数据贯通
		各部委政策	
出台时间	政策	颁布机构	要点
2020年3月18日	《中小企业数字化赋能专项行动方案》	工业和信息化部	培育推广一批符合中小企业需求的数字化平台,助推中小企业通过数字化网络化智能化赋能实现复工复产
2020年4月7日	《关于推进"上云用数赋智"行动 培育新经济发展实施方案》	国家发展改革委、中央网信办	大力培育数字经济新业态,深入推进企业数字化转型
2021年11月15日	《"十四五"工业绿色发展规划》	工业和信息化部	以数字化转型驱动生产方式变革,深化生产制造过程的数字化应用,赋能绿色制造
2021年11月17日	《"十四五"信息化和工业化深度融合发展规划》	工业和信息化部	以数字化转型为主要抓手,推动工业互联网创新发展,加快重点行业领域数字化转型
2021年12月27日	《"十四五"国家信息化规划》	中共中央网络安全和信息化委员会办公室、中华人民共和国国家互联网信息办公室	以"构建产业数字化转型发展体系"为重大任务和重点工程之一,大力推进产业数字化和绿色化协同转型
		部分省市政策	
出台时间	政策		要点
2020年11月18日	《广东省建设国家数字经济创新发展试验区工作方案》		把粤港澳大湾区打造为全球数字经济发展高地

续表

部分省市政策		
出台时间	政策	要点
2020年12月24日	《浙江省数字经济促进条例》	全国第一部以促进数字经济发展为主题的地方性法规,从基础设施、数据资源等方面部署数字经济发展工作
2020年12月29日	《深圳市人民政府关于加快智慧城市和数字政府建设的若干意见》	到2025年,打造具有深度学习能力的鹏城智能体,成为全球新型智慧城市标杆和"数字中国"城市典范
2021年10月24日	《上海市全面推进城市数字化转型"十四五"规划》	统筹推进城市经济、生活、治理全面数字化转型,聚焦"数智赋能"的基础底座构建

资料来源:根据《国家及各省市数字化转型重要政策汇编(2019—2022)》《梳理我国制造业数字化转型的顶层政策》等资料整理。

(二)企业数字化转型相关政策

企业是数字化转型的主体之一。"十四五"规划出台前,我国已推出一系列政策举措助力企业数字化转型。面向中小企业,工业和信息化部于2020年3月制定了《中小企业数字化赋能专项行动方案》,国家发展改革委于2020年5月推出了"数字化转型伙伴行动",推行"上云、用数、赋智"服务,满足中小企业业务系统云化需求,为中小企业数字化转型和纾困发展提供支撑。面向大型国有企业,国务院国有资产监督管理委员会于2021年2月发布《关于加快推进国有企业数字化转型工作的通知》,将数字化应用渗透到企业经营过程的各项业务中——研发设计、生产制造、经营管理、市场营销等,进一步强化了国有企业数字化转型的引领作用。依照"十四五"规划提出的"加快数字化发展,建设数字中国"战略,2021年12月国务院印发的《"十四五"数字经济发展规划》提出"以数字技术与实体经济深度融合为主线,协同推进数字产业化和产业数字化,赋能传统产业转型升级,培育新产业新业态新模式",大力推动企业数字化转型。

未来随着新技术的迭代和数字化应用场景的丰富,我国还将面向企业推出更多层次的政策,以支持企业数字经济发展。企业应当与时俱进、自我变革,充分利用数字化转型的广阔前景,提高自身信息化智能化水平。

二 企业人力资源管理数字化转型概况

"数字化转型并不是选择题,其关乎生存和长远发展,是必修课"①。这生动的指出当下企业数字化转型的迫切性。一方面,随着5G、移动互联网、云计算、大数据和人工智能等新兴技术的更新迭代,和大数据中心、工业互联网等新型基础设施的建设完善,数字化技术的应用场景被拓展,这为企业深化数字化转型提供了重要支撑。另一方面,数字经济作为现代经济发展中影响最广泛的领域,在实体企业新旧动能转换的关键时期,成为广大企业新的增长点。特别地,2020年的新冠肺炎疫情加速了相关技术落地应用,迅速改变了企业的运作方式,越来越多的企业开始借助数字化工具进行远程办公,这为数字化转型带来了新一轮的发展机遇。技术条件的成熟和企业在新发展格局下寻求突破的动力都使数字化转型成为必然趋势。

(一)人力资源管理数字化转型发展历程

人力资源管理作为企业经营管理过程中最重要的环节之一,进行数字化转型势在必行。人力资源管理数字化转型包含了两个维度。② 一是员工信息的数字化。企业通过建立自己的员工管理系统,实时采集和分析员工的工作表现。当积累了充分的数据后,企业就能够制定科学的绩效评估流程,利用算法模型预测员工未来的工作表现,判断员工的工作满意度与离职倾向。二是HR工作流程的数字化。HR的工作内容包括岗位规划、人才招聘、入职培训、薪酬管理、绩效考核及员工职业发展规划。HR工作流程覆盖了公司人才管理的方方面面,将这些流程数字化可以极大地提高人力资源部门的工作效率。中国人民大学劳动人事学院李育辉教授指出,企业已迎来人力资源

---

① 肖亚庆:《大力推进工业经济平稳运行和提质升级》,《学习时报》2022年3月。
② 李凤、欧阳杰:《数字化颠覆传统人力资源管理》,《企业管理》2019年第8期。

数字化转型的"黄金期"。①

人力资源管理数字化转型是持续演进、不断更迭、紧跟时代浪潮的。自20世纪80年代起，人力资源管理数字化经过了从简单记录人事信息，到以人力资源部门业务管理为主的人力资源管理系统（Electronic-HR），再到以移动互联网、云计算、大数据、人工智能等新兴技术为手段，以"激活组织、赋能员工、智慧协同"为核心目标，建立的高社会性、强服务性的数字化人力资源管理云服务平台（Digital-HR）。② 从最初的人事信息系统到如今的智能数字化平台，人力资源管理数字化按时间维度可以总结为以下四个阶段。第一阶段：20世纪80年代——人事信息系统。早期人力资源信息系统主要有花名册、薪酬计算等简单的数据功能。第二阶段：20世纪90年代——ERP系统。此阶段，若干台计算机可以同步操作，推动企业管理"业务流程"电子化革命。第三阶段：21世纪00年代——云系统。互联网的普及推动主流人力资源软件开始广泛使用云服务。第四阶段：21世纪10年代——数字化（见图1）。随着云服务的普及、算力的提高、人工智能等新技术的大规模应用，人力资源全面数字化时代即将到来。③

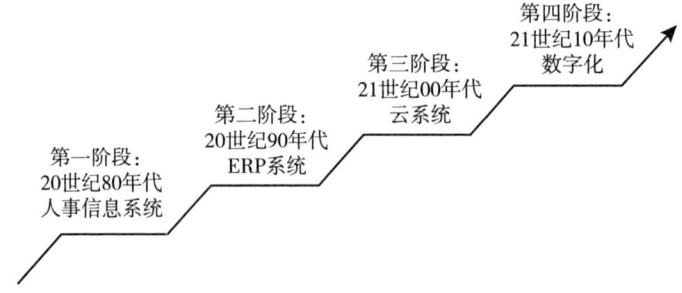

图1 人力资源管理数字化发展阶段

资料来源：《什么是数字化人力资源（一）》，腾讯新闻，https：//xw.qq.com/cmsid/20210723A0E4EJ00。

---

① 薪人薪事HR科学院：《2021年度中国企业人力资源数字化成熟度调研报告》，2021年8月12日。
② 马素娣：《现代企业人力资源管理数字化转型》，《上海信息化》2019年第5期。
③ 《什么是数字化人力资源（一）》，腾讯新闻，https：//xw.qq.com/cmsid/20210723A0E4EJ00。

（二）企业人力资源管理数字化转型趋势

近年来企业人力资源管理数字化转型有以下趋势[①]。

一是 HR 工具智能化。伴随人工智能、大数据等技术的发展，薪酬、考勤、培训、招聘等 HR 工作中可数字化的场景被拓展。如基于语音交互的智能机器人自动回复，基于大数据、AI 技术的简历筛选、人岗匹配等，这些数字化技术的应用不但提高了服务效率，也使求职者获得了更好的求职体验。未来随着人工智能、算法技术的进步以及多场景多维度数据的积累，AI 准确度将进一步提高，数字化将更好地帮助企业进行人才数据分析、完成智能决策。

二是人才评价多维化。企业对人才的评价指标常常被简单量化为单一的指标，或加入主观因素的干扰。通过收集公司业务各个维度的评价数据，追溯客户反馈和订单信息，以全面客观的数据作为员工评价依据，企业可以找到业务增长、用户留存等方面的影响因子，细分维度也能够定位员工有待改进的方面，起到督促和提高员工工作能力的作用。

三是人力资源管理一体化。人力资源管理是一个不可分割的整体，所以企业在利用数字工具的时候，不能简单地把功能叠加到一起，要通过场景一体化、数据一体化、体验一体化的实现，让各模块服务于企业整体发展目标。

四是用人方式灵活化。灵活用工以中低端、临时工、大批量招聘及管理为主，具有岗位要求差异较小、招聘周期短、人员需求量大等特点。从数字化角度来看，灵活用工的服务过程链条较长，所以容易通过分解链条、形成标准化流程实现数字化。从实际业务角度来看，通过 SaaS 软件、大数据等技术手段实现业务流程的标准化和一体化，可以加速灵活用工的发展。

（三）人力资源管理数字化的现实意义

数字化的核心内容是提升效率。企业的人力资本投资回报率很大程度由

[①] 《人力资源数字化转型的路径、趋势与管理创新》，搜狐网，2021 年 11 月 10 日，https：//m.sohu.com/a/500360239_532369。

人工成本的高低决定，提高员工工作效率、减少人力成本可以提升企业效能，进而提升社会整体效能。具体来看，人力资源管理数字化具有以下几方面的现实意义。

一是通过人岗精准匹配，减少劳动力资源错配问题，减少人力资本损失。在人才招聘过程中，人力资源管理数字化通过大数据算法和机器学习等技术手段识别求职者专业技能、工作经验等，平台通过人岗匹配模型将求职者与企业需求进行匹配，进一步缩短企业招聘人才所需的时间，提升企业效能。在员工评价过程中，人力资源管理数字化通过多维度的人才评价体系对员工的工作能力和潜力进行测试，结合公司业务特征实现人岗精准匹配，减少人才价值损失，提升就业市场稳定性。

二是通过简化流程、减少重复性劳动，提高生产力。员工信息数字化可以使HR及时掌握员工情况，减少人工收集和整理数据的时间，使HR可以更多地参与业务决策，为人才结构规划和企业发展布局。员工考勤、请示审批等日常事务可以直接在线上完成，给员工和管理者提供了便利，提高业务效率和员工体验。

三是拓展企业用工形式，为灵活就业者提供支撑。在新的社会背景下，企业需要更加灵活的用人模式，个人也需要更加灵活地支配自己的时间。与此同时，突如其来的新冠肺炎疫情冲击了世界各国的政治经济生活，全球性的失业大潮来袭，很多企业都开始关注新型用人模式，在特殊时期的社会治理和资源配置中，灵活用工可以起到稳就业、促发展的积极作用。① 灵活用工的模式下，所有的报酬都直接与绩效或者产出相关，在线平台让大量的工作被拆解成一项项更聚焦的任务。随着国家相关法律法规的不断完善和出台，在社会保障层面自由职业者的后顾之忧越来越少。然而，灵活用工也存在很多局限性。例如，劳动者与企业岗位难以实现及时精准匹配、人员地域分散管理难度加大、佣金支付结算方式还未完善统一，劳动者得不到充分的法律保护、社保待遇不同。此外，劳动者还可能面临报酬体系与市场不对等等一

---

① 亿欧智库：《2020年灵活用工行业研究报告》，2020年8月。

系列问题。人力资源管理数字化可针对性化解这些问题，为灵活用工提供强大支持。

三 企业人力资源管理数字化实践
——以今日人才公司为例

随着数字化转型在全社会层面的深入推进，越来越多的企业已经深刻认识到人力资源管理数字化的必要性。深圳今日人才信息科技有限公司（以下简称"今日人才公司"）是一家以大数据、算法、人工智能为驱动的平台型人力资源科技公司，为政府和企业提供大数据驱动的一站式人力资源解决方案。本报告以今日人才公司的人力资源数字化产品为例，介绍其在人力资源管理数字化方面的实践。

（一）数字化人才画像

美国著名心理学家麦克利兰曾于1973年提出了著名的"冰山模型"，用表面的"冰山以上部分"和深藏的"冰山以下部分"来区分个体素质的不同表现。其中，"冰山以上部分"指的是个体的外在表现，包括基本知识、基本技能等，是容易了解与测量的部分，相对而言也较容易通过培训来改变和发展。而"冰山以下部分"指的是个体的内在表现，包括社会角色、自我形象、特质和动机，是比较难测量的部分。虽然内在表现不太容易通过外界的影响而得到改变，但对人员的行为与表现起着关键作用。

在传统招聘模式下，根据"冰山模型"，"请错人"这件事往往难以避免。因为HR只能以简历为依据、以面试为手段筛选候选人，因此对人员的筛选停留在学历、技能、工作经历等"冰山以上部分"，这些却并非是影响人才长期发展的根本因素。

今日人才公司通过行业领先的人工智能深度学习算法构建企业人才库，多维度识别解析人才简历，借助数字化人才画像，对人才进行全面系统地分析，帮助企业掌握人才的数据和动向，盘活企业历史人才库，根据招聘需求实时推荐合适人才，进而将人力资源管理全流程数字化。

（二）智能精准人岗匹配

对多数企业而言，招聘新员工的成本非常之高。招聘成本包括直接成本（Direct Costs）、内部成本（Internal Costs）和外部成本（External Costs），而其中只有直接成本是可以量化的，这就导致很多企业并没有意识到"请错人"的隐性成本要远高于显性成本。将新聘员工安排在不合适的岗位会使其生产力下降，给员工士气造成负面影响，不合格员工的离职会带来新的补偿成本，除了已支付的工资和招募培训花费的工时与费用外，企业还需要安排新的招聘以弥补员工的流失。美国人力资源管理协会（Society of Human Resource Management，SHRM）的一项研究显示：公司招聘一名不合适的员工，会让其损失高达5倍的员工年薪。

在企业发展态势较好的时期，"错的人"带来的影响或许没有那么明显，但在企业效益不景气时期，负面影响就会集中暴露出来。"人岗不匹配—无法胜任—员工离职—岗位空缺—继续招到错的人"，这样的恶性循环将会对公司经营持续产生不利影响。由此可见，精准的人岗匹配尤为重要。

无论招聘的渠道如何变迁，招聘活动大多基于岗位说明书（JD）展开。今日人才公司的精准人岗匹配平台可以根据JD信息以及多年积累的行业职位知识图谱，结合行业同类职位的海量数据，通过数据分析和AI生成职位画像和人才画像，再将画像中的不同维度赋以不同权重进行配比。AI在搜寻它所能触达的人选时，通过对比每个解析后的维度，用算法评估得分，再根据自适应迭代优化后的每个维度的权重计算出总体的匹配度得分。平台通过前沿的图算法和神经网络模型将企业需求与人才简历进行精准匹配，帮助企业对标所在行业和区域内的其他相关企业，对产品、项目、技术、职位等海量信息进行收集、整理和分析，通过自然语言处理技术（NLP）和机器学习等技术实时高效处理数据。招聘系统的数字化可以消除人力资源流动中的阻碍，进一步提高资源配置效率，从而降低资源错配的概率。今日人才公司设计的智能人岗匹配模型如图2所示。

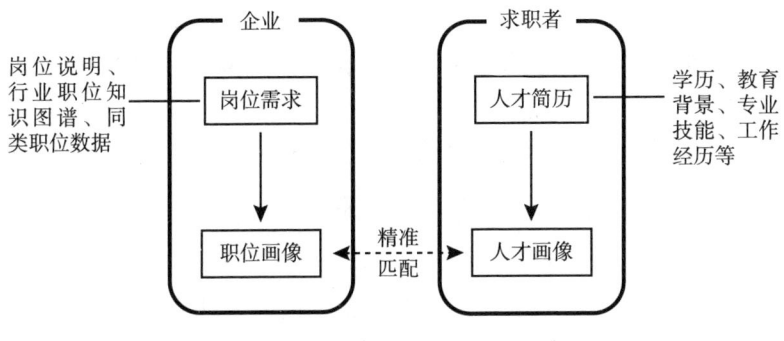

图 2　智能人岗匹配模型

（三）人才职业发展预测

事实上，需要数字化的不仅仅是人才画像，整个人才管理的全流程都需要数字化。例如对异常数据，需要形成数据分析的推导链，对其连带指标进行分析，最终找到问题的原因。只有当人才数据不再是一座孤岛时，才能充分发挥它在企业管理中的效用。

今日人才公司的人才职业发展预测系统对员工的整体生命周期进行了全方位的预测管理和规划设计。新员工一入职，平台为员工个性化定制了动态培训体系和人才测评系统。通过数据，员工可以实时了解自身的优缺点，以及现阶段和职业目标之前的差距，从而更有针对性地进行学习提升。企业也可以清楚地了解员工流动、员工分布及员工晋升等情况，内容将通过可视化的方式清晰呈现，管理者可以有针对性地制定企业人才管理策略，提高运营效率。HR 可以通过多维度、科学的人才测评体系对企业员工的工作能力和潜能进行测评，从而了解每位员工的优缺点。领导者可以结合公司的具体业务模式，将不同特长的员工安排在最合适的岗位，实现企业内员工效能的最大化。

今日人才公司关于人力资源数字化转型的实践除以上三种外，还提供业务外包服务，包括雇主品牌影响力提升、组织管理能力构建和干部梯队建设、组织绩效管理等人力资源管理模块。作为科技与人力资源领域的新起之秀，今日人才公司未来的发展前景广阔。

双创蓝皮书

四 企业人力资源数字化转型面临的挑战

《2021年度中国企业人力资源数字化成熟度调研报告》指出，87%的HR认为人力资源管理数字化有转型的必要，但近70%的企业仍未开始实践数字化转型，说明当前企业在数字化转型上存在较大矛盾。从企业人力资源管理数字化转型的现状来看，只有7%的企业认为自己的数字化转型比较成功，实现了基于数据驱动的决策，还借助数字化工具进行员工关系管理和激励设计。除了更精准地招聘人才外，企业更希望依托数字化手段，降低管理中的人力成本与时间成本。① 提高效能是企业进行数字化转型的首要目的。

基于现状，深入分析企业人力资源管理数字化转型过程中的难点，可以将其总结为以下几个方面。

（一）技术成本过高

控制技术研发成本、选择投入产出比高的软件对企业至关重要，投入成本和软件类型这两点往往会在企业选择人力资源软件的决策过程中被反复考虑。技术成本的预估和控制是数字化的一大难点，成熟的数字化转型产品往往有着高昂的价格。在转型之前，高昂的技术开发成本加上周期较长的回报曲线能否得到管理层的一致通过、能否选出性价比最高的软件都是转型过程中企业需要解决的问题。

（二）历史数据缺失

在转型过程中，必不可少的一个环节是迭代新系统、交接老系统。其中，很重要的一步是需要将历史数据导入新系统。这个过程会出现数据缺失、工作量大、数据无法匹配等一系列问题。这些问题往往会导致历史数据难以有效迁移到新系统，这也是企业数字化转型的一大难点。

---

① 《2021年度中国企业人力资源数字化成熟度调研报告》，豆丁网，https://www.docin.com/p-2801148324.html。

（三）数据安全性问题

如何保证数据的隐私性和安全性也是企业数字化转型过程中需要关注的重要问题之一。如果选择从外部采购系统平台，企业的相关数据都将上云，内部数据安全性难以得到保障，存在泄露的风险；自行开发系统虽然可以最大限度保障企业的数据安全，但是开发成本过高。

（四）数据分析人才匮乏

数字化后的人力资源管理需要 HR 具备专业的数据分析能力，只有 HR 具备了专业的数据分析能力，大数据的真正价值才能得以体现。然而，目前大多数 HR 并不具备深度数据分析能力，很多传统企业也没有专业的数据工程师，加上市场上数据分析人才比较稀缺，这在一定程度阻碍了企业人力资源管理数字化转型进程。

五 企业人力资源管理数字化未来发展建议

（一）自上而下规划转型工作，推动数字化需求落地

人力资源管理数字化转型涉及企业人才招聘、员工日常管理、绩效考核等各个环节，转型工作需要企业提前规划。企业管理层需要对相关资金投入、人员配置、软件选择等提前做出战略规划。数字化转型涉及的软件投入成本，不论从外部采购还是自行研发，都将给企业带来短期的资金压力，这需要管理者统筹资金使用。企业需要将人力资源管理数字化转型与公司业务结合，以企业需求为导向，以数字化技术为辅助。同时，管理者需要了解企业数字化转型过程中的痛难点，推动各部门协同应对。

（二）提升企业数字化能力，加强人才队伍建设

数字化要求企业各部门持续提高数字化能力，优化工作进程。人力资源

管理部门作为数字化转型的核心部门，需要将常规思维转变为数据思维，提升大数据分析能力，借助搜集的内外部数据进行有效的资源整合和合理配置；需要具备产品思维，主动思考不同的应用场景如何与数字化结合，将人力资源管理工作拆解并形成统一的标准；需要关注员工及求职者的用户体验；在数字化能力提升的同时，人力资源管理部门须将工作重心放在团队建设、员工凝聚力提升等企业发展战略问题上，为企业决策提供支撑。技术部门需要维护系统的平稳运行，将人力资源管理部门的定制化需求转化为程序，同时不断地钻研前沿算法，让平台更好地为员工服务。

（三）关注技术发展及企业需求变化，持续创新数字化内容

在数字化技术的更迭和数字经济的变革中，人力资源管理数字化转型不是一劳永逸的。企业需要关注新技术的进展和应用，通过大数据分析实现HR对人才团队的精细化管理，为企业决策提供支持。未来企业人力资源的工作重心将不再仅仅局限于人才到岗、离职等事务性工作，而是全方位的人才追踪。例如人才职位分布地图、平均留存时间、空档期分布，企业的招聘数据处于同行业、同地区的何种水平，人才画像及特征，渠道招聘效率分布，以及如何降低人员流动率、制定员工成长计划等。

随着我国数字化时代的全面到来，企业人力资源管理的数字化转型是必然趋势。其实人工智能和大数据这些新兴技术并没有从根本上改变人力资源管理的理论和立身根基，无论形式怎样变化，人力资源的本质依然是人、事和组织之间的协调关系，核心工作依然是选人才、用人才、育人才、留人才。依托于人工智能和大数据，企业掌握了大量与人力资源管理相关的数据，并基于这些数据衍生出诸如文本分析、情感分析、网络分析等工具，同时基于物联网等各种新硬件的算力，可以将分析结果和人力资源管理有关理论结合起来，将企业对人才的认知水平和判断能力推上新高度。数字化正在推动企业人力资源管理由传统转向智能，从直觉驱动转向数据驱动。未来更加数字化与智能化的人力资源职能部门将在更高维度开展工作，引导企业实现长期、可持续的发展。

参考文献

《国务院关于印发"十四五"数字经济发展规划的通知》,中国政府网,2021年12月12日,http://www.gov.cn/zhengce/content/2022-01/12/content_5667817.htm。

伯纳德·马尔:《人力资源数据分析:人工智能时代的人力资源管理》,机械工业出版社,2019。

《新发展阶段下数字化转型的政策逻辑》,河北新闻网,2022年2月25日,https://hebei.hebnews.cn/2022-02/25/content_8734806.htm。

湖南国脉原道数据科技有限公司:《国家及各省市数字化转型重要政策汇编(2019-2022)》,2022年2月。

《梳理我国制造业数字化转型的顶层政策》,澎湃新闻,2021年12月16日,https://www.thepaper.cn/newsDetail_forward_15781710。

B.8
2021年双创引领深圳创新发展形势与挑战

李 桐*

摘 要： 2021年是中国"十四五"规划开局之年，新冠肺炎疫情仍在持续，疫情防控工作进入常态化阶段。在"六稳六保"政策引领下，双创在解决就业问题方面持续发挥着重要作用。本报告以深圳及粤港澳大湾区的双创发展为切入点，兼顾全国其他地区，总结2021年深圳双创发展形势与挑战。在创新驱动发展战略的有效性、科学研究主体的市场准入、知识产权转化以及规避双创企业道德风险等方面提出对策。

关键词： 双创 粤港澳大湾区 深圳

2021年是中国"十四五"规划开局之年，是中国将大众创业万众创新上升为国家战略的第7年，新冠肺炎疫情的影响仍在持续，疫情防控进入常态化阶段，经济社会各领域发展与疫情防控工作艰难并进。即便如此，无论是经济发展还是疫情防控，中国在世界范围内都成绩斐然，经济实现平稳增长，疫情得到及时有效控制，为经济社会可持续发展提供重要保障。2021年GDP同比增长8.1%，在全球主要经济体中名列前茅。在政策支持下，工业增加值比上年增长9.6%，高于GDP增速1.5个百分点。市场主体总量超

---

* 李桐，经济学博士，深圳大学中国经济特区研究中心教师，主要研究方向为经济特区发展与比较研究。

过1.5亿户,其中企业超过4000万户,个体工商户突破1亿户。创新动能有效增强,创业带动就业趋势显著,为疫情防控常态化背景下增强我国经济内生动力提供有力支撑。2020年国务院《政府工作报告》明确将支持大众创业万众创新与重点群体就业工作联系起来,双创在解决就业问题方面发挥了重要作用。

本报告以2021年深圳双创发展实践为切入点,兼顾全国其他代表性地区双创发展情况,重点分析在疫情防控常态化背景下大众创业万众创新的发展情况,通过总结深圳市及粤港澳大湾区取得的双创发展成绩,探讨双创工作发展形势与挑战,并提出探索性建议。

一 2021年中国双创发展情况

2021年,世界经济在疫情之下艰难复苏,受各国收紧边境政策的影响,包括人力和货物在内的各种资源的有效流动受到极大制约,企业停工甚至倒闭带来的就业和民生问题成为影响各国经济发展的首要问题。中国政府及时出台"六稳六保"政策,将稳就业保民生作为一切工作的重中之重。2021年国务院《政府工作报告》明确将"支持大众创业万众创新带动就业"作为稳就业保民生的重要内容,通过快速增长的新增市场主体创造大量就业机会,同时利用积极的财政政策助力市场主体恢复元气,通过采取税收减免和稳岗补贴等针对性举措,提高中小微企业抵抗市场风险的能力。同时通过市场化激励手段提升企业的创新能力,让企业成为创新主体,从政策制度上对领军企业组建创新联合体加以鼓励和激励,拓宽延伸产学研用融合渠道,健全科技成果产权转移机制,持续推进大众创业万众创新。

2021年6月,李克强总理主持召开国务院常务会议,部署"十四五"时期纵深推进大众创业万众创新,更大激发市场活力,促发展、扩就业、惠民生。全国各地通过深入实施创新驱动发展战略,大力推进双创建设,催生大量新增市场主体,有力支撑了就业特别是高校毕业生就业,有助于新动能快速成长,增强了经济发展内生动力。①

(一)2021年中国双创总体进展

纵观2021年大众创业万众创新发展进程,最显著的特征是在疫情防控常态化背景下,双创在解决就业问题中发挥了积极作用。2021年全国大众创业万众创新活动周的主题是"高质量创新创造,高水平创业就业"。全国各地围绕这一主题,为创业者提供多重保障,释放全社会创新创业创造动能,为稳住经济基本盘提供强有力保障。在疫情防控常态化背景下,国务院通过实施阶段性大规模减税降费与制度性安排为市场主体减负,通过中央财政资金直达机制加大财政资金下沉力度,将惠企利民政策落实到基层,支持银行通过定向增加贷款和延期还本付息形式帮助中小微企业稳岗增收。同时采取制度性措施,保障经济健康可持续发展。

2021年1月,中共中央办公厅、国务院办公厅印发《建设高标准市场体系行动方案》,提出构建更加系统完备、更加成熟定型的高水平社会主义市场经济体制。方案从基础制度、要素市场、环境质量、市场开放、市场监管5个方面提出51条具体行动举措。比如全面完善产权保护制度,全面实施市场准入负面清单制度,全面完善公共竞争制度,推动经营性土地要素市场化配置、劳动力要素有序流动,促进资本市场健康发展等,都是与创新创业高度相关的重要领域。建设高标准市场体系是构建高水平社会主义市场经济体制的内在要求,必将为创新创业实体提供更加全面的保障。

2021年4月,国家市场监督管理总局等6部门联合印发《关于进一步加大改革力度不断提升企业开办服务水平的通知》,旨在破解企业开办中的难题,要求大力提高企业开办"一网通办"平台使用效率,大力推动企业开办要素电子化,提高企业开办身份验证服务水平,优化社会保险费、住房

---

① 《李克强主持召开国务院常务会议 部署"十四五"时期纵深推进大众创业万众创新 更大激发市场活动促发展等》,中国政府网,2021年6月23日,http://www.gov.cn/xinwen/2021-06/23/content_5620380.htm。

公积金账户代扣代缴服务模式，推进企业开办标准化规范化，加大宣传培训力度，加速具体办法落地实施，真正为初创企业服务。

2021年7月，《中华人民共和国市场主体登记管理条例》（以下简称《条例》）正式公布，这是一部整合了所有市场主体登记规范、管理规则的新规，自2022年3月起施行。《条例》进一步完善了市场主体登记制度，解决了不同市场主体登记规则、标准、程序不统一，效力不明确，市场主体登记立法分散等问题，将商事制度改革成熟举措以法律的形式固定下来。《条例》共6章15条，是落实"放管服"改革的具体要求和改革成果，放宽准入，注重加强事中事后监管。这对以创新创业为主体的中小微企业而言，是巨大的利好举措。

2021年12月，168家企业示范基地进入2021年度国家小型微型企业创业创新示范基地名单，名单中既有传统意义上以产业园、科技园为代表的综合类双创平台，也有专业化双创基地，比如北大医疗产业园、杭州东部软件园、中节能嘉兴节能环保产业园、深圳龙岗天安数码新城等一大批具有专业特色的产业集聚平台。工业和信息化部要求国家小型微型企业创业创新示范基地要不断优化创业创新环境，改善服务设施和条件，运用现代信息技术创新运营模式，开展公益性服务，积极承担政府部门各项委托任务，及时反映中小企业发展面临的困难问题，积极建言献策，发挥示范带动作用，为中小企业创业创新提供支撑，推动基地内中小企业"专精特新"发展。同时要求各地主管部门做好基地的培育和管理工作，及时梳理总结国家小型微型企业创业创新示范基地建设经验，得到可复制推广的具体举措。

随着双创发展的不断深化，双创的深度和广度都在不断加深和拓展。国家发展改革委会同相关部门在212家国家双创示范基地开展创业带动就业示范行动。2021年212家国家双创示范基地累计创造就业机会超400万个，实际解决超200万人的就业问题，在大中专毕业生、农民工等重点群体创业就业的过程中发挥了重要作用。此次开展的创业带动就业示范行动针对不同群体开展了专项行动，在社会服务领域，各示范基地围绕家政、养老托育、乡村旅游、家电回收等就业潜力大、社会需求迫切的服务领域，以新业态、

平台性、示范性、先进性"四个牵引"深化专项行动,吸引各类投资38.9亿元,组织并实施了一大批示范项目,全年累计新增225万个就业机会。在高校毕业生创业就业专项行动中,高校和示范基地积极开展结对共建,抓实重点任务,着力培育支撑环境。企业示范基地为高校提供创业就业导师1435名,辅导大学生创业团队2386个。校企示范基地共同举办专场对接活动502场次,吸引3122个高校团队参加,推动1119个项目落地,带动投资3.6亿元,为高校毕业生提供了33.0万个就业机会。在大中小企业融通创新专项行动中,各基地围绕保产业链、供应链,整合创新资源,组织创新活动,促进成果应用,推动大中小企业融通发展。龙头企业在研发、供应链关键环节与13.7万个中小企业合作研究制定845项技术标准,实施459个示范项目,联合开展8875项技术攻关,攻克4097个技术难点,拉动中小企业新增55.7万个就业机会。在精益创业带动就业专项行动中,示范基地着力聚焦抓实科研人员创业政策落地、科技成果转化、创新型中小企业培育、创新创业资源开放共享等4个方向,构建专业化、全链条的创新创业孵化体系。2021年,专项行动全年转化技术2.7万项,新增双创载体1251万平方米,职务发明人创办企业8721家,孵化"隐形冠军"企业、专精特新"小巨人"企业1626家,带动新增就业机会103.4万个。①

除国家层面不断推出利好创新创业的政策,各地根据自身实际和双创发展情况也推出一系列政策举措,加大对双创的支持力度,为疫情影响下的地方经济增添发展动力。2021年1月,云南省政府印发《云南省提升大众创业万众创新示范基地带动作用进一步促改革稳就业强动能任务清单》,列举了11条落实细化国家政策的要求,包括助企纾困,复工达产,开展社会服务创业带动就业示范行动,加强返乡入乡创业政策保障,提升高校学生创新创业能力,推动建立创新创业生态融通体系等,明确了具体负责单位。

2021年1月,广西壮族自治区政府印发《广西大众创业万众创新三年

---

① 《2021年创业带动就业示范行动解决就业200万人》,《中国经济导报》2022年2月8日,第2版。

行动计划（2021—2023年）》，通过实施科技创新能力提升、创新创业主体培育、创新创业型产业集聚融合发展、创新创业人才引育、创新创业金融支撑、创新创业开放合作水平提升、创新创业营商环境攻坚、创新创业服务体系升级八大行动，到2023年全区创新创业生态持续优化，体制机制更加健全，企业创新主体活力充分释放，带动就业、支撑创新作用不断增强。[1]

2021年6月，安徽省政府印发《"创业江淮"行动计划（2021—2025年）》（以下简称《行动计划》）。这是安徽省在巩固提升前两轮"创业江淮"行动计划基础上，在新阶段推动双创向纵深发展的新举措，目标是打造"创业江淮"品牌，整合各类创业资源，支持大学生、科研人员、返乡农民工、退役军人以及其他群体创业。《行动计划》为新阶段现代化美好安徽建设提供强有力的支撑，力求通过第三轮行动计划，推动实现更加充分更高质量就业。《行动计划》主要内容体现在打造"八大工程"和升级"两大平台"方面。一是打造"八大工程"，内容涵盖创业培训、融资担保、高校毕业生就业、退役军人创业、社会青年和高端人才创业等与双创相关的领域。二是升级"两大平台"，即升级安徽省创业服务云平台，优化创业服务供给；升级创业创新竞赛平台，促成参赛项目成果转化。[2]

2021年6月，陕西省政府印发《优化创新创业生态着力提升技术成果转化能力行动方案（2021—2023年）》，重点关注了高校创新创业，激发创新创业活力，提升创业服务水平，打造支持创新创业金融生态，营造良好创新创业氛围等方面，从高校、企业、政府服务和金融支持4个层面推出支持举措和3年发展目标。

2021年11月，吉林省政府印发《推动大众创业万众创新再升级若干政策举措》，提出了31项政策举措和3项保障措施，将双创工作与产业发展有效结合，明确农业农村、制造业、服务业各领域与双创工作相结合的具体举措，并对现有双创政策进行进一步完善，将创业导师、双创平台高级管理人

---

[1] 广西壮族自治区人民政府办公厅：《广西壮族自治区人民政府公报》，2021年3月30日。
[2] 《〈"创业江淮"行动计划（2021—2025年）〉解读材料》，安徽省人力资源和社会保障厅网站，2021年6月24日，http://hrss.ah.gov.cn/public/6595721/8472042.html。

员纳入省级人才评价体系。

除了各省市制定的支持双创工作发展的政策,国务院相关部门针对特定群体还制定了支持创业的指导意见。2021年1月,退役军人事务部联合8部门印发《关于促进退役军人到开发区就业创业的意见》;3月,国家发展改革委等14部门联合印发《关于依托现有各类园区加强返乡入乡创业园建设的意见》;10月,国务院办公厅印发《关于进一步支持大学生创新创业的指导意见》,各省市也出台地区政策,帮助各类群体在疫情防控常态化背景下实现创业梦,增加就业机会,提升就业质量。

截至2021年底,我国已培育212家大众创业万众创新示范基地,511家国家小型微型企业创业创新示范基地,1.4万多家众创空间和孵化器,支持30个城市开展"小微企业创业创新基地城市示范"工作,培育支持200家实体开发区打造大中小企业融通型、专业资本集聚型等创新创业特色载体。①

(二)2021年深圳及粤港澳大湾区双创发展情况

自《粤港澳大湾区发展规划纲要》提出以来,三地在双创领域的深入交流不断取得突破性进展,以广州和深圳两地为引领,广东省内多个城市都成为港澳青年赴内地创业的选择。2021年3月,位于广州的粤港澳大湾区(广东)创新创业孵化基地正式开园,由广东省人力资源和社会保障厅与广州市天河区政府共建,以此基地为龙头,力争到2025年培育建设12家港澳青年创新创业基地,带动各地建成一批社会化港澳青年创新创业孵化载体。成立不到一年时间,该基地已累计引进88个项目,港澳项目占比约为76%。广东省现有12家重点建设的港澳青年创新创业基地投入运营,带动广东省9市建成系列双创基地55家,为港澳青年提供集交流、培育、实训、孵化功能于一体的服务平台。不断营造有利于创新创业创造的良好发展环境,释放全社会创新创业创造动能,大湾区综合性国家科学中心项目已启动,位于深圳的鹏城实验室和广州实验室正式运行。截至2021年,全省国家级高新

---

① 《双创纵深推进 新发展孕育新动能》,《中国高新技术产业导报》2021年12月27日,第3版。

技术企业超过 5.3 万家、各类市场主体超过 1400 万户，区域创新综合能力连续 4 年排名全国第一。2021 年广东省建设认定各类创业孵化基地 663 家，其中国家级创业孵化基地 6 家、省级示范性创业孵化基地 35 家、返乡创业孵化基地 65 家。

在中国科技信息研究所发布的《国家创新型城市创新能力评价报告 2021》公布的 2021 年国家创新型城市名单中，深圳和广州分列第一和第三，对粤港澳大湾区整体双创发展起到示范引领作用。在工业和信息化部公布的 2021 年度国家小微企业创业创新示范基地名单中，广东省共有 10 家企业上榜，是入选企业数量最多的省份。除广州、深圳外，珠海、江门、佛山、清远均有企业入选双创示范基地名单，彰显粤港澳大湾区创新创业发展的强劲势头，双创由粤港澳大湾区核心城市向周边城市扩散。在 2021 年 10 月发布的"中国双创金融指数"中，深圳和广州分列第三和第五，金融综合优势和协同创新优势显著强于其他地区。

作为首个国家创新型城市和国家自主创新示范区，深圳坚持把创新作为城市发展主战略，多年来坚持创新引领，深化体制机制创新，坚持科技引领创新发展。经过多年的发展，深圳的创新环境持续优化，创新投入力度不断加大，创新产出能力不断增强，进而带动全社会各领域创新意识不断提高，形成协同创新、共同发展的良性竞争局面。

2021 年 5 月，第十三届中国深圳创新创业大赛启动，经过 12 年的精心打造，大赛在推动科技成果转化方面发挥着越来越重要的作用。大赛累计吸引 3.6 万个项目参与，培育出 11 家 A 股上市企业、2353 家国家高新技术企业，累计带动社会投资 63.2 亿元。其中，2020 年共 57 家参赛企业吸引社会投资约 4 亿元，同比增长 58%，社会效益不断凸显。①

2021 年 12 月，深圳市认定了 28 家双创示范基地，涵盖留学生创业园区、高校创业园、深港产学研基地等，以科技创新引领发展。深圳市南山区

---

① 《2021 年第十三届中国深圳创新创业大赛正式启动》，鼎智咨询机构网站，2021 年 6 月 1 日，http://www.szdinze.com/news_ view_ 2427_ 263.html。

作为全国首批双创示范基地,继2018年获国务院督查激励后,2021年再度因落实有关重大政策措施成效显著获国务院通报表扬和督查激励。深圳市南山区通过"营环境、育生态;吸人才、促就业;构链条、强创新;搭平台、提质量;优金融、润实体"5方面举措,将创新创业打造为南山区的"金字招牌"。对连续多年获得国务院通报表扬的双创示范基地,在中央及省级预算内投资安排及创新创业支撑平台建设等方面均获得政策支持,形成支持双创发展的良性循环。深圳市龙岗区推出的"深龙创新创业英才计划"自2016年开始实施,每年都评选出优秀项目,给予其政策扶持和场地费用补贴等。2021年3月,深圳市宝安区公示了第一批创新创业大赛35个获奖项目,以工业互联网、人工智能、新材料、半导体等先进制造业为核心,推动区内高科技企业集聚式发展。在2021年双创周活动期间,深圳市光明区举办第六届光明区双创活动。2021年末,深圳市光明区各类双创载体超过30家,在孵企业超过1000家,全区国家高新技术企业总数达1486家,形成了"众创空间+孵化器+科技创新产业园"的创新孵化链条。特别是光明科学城建设启动以来,已经聚集了23个重大科技创新载体,其中包括9个大科学装置、10个机构平台、2个省实验室、2所研究型大学,未来必将成为深圳市乃至整个粤港澳大湾区创新创业高地。

在《"大众创业、万众创新"研究报告——以制度开放促进高标准创新市场体系建设(2021)》研究报告中,课题组选取包括北京、上海、广州、深圳在内的9个区域中心城市,对2021年双创发展现状进行评估。研究发现,深圳双创综合指数连续6年排名第一。在30个指标中,深圳有10项排名第一,6项排名第二,深圳的双创绩效实现能力引领全国。[①]

二 双创发展面临的问题及挑战

从最初以创业为主到逐步将创业与创新结合发展,双创进入快速发展

[①] 国务院参事室:《"大众创业、万众创新"研究报告——以制度开放促进高标准创新市场体系建设(2021)》,2022年1月。

期。与此同时，中国的创新创业市场也在不断发展，特别是与传统单一线下形式的市场经济体系相比，线上线下融合发展的新兴市场业态，甚至完全依靠线上形式的市场业态深刻影响中国市场经济体系的理论构建和现实发展。从市场拓展角度看，创业与创新属于企业发展的不同阶段。在新业态、新经济形式以及新就业形式等不断涌现、相互融合的背景下，创业已经不仅仅是组建实体的单一模式，虚拟经济催生了一大批以"互联网+"为依托的经营业态。这既给市场主管部门合理规划经济发展带来挑战，也给中国特色社会主义市场经济理论体系创新增添了生机与活力。随着中国经济不断发展，双创给中国市场带来的机遇与挑战都将成为不断完善市场经济体系的重要组成部分。

一是从宏观层面看，创新驱动发展战略相关配套政策仍未全面落实，创新型国家相关顶层设计仍有待完善。2015年国务院印发的《关于深化体制机制改革加快实施创新驱动发展战略的若干意见》，明确提出建设创新型国家的目标，强调了科技创新的核心地位。随着近几年以美国为首的西方国家对中国高科技企业和技术发展的无理打压，中国政府已经认识到自主创新的重要性。但目前我国仍聚焦于技术领域的创新驱动，与全要素和全市场体系的创新相比还有不小差距。在创新市场体系尚未建立时，政府主导的技术创新将发挥主要作用。但这并非长久之计，以创新市场为引导，市场和政府相结合的创新发展才是可持续发展的重要内容。

二是在科学研究领域，企业与高校和科研院所一样，应获得平等待遇。企业作为市场经济重要参与主体，理应获得平等参与的机会，有调研报告显示，国家级科研项目立项主体以高校和国家科研院所为主。最了解市场需求的企业中标及获得立项的机会很小，多年来企业作为参与主体获得立项的比例不足2%。即便是在以企业为创新主体的深圳，这一比例仍然不高。受市场需求驱动，企业的创新能力很强，完全有能力和资源承担基础研究工作。

三是知识产权转化渠道尚不畅通，专利无法转化或"沉睡"现象仍较为普遍。高校和科研机构作为专利"大户"，由于是职务发明，专利权属于单位或组织，在专利转让与变现方面不像个人专利授权那么简单便利，同时还可能面临道德风险，无形中加大了专利转化难度。国家和省级地方政府近些年已经逐步加大了这一领域的支持力度，许多高校和科研院所都成立了专利转化中心。但由于研究主体不直接参与市场竞争，知识产权转化方面仍有不少问题亟待解决，包括科研活动本身是否有市场等源头问题。为解决科学研究与市场脱节问题，高校、科研院所与企业联合组建的科研团队已经成为相对成熟的科研组合形式。在近5年的国家科学技术奖励名单中，这一交叉融合群体出现的次数越来越多。联合组建科研团队已成为解决此问题的一条有效途径。

四是双创领域政府扶持政策撤出后，企业独自面对市场，其竞争能力稍显不足。在政府鼓励和支持创新创业的氛围中，各地纷纷出台针对初创企业和创新型高科技企业的扶持政策，通过税费减免、免收租金等形式大力支持双创。在享受政策红利初期，双创企业普遍生存舒适，但在政策红利结束后，相当一部分企业无法持续生存。这一方面有市场竞争的原因，另一方面也有企业面对市场竞争并未做好准备的原因。当初为了获得政策支持资金而成立"短期公司"的情况并不少见，享受完政策红利后直接关停，这就造成了一定的道德风险，既不利于双创的健康可持续发展，也浪费了有限的公共资源。

三 对策建议

在疫情防控常态化背景下，双创在解决就业方面的重要性日益显现。中国大力支持和鼓励创业创新，旨在通过不同领域、不同阶段、不同层次的创新，建立基础研究、应用研究以及不同行业间协同研究的创新市场体系，营造全社会创新的氛围。从这个角度来讲，中国的创业创新发展仍处于起步阶段，尚未形成以需求为导向的创业创新市场。从深圳及粤港澳大湾区双创发展进程看，应在创新驱动发展战略政策的有效性、科学研究主体的市场准入、知识产权转化以及规避双创企业道德风险等方面加快制度性建设的步伐。

一是围绕创新驱动发展战略制定更为精准的制度，将市场需求为导向的创新驱动战略作为顶层设计，同时将量化的创新发展指数纳入各级领导干部考核体系，从制度层面加以重视。

二是打破行业壁垒，在国家级科研项目招标中，允许企业和社会群体参与其中，鼓励企业与高校和科研院所组建联合体参与项目招投标，可以通过试点方式帮助某一领域有实力的企业立项，"放手"让企业承担一些科研项目，并对科研成果进行综合评价。这有利于提高企业创新积极性，同时有助于以市场需求为导向的创新驱动发展战略快速落地。

三是着力解决大量现有"沉睡"状态的知识产权转化问题，通过放宽政策限制和加强市场机制引导，对具有市场推广价值的知识产权成果进行消化吸收，将收益分配向一线科研人员倾斜。这样做更有利于调动知识产权转化的积极性，推动后续科研项目的发展。

四是寻找容错机制与道德风险的平衡点，在鼓励创新的同时也要避免道德风险。

B.9
我国双创模式的新探索与展望

侯 佳*

摘　要： 本报告分析了2021~2022年我国创新创业活动的发展动态、新探索及其展望。尽管疫情带来的挑战仍在继续，但2021年我国专利申请、专利批准、私人企业法人单位数量、高新技术产业投资、创业投资等均稳中有增。作为"十四五"规划的开局之年，2021年的双创活动围绕绿色经济、数字经济等重点战略规划持续深化，与此紧密相关的行业，如通信行业、计算机基础技术行业、软件行业等，持续获得创业资本的青睐。从创新创业资本来源的角度来看，企业战略投资部和具有国资背景的投资机构也具有很大活力，为双创活动的行业分布、创新创业外部性等引入新的偏好。伴随2022年北京冬奥会和冬残奥会的成功举办，212项新技术在"科技冬奥"理念的指导下获得应用并得到广泛关注。因此，以大型赛事或活动为契机开展双创活动，成为值得深入探索的新路径。由于存在疫情扩散与防控、国内消费略显疲软、国际形势多变等不确定性因素，我国双创活动在接下来的一段时间里将面临一定程度的不确定性，因此须关注风险管理，助力双创活动平稳健康发展。

关键词： 双创　科技冬奥　风险管理

---

* 侯佳，经济学博士，深圳大学中国经济特区研究中心助理教授，主要研究方向为国际贸易、应用计量经济学。

一 创新创业发展动态

"大众创业、万众创新"于2014年在夏季达沃斯论坛上被提出,2015年被写入《政府工作报告》。2015年国务院印发《关于大力推进大众创业万众创新若干政策措施的意见》,自此双创促进政策及相关活动的发展进入第9个年头。作为激励中国完善相关经济体制改革,促进创新创业发展等的切入点之一,双创示范基地的发展愈加规范,各地区双创促进政策不断完善和成熟,双创成果也不断强化。

2022年3月,国家发展改革委、中国科学技术协会办公厅发布了212个双创示范基地2021年度评估的结果,共评选出优秀双创基地64个、良好双创基地64个、合格双创基地72个、不合格双创基地12个,① 体现了双创基地管理的规范化发展。2021年9月17日,科技部火炬中心印发《关于开展高新技术企业认定管理工作检查的通知》,该通知明确要求全国各地36家高新技术企业认定管理机构对高新技术企业材料进行抽查,抽查比例在20%以上,并列明了检查内容、方式与时间等,以对高新技术企业认定、监督管理和享受税收落实等方面进行督察管理。②

在双创促进政策方面,为促进科技成果的评价与转化,国务院办公厅于2021年8月发布了《国务院办公厅关于完善科技成果评价机制的指导意见》,健全科技成果分类评价体系,规范科技成果评价与转化,提高创新与经济的转化效率。③ 为进一步提升金融服务创新创业水平,国家知识产权局联合中国银保监会等部门,于2021年6月发布了《知识产权质押融资入园

---

① 《中科院计算所双创示范基地获评全国优秀》,中国科学院计算科学研究所网站,2022年3月29日,http://www.ict.ac.cn/xwgg/jssxw/202203/t20220329_6409562.html。
② 《科技部火炬中心印发〈关于开展高新技术企业认定管理工作检查的通知〉》,高新技术企业认定管理工作网,2021年9月17日,http://www.innocom.gov.cn/gqrdw/c101331/202109/a77dbf7e4c6a487e88102bdaf42a659a.shtml。
③ 《国务院办公厅关于完善科技成果评价机制的指导意见》,中国政府网,2021年7月16日,http://www.gov.cn/zhengce/content/2021-08/02/content_5628987.htm。

惠企行动方案（2021—2023 年）》，① 通过规范与促进知识产权质押融资，推动创新成果向经济成果的转化。2021 年 11 月，财政部与科技部印发了《中央引导地方科技发展资金管理办法》，旨在提高科技发展资金的使用效率，更好地促进科技创新。② 2021～2022 年，双创促进政策持续完善与发展，即使面临疫情防控带来的一系列挑战，各地创新创业也取得积极成果，展现出包括"绿色双创"等在内的显著特征，其未来发展值得期待。

（一）创新发展动态

国家知识产权局关于我国专利与知识产权保护发展情况的相关数据显示，2020 年我国发明专利申请授权量达 53.0 万件，同比增长 17.1%。③ 截至 2020 年底，境内发明专利有效量为 221.3 万件，平均每万人口拥有量为 15.8 件；截至 2021 年底，境内发明专利有效量达 359.7 万件。2020～2021 年，我国在集成电路布图设计、信息技术管理方法、计算机技术和医疗技术等高新技术领域取得突破。2021 年，我国发明专利有效量在后三个领域的增长率分别为 100.3%、32.7% 和 28.7%。④ 2020～2021 年，我国专利制度及专利保护体系不断完善，包括专利申请审查效率不断提高、知识产权保护中心与维权中心建设持续推进等，知识产权质押融资等金融服务水平不断提高，进一步畅通了创新发展转换为经济发展的渠道。

在专利发展的地区分布上，根据国家统计局最新数据（见表1），2020 年，国内专利申请量与授权量排名前 5 的省市分别为广东省、江苏省、浙江省、山东省以及北京市，与 2019 年排名情况类似。2020 年，福

---

① 《国家知识产权局　中国银保监会　国家发展改革委关于印发〈知识产权质押　融资入园惠企行动方案（2021—2023 年）〉的通知》，广东省人民政府网，2021 年 6 月 16 日，https://sqzc.gd.gov.cn/sqzc/m/cms/policy/policyinfo/60e6a3a80cf21fa6b9e3bcf3。
② 《关于印发〈中央引导地方科技发展资金管理办法〉的通知》，中国政府网，2021 年 11 月 30 日，http://www.gov.cn/zhengce/zhengceku/2021-12/22/content_5663957.htm。
③ 《2020 年我国知识产权事业发展量质齐升》，中国政府网，2021 年 1 月 23 日，http://www.gov.cn/shuju/2021-01/23/content_5582035.htm。
④ 《国新办就 2021 年知识产权相关工作统计数据举行发布会》，中国网，2022 年 1 月 12 日，http://www.china.com.cn/zhibo/content_77982363.htm。

建省超过上海市，成为专利申请量与授权量排名第六的地区。从创新内容构成来看，实用新型专利授权量仍然是专利授权量的主要构成部分，全国平均占比达到73%，比2019年增加了10个百分点以上。专利授权量占申请量比重的全国平均值为68%，比2019年增加了11个百分点，体现出我国专利申请的规范化。各类别专利中，发明专利授权量占比的全国平均值为12%，略低于2019年的14%。发明专利授权量占比较高的省市有北京市（39%）、浙江省（13%）、山东省（11%）和广东省（10%），该类别专利授权量占比与2019年相比并未有明显提升。因此，虽然我国发明专利授权量在2020年保持了增长，但专利的分布结构方面还有进一步优化的空间。提高基础性研究和创新发明比重，仍是我国创新内容优化面临的主要挑战之一。

表1　2020年部分省市分类别专利申请量与授权量及占比

单位：件，%

地区	专利申请量与授权量	分类别专利授权量占比			专利授权量占申请量比重			
		发明	实用新型	外观设计	全部	发明	实用新型	外观设计
广东省	709725	10	54	36	73	33	81	92
江苏省	499167	9	81	9	69	26	83	90
浙江省	391700	13	59	28	77	38	87	100
山东省	238778	11	77	12	71	36	79	94
北京市	162824	39	46	15	64	44	89	99
福建省	145928	7	68	24	83	31	94	99
全国平均	—	12	73	15	68	29	79	95

资料来源：国家统计局。

从我国研究与试验发展（R&D）情况来看（见表2），2020年，各地方属的科学研究与开发机构数仍显著高于中央属机构，前者约为后者的3.25倍。自2016年起，地方属科学研究与开发机构数呈现持续减少的趋势，相比于2020年共减少了499个，从侧面反映出科研机构的发展进一步集约化。

2020年，我国研究与试验发展经费仍由企业资金经费支出主导，政府资金经费支出为20.34%，比前几年略低。结合我国基础研究人员占比（10.31%）持续上升的事实，企业资金经费支出占比的上升体现了企业对基础研究人员投入的加大。

表2 2016~2020年我国研究与试验发展情况

年份	科学研究与开发机构数（个）		研究与试验发展		政府资金经费支出占比（%）	科研和开发机构研究与试验发展折合全时人员（万人/年）		
	中央属	地方属	政府资金经费支出（亿元）	企业资金经费支出（亿元）		基础研究	应用研究	试验发展研究
2016	734	2877	3140.81	11923.54	20.85	8.38	12.71	17.92
2017	728	2819	3487.45	13464.94	20.57	8.44	14.29	17.84
2018	717	2589	3978.64	15079.30	20.88	8.50	14.75	18.05
2019	726	2491	4537.30	16887.15	21.18	9.21	14.83	18.42
2020	731	2378	4825.56	18895.03	20.34	10.31	15.51	19.55

资料来源：国家统计局。

表3显示了2020年规模以上工业企业研究与试验发展经费投入排名前12的行业，这些行业的新产品经费投入占当年规模以上工业企业新产品开发经费总投入的70.7%，与2018年、2019年的比重十分接近。可以看到，通信设备、计算机及其他电子设备制造业在各行业的研发经费投入中拔得头筹，占比达到19.1%，比2019年增加1.6个百分点，高于电气机械及器材制造业10.3%的经费投入占比，且远高于其他行业。

表3 2020年规模以上工业企业研究与试验发展经费投入排名前12的行业

单位：万元，%

行业	经费投入	经费投入占比
通信设备、计算机及其他电子设备制造业	29151620.8	19.1
电气机械及器材制造业	15670594.1	10.3
通用设备制造业	9778884.6	6.4

续表

行业	经费投入	经费投入占比
专用设备制造业	9659894.2	6.3
黑色金属冶炼及压延加工业	7992978.7	5.2
化学原料及化学制品制造业	7972318.7	5.2
医药制造业	7845971.0	5.1
金属制品业	5619467.1	3.7
非金属矿物制品业	5131083.2	3.4
有色金属冶炼及压延加工业	4187730.4	2.7
农副食品加工业	2765772.0	1.8
纺织业	2313584.2	1.5
总计	108089899.0	70.7

资料来源：国家统计局。

根据国际产权组织最新数据，在2021年所有通过专利合作条约（PCT）体系提出的专利申请中，华为技术有限公司为全球申请件数最多的企业，达到6952件。相比于2020年，阿里巴巴集团跌出申请件数排名前10的中国企业名单，取而代之的是总部位于深圳的瑞声科技，该公司以精密仪器制造为主。从表4可以看出，除了武汉与深圳华星光电技术有限公司，其他8家中国企业在2021年的全球排名均较2020年持平或有所提升。由于2021年全球各地仍受新冠肺炎疫情影响，这些企业在专利申请数量上的增加实属难得，其全球排名的保持与进步也体现了其对创新与研发的持续投入。

表4 通过国际产权组织提交的国际专利申请情况

单位：件

序号	申请公司	国际专利申请数量			全球排名	
		2019年	2020年	2021年	2020年	2021年
1	华为技术有限公司	4411	5464	6952	1	1
2	广东欧珀移动通信有限公司	1927	1801	2208	8	6
3	京东方科技集团股份有限公司	1864	1892	1980	7	7
4	平安科技有限公司	1691	1304	1564	17	11
5	中兴通讯股份有限公司	1085	1316	1493	16	13

续表

序号	申请公司	国际专利申请数量			全球排名	
		2019年	2020年	2021年	2020年	2021年
6	维沃移动通信有限公司	603	955	1336	23	16
7	深圳大疆创新科技有限公司	874	1073	1042	21	20
8	瑞声科技	—	298	679	87	29
9	武汉华星光电技术有限公司	506	872	648	25	32
10	深圳华星光电技术有限公司	654	872	647	24	33

资料来源：以上专利申请均为通过专利合作条约（PCT）体系提出的申请；世界知识产权组织2022年4月更新数据，由作者整理；PCT体系申请人排名，https：//www.wipo.int/ipstats/zh/。

除了企业在全球创新活动上的优秀表现，我国高校创新和科研活动也在国际舞台上取得了较好的表现。在世界知识产权组织发布的PCT国际专利申请教育机构排名中，中国共有19家教育机构进入全球前50。期中，浙江大学和清华大学分别以306件、201件排第2位和第4位（见表5）。在排名前10的高校中，中国和美国各占4所，日本和新加坡各占1所。

表5　2021年国际专利申请教育机构排名

单位：件

序号	申请教育机构	2021年教育机构排名	国际专利申请数量		2021年PCT总排名	与2020年相比PCT总排名变化
			2020年	2021年		
1	浙江大学	2	209	306	72	64
2	清华大学	4	231	201	125	-7
3	华南理工大学	7	157	169	161	22
4	苏州大学	9	46	153	185	420
5	大连理工大学	11	159	146	192	-15
6	深圳大学	12	252	142	202	-95
7	青岛理工大学	13	69	139	207	224
8	江南大学	18	131	121	242	-17
9	山东大学	23	80	105	283	78
10	五邑大学	26	65	102	293	159
11	北京大学	27	90	95	312	14
12	江苏大学	29	59	92	326	177

续表

序号	申请教育机构	2021年教育机构排名	国际专利申请数量 2020年	国际专利申请数量 2021年	2021年PCT总排名	与2020年相比PCT总排名变化
13	山东科技大学	30	111	91	328	-68
14	上海交通大学	32	18	87	343	1191
15	华中科技大学	33	40	87	343	347
16	东南大学	34	125	86	348	-109
17	东北大学	43	132	72	400	-177
18	中山大学	46	33	63	459	381
19	中国矿业大学	49	148	63	459	-255

资料来源：以上专利申请均为通过专利合作条约（PCT）体系提出的申请；世界知识产权组织2022年4月更新数据，由作者整理；《PCT申请人排名：教育机构》，https://www.wipo.int/export/sites/www/pressroom/zh/documents/pr_2022_886_annexes.pdf#page=3。

（二）创业发展动态

根据国家统计局最新数据，2014~2020年，我国私营企业法人单位数每年保持20%左右的增长率，在2020年达到2283.56万户（见图1）。私营企业的创业活力不断增强。从表6可以看到，私营企业创业活动主要集中在广东、

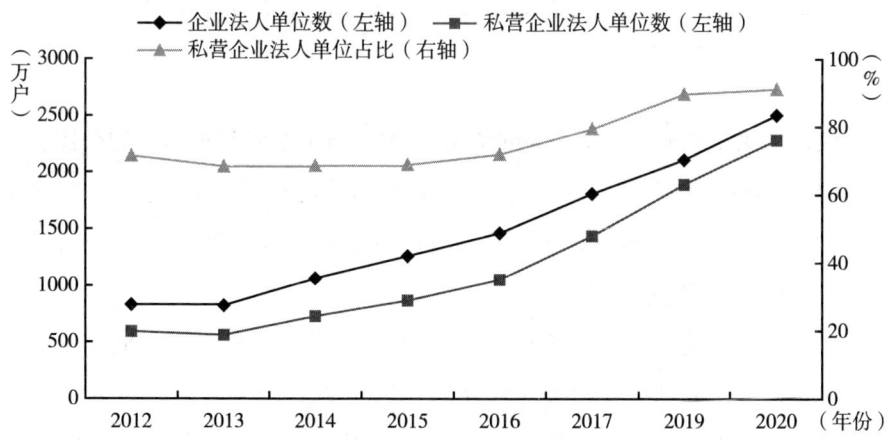

图1　2012~2020年我国企业法人与私营企业法人单位数及私营企业法人单位占比

资料来源：国家统计局。

山东、江苏等沿海地区，但新疆、宁夏、青海等内陆地区也展现了良好的发展态势。私人控股企业法人单位数量排名前10的地区中，安徽、北京、福建、山东和河南分别实现了34.30%、32.77%、28.41%、26.33%和25.18%的增长率。

表6 2020年部分地区私人控股企业法人单位数量与增长率

单位：万户，%

排名	地区	私人控股企业法人单位数量	增长率	排名	地区	私人控股企业法人单位数量	增长率
1	广东省	293.87	5.71	22	天津市	31.35	24.52
2	山东省	242.25	26.33	23	内蒙古自治区	31.22	23.95
3	江苏省	226.64	12.03	24	黑龙江省	21.46	22.04
4	浙江省	203.27	21.89	25	新疆维吾尔自治区	21.41	28.54
5	河南省	129.61	25.18	26	甘肃省	15.85	23.17
6	河北省	121.70	13.10	27	吉林省	15.34	20.80
7	北京市	106.81	32.77	28	宁夏回族自治区	10.05	26.36
8	福建省	100.33	28.41	29	海南省	9.64	13.23
9	安徽省	95.81	34.30	30	青海省	7.46	22.77
10	湖北省	94.07	21.87	31	西藏自治区	2.41	1.91

资料来源：国家统计局。

根据国家市场监督管理总局的数据，作为国民经济基本细胞的个体工商户，2021年新设1970.1万户，登记在册个体工商户达1.03亿户，同比增长11.1%，占全国市场总体的2/3。按每户平均就业人数2.68人来计算，共计解决就业2.76亿人。①

从创业投资情况来看，2021年底科技部火炬中心公布的数据显示，我国创投企业数量和创投管理机构数量自2011年起逐年上升，2019年机构数量增长率出现大幅下降，2020年该增长率回升到10%。创投管理资本总额

---

① 《2021年全国新设个体工商户1970.1万户，登记在册个体工商户已达1.03亿户》，中国政府网，2022年2月24日，http://www.gov.cn/xinwen/2022-02/24/content_5675291.htm。

自2013年起稳定增长，2020年保持了增长态势，且比上年增长了约12%，高于2019年10%的增长率。创投管理资本总额在2020年达到11157.5亿元（见图2）。

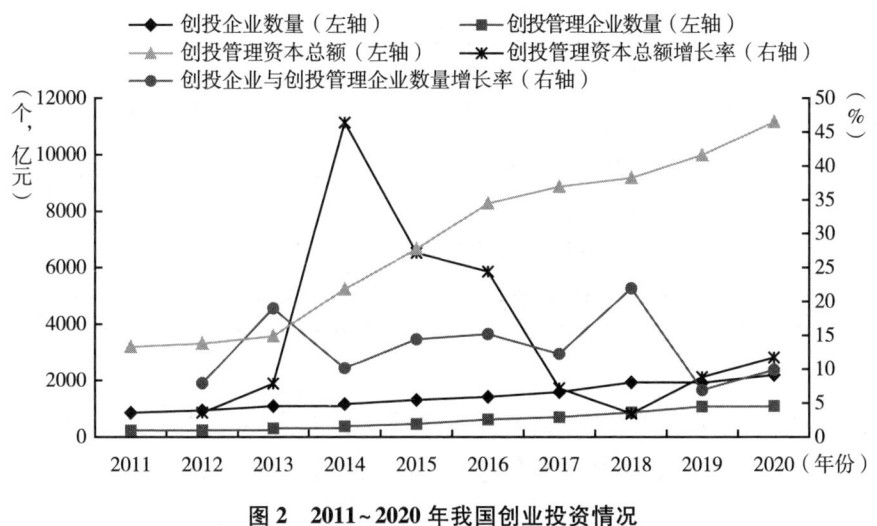

图2　2011~2020年我国创业投资情况

资料来源：《2020年创业投资情况》，科技部火炬高技术产业开发中心网站，2022年1月10日，http://www.chinatorch.gov.cn/kjfw/tjsj/202201/19288cf400ce4ab0b3545181ff5c403e.shtml。

包含较高创新成分的投资活动也保持增长态势。国家统计局数据显示，2021年全国高技术制造业增加值增长18.2%，比规模以上工业增加值增速高8.6个百分点；高技术产业投资比上年增长17.1%，比全部投资增速高12.2个百分点。按行业分布来看，高技术制造业和高技术服务业投资增长率分别为22.2%和7.9%。电子及通信设备制造业，航空、航天器及设备制造业，医疗仪器设备及仪器仪表制造业的投资增长率均高于高技术制造业投资增长率。电子商务服务业投资增长率则达到60.3%，远高于高技术服务业投资增长率（见图3）。投资增长率的行业分布可以反映相关行业创业活动的活跃度。

2021年，部分地区的高新技术企业申报数和认定数保持了良好的增长势头。比如，广东全年新认证高新技术企业23312家，主要集中在深圳

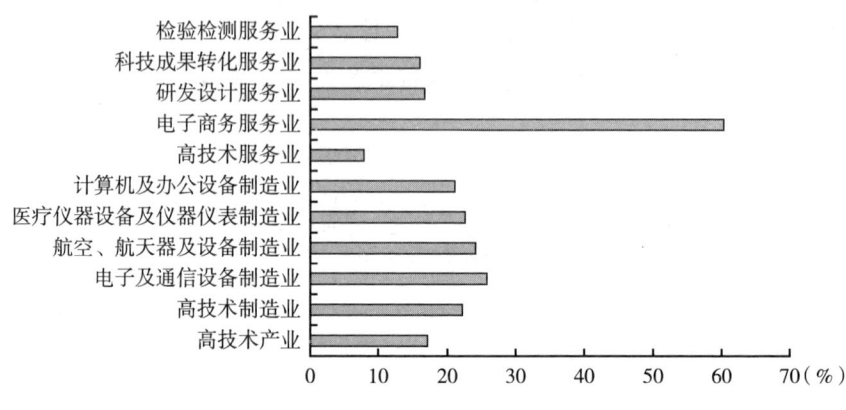

图 3　2021 年全国高技术产业投资增长率

资料来源：《2021 年全国高技术产业投资稳定增长》，国家发展改革委网站，2022 年 3 月 2 日，https://www.ndrc.gov.cn/fgsj/tjsj/cxhgjscyyx/202203/t20220302_1317953.html?code=&state=123。

(8080 家)、广州 (3620 家)、佛山 (3308 家) 和东莞 (3145 家) 等城市。其中，深圳全市高新企业数量达 21335 家，全市高新技术企业数量仅次于北京。① 其他地区如四川，2021 年新认证高新技术企业 2095 家，全省高新技术企业数量达 10255 家，同比增长 25.67%；② 福建新认证高新技术企业 2922 家，比 2020 年 (2065 家) 增加了 41.5%。③ 作为创新与创新孵化的企业载体，高新技术企业的发展既显示了创新创业的完美融合，又为未来创新创业活动奠定了基础。

（三）创新创业政策动态

我国创新创业政策环境呈现如下特征。一是"十四五"规划强调创新

---

① 《广东高新企业最新统计结果出炉！管窥广深佛莞惠创新因子裂变》，南方都市报 App·粤港澳大湾区，2022 年 4 月 11 日，https://m.mp.oeeee.com/a/BAAFRD000020220411670222.html。
② 《10255！四川高新技术企业步入"万家时代"》，四川省人民政府网站，2022 年 2 月 22 日，https://www.sc.gov.cn/10462/10464/10797/2022/2/22/69b125ca4783485ea8ca4dcb20cf6177.shtml。
③ 高新技术企业认定管理工作网，http://www.innocom.gov.cn/gqrdw/c101421/list_gsgg_l3.shtml。

基础设施建设，完善重大科技基础设施、科教基础设施、产业技术创新基础设施等的建设，创新创业的软硬件环境将得到进一步完善。[1] 二是双创的就业导向得到进一步强化，尤其是对高校毕业生、农民工等群体的就业指引，及对中小微企业就业吸纳能力的培养。2021年9月，《国家发展改革委办公厅关于推广支持农民工等人员返乡创业试点经验的通知》发布，引导返乡创业活动，强化返乡创业平台支撑。[2] 10月，国务院办公厅发布《国务院办公厅关于进一步支持大学生创新创业的指导意见》，强调双创示范基地的带动作用、成果转化服务、信息服务等的重要性，进一步促进大学生创新创业。[3] 三是相关政府部门联合双创示范基地，通过开展大中小企业融通创新等专项活动，促进创新创业活动的资源共享，提升双创活动的效率。[4]

二 创新创业模式新探索

从专利申请及授权的角度来看，我国创新成果保持了稳定增长态势；从私营企业法人单位数、创业投资企业情况等来看，我国创业活动保持了一定的活跃度。2021年上半年，全国的疫情防控政策实现常态化，创新创业活动得到快速复苏。然而，下半年随着疫情的扩散，相关防疫政策面临的挑战更加严峻，创新创业面临的经济环境不确定性增加。在此背景下，企业、研究机构或个人等微观主体的创新创业模式，更多是围绕已有模式、相关政策指引等进行优化与完善，以实现创新创业的稳定健康发展。

---

[1] 《"十四五"新型基础设施建设解读稿之二：发展创新基础设施 支撑创新型国家建设》，国家发展改革委网站，2021年11月29日，https://www.ndrc.gov.cn/fzggw/jgsj/gjss/sjdt/202111/t20211129_1305568.html?code=&state=123。

[2] 《国家发展改革委办公厅关于推广支持农民工等人员返乡创业试点经验的通知》，中国政府网，2021年9月15日，http://www.gov.cn/zhengce/zhengceku/2021-09/20/content_5638482.htm。

[3] 《国务院办公厅关于进一步支持大学生创新创业的指导意见》，中国政府网，2021年9月22日，http://www.gov.cn/zhengce/content/2021-10/12/content_5642037.htm。

[4] 《企业双创示范基地深入开展大中小企业融通创新专项行动》，国家发展改革委网站，2022年4月27日，https://www.ndrc.gov.cn/fzggw/jgsj/gjss/sjdt/202204/t20220427_1323334.html?code=&state=123。

从宏观政策环境来看,《中华人民共和国国民经济和社会发展第十四个五年规划和2035年远景目标纲要》(以下简称《纲要》)明确了我国创新创业活动的中长期发展方向。《纲要》的第二篇即强调了"坚持创新驱动发展 全面塑造发展新优势",强调完善科技创新体制机制、激发企业与个人的创新能力和活力。在创新创业的内涵上,《纲要》提出发展战略性新兴产业、建设数字中国、推进乡村振兴、倡导绿色发展等,均为"十四五"期间的创新创业活动指明了发展方向。2021年是我国"十四五"规划的开局之年,在"十四五"规划的引导下,创新创业活动进行了相应的探索,并展现相关动态特征。创业投资作为新创企业成长、发展过程中的主要资金来源渠道之一,可以推动创新创业活动的发展,影响其活跃度;其对市场的敏感与敏锐反应,也可以在一定程度上引导创新创业活动的发展。

根据咨询公司毕马威2022年4月发布的一份关于中国创业投资和私募股权投资(VC/PE)的报告[1],2021年中国VC/PE的发展以回暖和关注创新为主基调。相比于2020年,2021年中国VC/PE市场的总投资数量为8773笔,仅有1.8%的微小增幅。从投资规模来看,排名前5的行业分别是医疗健康、IT及信息化、互联网、制造业、金融,累计占比达63.5%。根据清科研究中心的统计数据,2021年我国VC/PE市场投资数量达12327起,同比增长了63.1%;投资规模同比增长了60%以上。[2] 2021年VC/PE市场投资案例数达12327起,同比上升63.1%。在创投市场投资方结构方面,2021年,除创投机构比较活跃外,企业战略投资部和具有国资背景的投资机构也展示了很大活力。[3] 投资数量排名前3的企业分别是腾讯投资(207起)、小米集团(69起)和字节跳动(51起)。其中,腾讯投资2021年投资数量比2020年增加了50起以上,小米集团和字节跳动均比2020年增加了20起以上。具

---

[1] 《2021年中国股权投资动态》,毕马威中国,2022年4月,https://home.kpmg/content/dam/kpmg/cn/pdf/zh/2022/04/china-equity-investment-trends-2021.pdf。
[2] 《2021年中国股权投资市场回顾与展望(精华版)》,东方财富网,2022年1月25日,https://data.eastmoney.com/report/zw_strategy.jshtml?encodeUrl=wOn80eVe5ga2ozPkFHw2YMtmoGuhmeFbj6lzWQYIw3Q=。
[3] 《2021-2022中国新经济创业投资报告》,IT桔子,https://36kr.com/p/1620150535993091。

有国资背景的投资机构也在2021年吸引了更多目光。投资数量排名前3的具有国资背景的投资机构分别是元禾控股（53起）、中科创星（49起）、金浦投资（42起），其国资方分别为苏州工业园区管委会、中科院西安光机所、上海国际集团；相比于2020年，元禾控股的投资数量增加了20起以上。

相比于专业的创投机构，企业战略投资部在选择投资标的时，可能考虑企业整体发展战略、企业其他业务发展等需求，在投资标的或投资风格上有所不同。因此，两者对创新创业活动的支持各具特色。另外，具有国资背景的投资机构在进行投资活动时，可能对如何促进战略性新兴产业发展或承担社会责任等方面有更多考量。因此，这些具有国资背景的投资机构更可能选择投资相关行业的创新创业活动。不同类型的创投资本各有侧重，彼此既竞争又互补，可从不同维度上促进创新创业活动的发展。

《纲要》第五篇提出，要围绕建设数字生态、打造数字政府等，加快中国数字化发展，建设数字中国。2021年5月，为贯彻该决策部署，国家统计局签署了国家统计局令，发布《数字经济及其核心产业统计分类（2021）》，以科学界定数字经济及其核心产业的统计范畴。2021年12月，国务院印发了《国务院关于印发"十四五"数字经济发展规划的通知》，以进一步引导数字经济产业的健康发展。[1] 在此政策环境下，2021年，数字经济持续成为创新创业活动的热门领域，创新创业活动反哺数字经济的发展，创新创业活动的数字化程度持续加深。根据清科研究中心数据，2021年中国股权投资数量最多的四个行业依次为IT、生物技术/医疗健康、半导体及电子设备与互联网，占到2021年投资总额的70%左右。[2] 这些行业或为数字化经济技术载体，或数字化程度很高，依托数字化实现了效率的提升。创投资本对市场

---

[1] 《国务院关于印发"十四五"数字经济发展规划的通知》，中国政府网，2021年12月12日，http://www.gov.cn/zhengce/content/2022-01/12/content_5667817.htm。

[2] 《2021年中国股权投资市场回顾与展望（精华版）》，东方财富网，2022年1月25日，https://data.eastmoney.com/report/zw_strategy.jshtml?encodeUrl=wOn80eVe5ga2ozPkFHw2YMtmoGuhmeFbj6lzWQYIw3Q=。

具有高度敏锐的"嗅觉",前述行业对创投资本的吸引,体现了数字经济正在不断渗入创新创业活动中。根据世界知识产权组织的最新报告,数字化是近年来全球范围内的重大创新变革,是创新本身,也会对创新及其他各个行业的发展产生广泛影响。① 图4展示了2021年中国股权投资的行业分布情况,及相应行业的单笔投资规模。可以看到,房地产、物流、建筑/工程等传统行业的单笔投资金额较高。在高新技术行业中,半导体及电子设备和互联网行业的单笔投资金额相对较高。

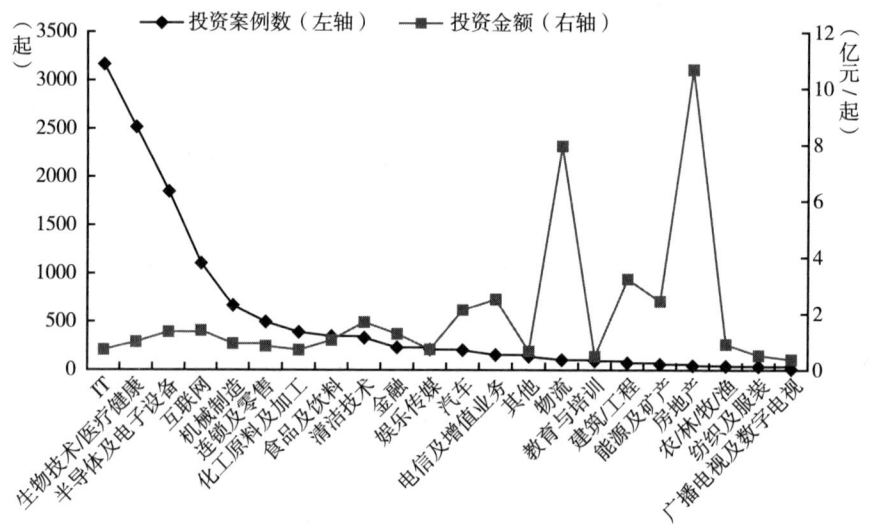

图4 2021年中国股权投资行业分布

资料来源:《2021年中国股权投资市场回顾与展望(精华版)》。

戴若尘和王艾昭对2010~2020年我国数字经济创新创业指数进行了测算。② 他们围绕数字产品制造业(如计算机和电子元器件制造)、数字产品服务业(如计算机和软件批发与零售)、数字技术应用业(如软件开发与卫星传输服务)和数字要素驱动业(如互联网生产和科技创新平台),构建了

---

① 《世界知识产权报告:数字化推动今日创新,绿色技术需要重启》,联合国网站,2022年4月7日,https://news.un.org/zh/story/2022/04/1101592。

② 戴若尘、王艾昭:《中国数字经济创新创业指数:动态演变与空间分化》,2021年12月。

包含新建企业数量、吸引外来投资、吸引风险投资、专利授权数量等8个指标的分地区数字经济创新创业指数。测算结果表明，近年来全国各地的数字经济创新创业指数持续增长，不过该指数存在明显的南北差异，数字经济创新创业整体呈现"南热北冷、中部崛起"的格局。根据市级层面的数据，2020年中国数字经济创新创业得分前5的城市依次为深圳、杭州、成都、广州和武汉。

创新创业活动绿色化与可持续化趋势也在不断增强。2021年9月，《中共中央办公厅 国务院办公厅印发〈关于深化生态保护补偿制度改革的意见〉》，提出要在2025年实现与经济社会发展状况相适应的基本完备的生态保护补偿制度，并强调充分发挥市场机制的作用。① 2021年，以绿色经济、"双碳"目标或碳中和为主题的投资基金大量涌入市场，在促进资本形成、改善企业创新创业融资等方面发挥作用。根据中国证券投资基金业协会统计，相关方向的基金数量接近1000只，规模合计7900多亿元，比2020年增长36%。② 资本的持续涌入，可以为相关行业的创新创业提供充裕的资金。根据投中信息关于2021年1~11月中国VC/PE市场数据的报告，统计期内新设远景红杉碳中和基金、中金碳中和基金、黑龙江碳中和产业基金等多只募资规模达100亿元的基金。新设基金中建材（安徽）新材料产业投资基金合伙企业（有限合伙）与云南省国企改革发展股权投资合伙企业（有限合伙）的募资规模分别为200亿元和300亿元；聚焦清洁能源和绿色技术等的宝武碳中和股权投资基金的募资规模则达到500亿元。由于目前绿色技术及相关商业模式仍处于初期发展阶段，不确定性较高，日益增加的风险资本投入可以满足相关行业创新创业活动的资本需求。

2021年，科技创新领域涌现了一批引人注目的重大科技成果，如嫦娥

---

① 《中共中央办公厅 国务院办公厅印发〈关于深化生态保护补偿制度改革的意见〉》，中华人民共和国生态环境部网站，2021年9月13日，https://www.mee.gov.cn/zcwj/zyygwj/202109/t20210913_936077.shtml。

② 《优化投资伦理 推动绿色发展》，中国证券投资基金协会网站，https://www.amac.org.cn/aboutassociation/gyxh_xhdt/xhdt_xhyw/202112/t20211228_13223.html。

五号月球样品玄武岩的年代检测、成分分析等，为认识月球的起源与演化等提供了国际前沿的证据；自研无人潜水器"海斗一号"首次完成深渊探测和极地科考。① 高科技创新成果可以为创新活动带来示范效应，可通过示范效应鼓励社会各界积极开展创新活动，在全社会营造良好的创新环境。同时，重大科技成果数量的增加，也可以通过技术突破，为其他创新活动拓宽领地，提供技术支撑。因此，大量重大科技成果的涌现，为创新创业的社会环境、经济环境、技术环境等各方面带来积极影响。

疫情之下如何利用举办国际赛事的机会开展创新创业活动，通过2022年初北京冬奥会和冬残奥会的成功举办，中国积累了很多经验。无论是从赛事准备与举办阶段的创新创业活动参与度，还是赛事举办带来的已经发生和未来可能发生的创新创业活动来看，这两项赛事都为相关的创新创业活动带来了国际层面的积极影响。"科技冬奥"作为这届北京冬奥会的主要亮点之一，从赛事筹备之初就成为其思路。根据北京2022年冬奥会和冬残奥会组织委员会、北京体育大学联合编著的《北京2022年冬奥会和冬残奥会经济遗产报告（2022）》，科技创新深度融入场馆建设、赛事运行、疫情防控、观赛体验、绿色办奥和冬奥备战各个环节。由科技部会同北京冬奥组委会、国家体育总局制定的《科技冬奥（2022）行动计划》是"科技冬奥"的主要实施指引。在此专项行动下，截至2021年11月已有112项新技术成果运用到测试赛中，围绕场馆、云翔、医疗、交通等关键场景。② 比如，"科技冬奥"专项行动推动了高钒密闭索技术和二氧化碳绿色制冰建造技术的研发，助力国家速滑馆解决幕墙、索网等工程建设的难题，推动了相关产业的发展。最终，212项新技术在北京冬奥会上获得落地应用；有500多家企业和单位，超过万名科研人员参与相关科技成果的研发与应用。③

---

① 《2021年度中科院科技创新亮点成果丨短视频》，"中科院之声"微信公众号，2022年1月20日，https://mp.weixin.qq.com/s/VHIRYpE_rjGt5MtfxurKmw。
② 北京2022年冬奥会和冬残奥会组织委员会、北京体育大学：《北京2022年冬奥会和冬残奥会经济遗产报告（2022）》，http://download.people.com.cn/jingji/thireteen16425617741.pdf。
③ 《"科技+冬奥"一起向未来——科技创新如何让冬奥更精彩》，中国政府网，2022年2月21日，http://www.gov.cn/xinwen/2022-02/21/content_5674895.htm。

"科技冬奥"对创新创业的影响远不止于此。北京2022年冬奥会和冬残奥会组织委员会对企业赞助模式进行了探索，包括设立绿色赞助类别，赞助形式由"赞助广告"的简单形式向企业内部资源整合、产业链纵向延伸等综合方式转变，鼓励企业向精准营销转变，激发企业对营销模式的新思考。北京冬奥场馆还实现了100%的绿色电能供应，使用氢燃料电池发电车作为场馆应急电源备用，作为绿色经济的创新创业活动发挥了示范效应。本届冬奥会也是迄今女性参赛比例最高、参与项目最多的一届冬奥会。[①] 许多女性运动员在不同赛事上对体育精神的精彩诠释，在赛事进行时在全国范围内掀起了讨论热潮，公众对"女性力量"的感受与认识更加深刻。这也能进一步促进创新创业领域对性别多元化优势的认同、对女性科技工作者和创业者的包容与支持，为创新创业增添不同的活力。

三 创新创业模式展望

2021年是我国"十四五"规划的开局之年，创新创业活动面临的政策环境、资本市场、科研和创业环境等也呈现与之匹配的动态特征。2022年北京冬奥会和冬残奥会成为自疫情以来中国举办的最引人瞩目的国际性赛事。"科技冬奥"理念的成功实施，带来了丰富的创新创业机会与成果，围绕"冬奥经济"持续开展创新创业活动的潜力也十分巨大，同时，它也为未来依托大型赛事或活动进行创新创业积累了经验。2021年，疫情防控在经历了大半年的常态化管理之后，又迎来了新的挑战与不确定性。进入2022年以来，受到疫情的持续影响，从中央政府到各地方政府都推出了一系列政策来稳定经济。[②]

但是，政策环境也存在一定的不确定性。比如，自2021年7月《中共

---

① 《北京2022成为迄今女性参赛比例最高、参与项目最多的冬奥会》，中国政府网，2022年2月14日，http：//www.gov.cn/xinwen/2022-02/14/content_5673526.htm。
② 《新华时评：着力稳定经济的强烈信号》，新华网，2022年2月19日，http：//www.news.cn/fortune/2022-02/19/c_1128395184.htm。

中央办公厅　国务院办公厅印发〈关于进一步减轻义务教育阶段学生作业负担和校外培训负担的意见〉》[①]发布以来，教育行业的经济活动受到一定影响，相应的创新创业活动也有所减少。这也为如何优化其他行业监管政策、避免给创新创业活动造成负面影响等方面提供了借鉴。

疫情的多点散发及相关的防控政策为经济发展带来了不确定性，短期内创业以及与商业活动关系更为紧密的创新活动将更多围绕风险控制、保持稳定等主题开展。长期来看，数字经济与数字大国建设、绿色经济与创新等领域蕴含许多机遇，相关领域的双创活动可能吸引更多的关注。同时，我国社会与经济环境也面临诸如人口老龄化、地方债务管理等方面的挑战。如何在充满不确定性的环境中完善风险管理、寻求稳定与发展，是接下来一段时间我国开展双创活动可能需要思考的问题。

[①] 《中共中央办公厅　国务院办公厅印发〈关于进一步减轻义务教育阶段学生作业负担和校外培训负担的意见〉》，中华人民共和国教育部网站，2021年7月24日，http://www.moe.gov.cn/jyb_xxgk/moe_1777/moe_1778/202107/t20210724_546576.html。

国 际 篇
International Articles

本篇报告沿用 2021 年国际篇的视角，关注国际双创的最新发展态势。第一，本篇报告根据 2021 年全球三大双创指数公布的内容，分析中国双创发展近况及中国双创国际地位的变化。第二，本篇报告梳理全球其他经济体和中国创新体系的最新发展情况，了解全球创新体系建设采取的相关措施。我国应持续调整优化国家创新体系，为实现创新驱动的"内涵型"增长打基础、聚动能。

B.10
2021年度全球双创指数分析

王 晴 夏兴雨 肖锦还*

摘　要： 本报告主要研究3个国际创新创业指数近年来的变化情况及所反映的全球创新创业态势，以全球视角观察中国创新创业所处阶段、实践中的不足和发展的机遇。本报告分别研究了全球创新指数、创新城市指数和全球创业生态指数，并总结了中国近年来在全球创新创业中地位的变化。研究显示，中国在创新水平上已从区域中等水平发展为区域创新的领导者和国际创新的领先者。中国总体创业生态较国际领先水平仍有一定差距，中国创业生态逐步向好。

关键词： 全球创新指数　创新城市指数　全球创业生态指数

大众创业、万众创新是富民之道，也是强国之举。以创新创业为引擎推动国家经济增长已成为全球共识，全球创新创业热情高涨，科技创新的中长期态势也在发生重大变化。本报告选取3个国际创新创业指数——全球创新指数、创新城市指数和全球创业生态指数，依据国际机构的官方数据和民间调查数据，以定量方式探究全球创新创业的发展趋势和内在联系。

---

* 王晴，经济学博士，中山大学国际金融学院副教授，主要研究方向为劳动经济学、发展经济学等；夏兴雨，深圳大学中国经济特区研究中心硕士研究生，主要研究方向为数字经济；肖锦还，中山大学国际金融学院本科生，主要研究方向为创业创新、区域经济。

一 全球创新指数

（一）指数介绍

全球创新指数（Global Innovation Index，GII）由世界知识产权组织、康奈尔大学、欧洲工商管理学院共同研制并于2007年首次发布全球排名。在此基础上，GII不断完善指数框架、纳入新的可得数据，旨在找到并确定能够完整反映社会创新状况的指标和方法。自2016年以来，GII除了衡量国家或经济体的创新水平，还通过自下而上的方法，按照一定地理区域内发明家和科学工作者密度的高低来识别全球的科技集群。这种方法忽略了行政或政治边界，由此产生的集群通常包括几个市辖区或联邦州，甚至两个或多个国家。2021年，GII对全球132个国家或经济体进行了新的全球创新排名，追踪了最新的全球创新趋势。

（二）指数结构分析

GII指数体系包含两大次级指数：创新投入指数和创新产出指数。这两个次级指数在展现创新的全貌方面具有同等重要性。创新投入指数包含5个一级指标15个二级指标；创新产出指数包含2个一级指标6个二级指标。计算二级指标得分的算术平均数可得到一级指标得分，计算一级指标得分的算术平均数可得到两个次级指数。GII是两个次级指数的平均值，以此为基础可以得到全球132个国家或经济体的GII排名。

如表1所示，创新投入指数下的5个一级指标分别是：制度、人力资本和研究、基础设施、市场成熟度、商业成熟度。制度因素包含政治环境、监管环境和商业环境。高效运转的政府、健全的法制可以为创新活动提供土壤，完善的创新创业与破产清偿政策可以打破企业进入与退出市场的壁垒，为市场注入活力。人力资本和研究是衡量创新能力的关键因素，更高的教育

表1 GII框架

次级指数	一级指标	二级指标	指标解释
GII 创新投入指数	制度	政治环境	政府运作稳定性;公共服务、政策制定与实施的质量
		监管环境	监管质量;法制水平;裁员成本
		商业环境	创业难易度;破产清偿难易度
	人力资本和研究	初等教育	教育支出;政府对学生的教育资助;期望教育年限;阅读、数学和科学方面的PISA评分;学生—教师比例
		高等教育	高等教育入学率;理工科毕业生比例;海外学生比例
		研发	全职研究员比例;研发总支出;全球排名前3的企业的平均研发支出;QS世界大学排名前3的大学的平均分数
	基础设施	信息通信技术	ICT接入;ICT使用;政府网上服务;电子参与
		普通基础设施	发电量;物流绩效;总资本形成
		生态可持续性	能耗;环境现状;ISO环境证书
	市场成熟度	信贷	信贷获得难易度;对私营部门的国内信贷;小额信贷
		投资	对少数投资者的保护力度;国内上市公司市值;风险投资交易量
		贸易、竞争和市场规模	平均关税税率;本地市场竞争激烈程度;本地市场规模
	商业成熟度	知识型工人	知识密集型劳动力占比;提供正式培训计划的企业占比;企业研发支出总额;企业资助的研发总支出占研发总支出的百分比;具有高等学历的女性就业人数占比
		创新关联	产学合作研发;集群发展状况与深度;国外资助的研发支出总额占比;合资企业/战略联盟交易数量;同族专利数
		知识吸收	知识产权使用费;高科技进口占贸易总额的百分比;ICT服务进口占贸易总额的百分比;FDI净流入;企业研究人员占比
创新产出指数	知识和技术产出	知识创造	专利申请数量;专利合作条约申请数量;实用新型专利申请数量;科技期刊论文数量;发表的文章中至少获得H引用的数量
		知识影响	劳动生产率;新商业密度;软件支出占比;ISO质量证书;中高科技制造业产出
		知识传播	知识产权使用费;生产和出口的复杂性;高科技出口;ICT服务出口
	创意产出	无形资产	商标的申请数量;全球品牌价值;工业设计数量;ICT和组织模型创建
		创意产品和服务	文化和创意服务出口占比;全国故事片制作数量;全球娱乐和媒体市场;印刷出版物和其他媒体输出;创意产品出口
		网络创意	通用顶级域名数量;国家代码顶级域名数量;维基百科编辑量;移动App下载量

资料来源:《2021全球创新指数》,https://www.wipo.int/global_innovation_index/en/2019/。

与研发投入会为一个国家积累人力资本，从而助力创新。基础设施是商品、服务乃至思想生产和交换的媒介，先进的信息通信技术、完善的普通基础设施与生态可持续性能够降低交易成本，提高生产与交换的效率。市场成熟度考察了信贷市场、资本市场和商品市场的情况，体系健全的信贷市场、成熟完善的资本市场和国际化程度高的商品市场对企业的繁荣和创新的发生都至关重要。商业成熟度从知识型工人、创新关联和知识吸收的角度衡量商业成熟水平，通过高素质人才、产学合作研发和国际技术扩散等方面反映创新潜力。

创新产出指数下的2个一级指标分别是知识和技术产出及创意产出。知识和技术产出指标由知识创造、知识影响和知识传播组成，反映了一个国家或经济体创新活动产出的知识和技术成果。创意产出成果则反映在无形资产、创意产品和服务、网络创意三个方面。

（三）指数排名

根据2019~2021年发布的全球创新指数报告，亚洲共有5个国家和地区进入前15位，分别是韩国（第5位）、新加坡（第8位）、中国（第12位）、日本（第13位）和中国香港（第14位）。从近几年的全球创新指数报告来看，部分国家和地区一直保持卓越的创新表现——瑞士和瑞典10年来始终保持在全球创新指数得分前3位，美国和英国在2019~2021年均位列前5，新加坡连续14年位列前10。在全球创新指数得分前20的国家或经济体中，排名明显上升的是韩国，由2020年的第10位跃升至2021年的第5位；排名明显下降的是爱尔兰，由2020年的第15位下降至2021年的第19位。中国的创新排名则呈现稳步上升的态势，从2019年的全球第14位上升至2021年的全球第12位，并首次进入东南亚、东亚和大洋洲地区前3位。中国是唯一进入前20的中等收入国家和地区，继续领跑中等收入国家和地区。其他处于前20位的国家和地区过去3年得分较稳定（见表2）。

表2 2019~2021年全球创新指数得分及排名情况

单位：分

国家和地区	2021年全球创新指数得分	全球创新指数排名			2021年创新投入排名	2021年创新产出排名
		2019年	2020年	2021年		
瑞士	65.5	1	1	1	4	1
瑞典	63.1	2	2	2	2	2
美国	61.3	3	3	3	3	4
英国	59.8	5	4	4	7	6
韩国	59.3	11	10	5	9	5
荷兰	58.6	4	5	6	12	3
芬兰	58.4	6	7	7	6	9
新加坡	57.8	8	8	8	1	13
丹麦	57.3	7	6	9	5	11
德国	57.3	9	9	10	14	8
法国	55.0	16	12	11	17	10
中国	54.8	14	14	12	25	7
日本	54.5	15	16	13	11	14
中国香港	53.7	13	11	14	10	17
以色列	53.4	10	13	15	18	12
加拿大	53.1	17	17	16	8	23
冰岛	51.8	20	21	17	20	16
奥地利	50.9	21	19	18	16	24
爱尔兰	50.7	12	15	19	22	19
挪威	50.4	19	20	20	13	28

资料来源：《2019全球创新指数》，https：//www.wipo.int/global_innovation_index/en/2019；《2020全球创新指数》，https：//www.wipo.int/pressroom/en/articles/2020/article_0017.html；《2021全球创新指数》，https：//www.wipo.int/pressroom/en/articles/2021/article_0008.html。

对中国的创新表现进行具体分析，中国在创新产出方面保持突出表现（2019年第5位，2020年第6位，2021年第7位），在创新投入方面历年来略有欠缺（2019年、2020年均为第26位，2021年第25位），但创新效率较高。从构成创新投入和创新产出的各指标入手进行分析，2021年，中国在制度（第61位）、人力资本和研究（第21位）、基础设施（第24位）、市场成熟度（第16位）、商业成熟度（第13位）方面表现出制度短板；在构成创新产出的知识和技术产出（第4位）、创意产出（第14位）方面表现出明显的优势。各二级指标中，中国在普通基础设施（第5位），贸易、竞争和市场规模（第1位），知识型工人（第2位），知识创造（第4位），知识影响（第5位）和无形资产（第2位）方面均处于世界领先地位；在监管环境（第106位）、高等教育（第83位）和网络创意（第125位）方面存在较大的进步空间。成功的创新体系可以使创新投入（知识的创造、探索和投资）与创新产出（思想和技术的生产）之间实现平衡。中国要为创新营造更好的政治环境、监管环境和商业环境，完善制度框架以吸引创新企业的入驻并促进其成长。

新冠肺炎疫情发生之前，创新投资的增长率在2019年达到历史最高水平。在疫情的影响下，科学产出、研发支出、知识产权申报和风险投资交易在2020年继续增长。为了应对新冠肺炎疫情造成的影响，许多地区加大了创新投入，软件和信息通信技术、通信技术硬件和电气设备、制药和生物技术等行业增加了创新投资和研发支出；交通、旅游等行业则削减了创新支出。此外，创新企业的融资（公共和私人）仍相对充裕。在创新投资的带动下，前沿技术取得快速发展，人们的生活水平得到提高。

新的科技集群正在崛起，中国的区域集群排名提升，粤港澳大湾区发展前景广阔。2021年，在顶尖科技集群中，中国区域集群的排名最为稳定。数量上，中国仅次于美国；质量上，中国拥有最大的科技产出涨幅和增长最快的集群。具体而言，东京—横滨在科技集群中排名第一，深圳—香港—广州紧随其后，其次是北京、首尔和圣何塞—旧金山。值得一提的是，粤港澳大湾区的深圳—香港—广州集群自2013年以来一直稳居世界第二位，展现出创新水平的稳定性，蕴含巨大的创新潜力。

二 创新城市指数

（一）指数简介

创新城市指数（ICI）由澳大利亚墨尔本的一家智库公司2thinknow于

2006年开始筹备构建,并于2007年在波士顿首次发布全球创新城市排名,随后每年发布一次报告。该公司的核心观点是"创新已经成为城市的基本现象",因此,作为一个国际范围的创新指数,不同于同类型指数对国家/地区创新能力的考察,ICI专注于评价城市维度上的创新水平。在最新的2021年报告中,ICI已经将全球500个城市纳入考察范围。

(二)指数结构分析

ICI依据创新条件分数衡量一个城市的创新水平。创新条件由3个代表创新过程的因素来衡量:文化资产、人力基础设施、网络化市场。这三个因素的得分由162个指标的得分构成,代表了将想法转化为可执行和交流的创新的过程。

其中,文化资产衡量了一个城市产生创新想法的可能性,如设计师、美术馆、体育、博物馆、舞蹈、自然等,多元丰富的文化环境更能孕育出有价值的创新想法。人力基础设施衡量创新的软性基础设施和硬性基础设施,如交通、大学、商业、风险投资、办公空间、政府、技术等,完备的基础设施是创新实施的有力保障。网络化市场衡量创新传播和交流的基本条件,如位置、技术、相关实体的经济状况等,创新的市场网络越发达,创新的传播范围就越广,影响力就越大。

2019年新冠肺炎疫情发生后,ICI在延续2018年技术方法的基础上,调整了时间框架(将2020年和2021年的创新城市排名一同报告)并加入了其他的关注焦点。新冠肺炎疫情对创新的影响来源于城市封锁、中小企业经济活动减少、不确定性增加以及公共卫生程序迅速变化,因此ICI将服务的数字化转型、死亡与病例、心理健康、空间封闭、公共卫生影响、流动性降低、边境关闭下的旅游和贸易以及其他相关影响纳入考虑。

(三)指数排名及主要结论

《2021全球创新城市指数》显示,2021年美国城市在前20位中占据11个席位。欧洲城市中仅有法国巴黎、英国伦敦和瑞典斯德哥尔摩进入前

20;德国柏林由 2019 年的第 12 位下降至 2021 年的第 31 位,退出了前 20;瑞典斯德哥尔摩从 2019 年的第 32 位上升至 2021 年的第 16 位,跻身前 20。亚洲城市中,日本东京重回榜首,说明东京具备全球领先的创新条件;新加坡和韩国首尔排名靠前,分别排在第 5 位和第 7 位;中国首次在前 20 位中占据两个席位,分别是上海第 15 位和北京第 19 位(见表3)。

表 3　2018~2021 年全球创新城市指数得分及排名情况

单位:分

城市	国家	2021 年全球创新城市指数得分(满分60分)	全球创新城市排名		
			2018 年	2019 年	2021 年(含 2020 年)
东京	日本	56	1	2	1
波士顿	美国	56	7	8	2
纽约	美国	54	4	1	3
悉尼	澳大利亚	53	10	15	4
新加坡	新加坡	53	6	5	5
达拉斯—沃斯堡	美国	53	13	13	6
首尔	韩国	52	12	14	7
休斯敦	美国	52	17	17	8
芝加哥	美国	52	11	7	9
巴黎	法国	51	9	6	10
伦敦	英国	51	2	3	11
旧金山—圣何塞	美国	51	3	9	12
亚特兰大	美国	51	20	18	13
西雅图	美国	51	15	16	14
上海	中国	51	35	33	15
斯德哥尔摩	瑞典	50	28	32	16
迈阿密	美国	50	26	20	17
华盛顿	美国	50	24	19	18
北京	中国	50	37	26	19
洛杉矶	美国	50	5	4	20

资料来源:《2021 全球创新城市指数》,https://www.innovation-cities.com/worlds-most-innovative-cities-2021-top-100/25477/。

2021年，中国共有5个城市跻身全球创新城市排名前100。其中，2018~2021年，上海从第35位上升至第15位，北京从第37位上升至第19位，深圳从第55位上升至第26位，香港从第27位下降至第49位，广州从113位上升至第51位（见表4）。上海、北京依然保持全国领先的创新水平，深圳紧随其后，香港和广州有更大的发展空间。从排名变化上看，除了香港的创新竞争力有所减弱外，其他四个城市的创新水平都处于稳步提升阶段。上海、北京的创新水平在领先的基础上继续提高，进一步跻身世界前列；深圳、广州的创新潜力逐步释放，发展势头不容小觑。

表4 2018~2021年中国创新城市指数得分及排名情况

单位：分

城市	2021年全球创新城市指数得分（满分60分）	全球创新城市排名		
		2018年	2019年	2021年（含2020年）
上海	51	35	33	15
北京	50	37	26	19
深圳	49	55	53	26
香港	47	27	56	49
广州	47	113	74	51

资料来源：《2021全球创新城市指数》，https://www.innovation-cities.com/worlds-most-innovative-cities-2021-top-100/25477/。

新冠肺炎疫情对全球城市创新条件的影响呈现明显的地区差异。2021年排名前20的创新城市中，大部分城市2018年和2019年的排名较为稳定，但2021年的排名出现大幅变化，尤其是排名在15~20位的城市。在新冠肺炎疫情的持续影响下，加拿大、英国、德国、法国等国家，以及许多拉丁美洲国家的非首都城市的创新竞争力减弱，因此其排名与2019年相比出现了"大跳水"；而中国、美国、日本、埃及、土耳其、越南、澳大利亚和新西兰等国家的城市创新条件受到的影响有限，城市排名大幅度跃升（见表3）。

一方面，疫情之下数字化的优势凸显，线上办公使参与者在任何地方都能参与经济活动，维持了经济的运转。在这种情况下，许多知名度不高的小城市拥有了前所未有的机会，大城市在创新硬件上的优势有所减弱。另一方面，政府的创新激励措施对城市的创新条件起着举足轻重的作用。2021年，从创新条件受疫情影响较小的国家来看，在新西兰进入前500名的4个城市中，有3个城市的排名相对2019年有明显提升。其中，惠灵顿上升22名，跻身前100；克赖斯特彻奇上升87名；皇后镇上升126名。研发税收激励措施是新西兰政府对新西兰创新体系提供支持的重要举措，新西兰政府宣布改进其研发税收激励措施，以确保为更多未盈利的初创企业提供财务支持，享受研发税收激励的企业将有资格获得2020/2021纳税年度的研发税收抵免的退还。①

2019年发布的《粤港澳大湾区发展规划纲要》明确将粤港澳大湾区建设成具有全球影响力的国际科技创新中心。2019年新冠肺炎疫情发生后，粤港澳大湾区仍保持创新活力，具备世界领先的创新条件。随着大湾区科技创新需求的进一步提升，其对研发税收激励措施的需求也在扩大。粤港澳三地在税制结构等方面仍存在显著差异，因此有必要深入研究粤港澳地区的科技创新税收优惠政策和改进措施，为后续出台更有针对性的税收政策、营造创新友好型制度环境奠定基础，为粤港澳科技创新发展助力。②

三 全球创业生态指数

（一）指数介绍

2012年，全球创业生态指数（Global Startup Ecosystem Report，GSER）首次发布。2017年报告首次将中国纳入考察范围。2018年报告开始涵盖创业生态系统的生命周期模型。2020年报告首次区分顶级创业生态系统和新兴创业生态系统。新兴创业生态系统为除当年排名前40的顶级创业生态系

---

① 《2021新西兰发展研究报告》，21财经网，2021年9月8日，https://m.21jingji.com/article/20210908/herald/e4fdd14d5dfce303d6e41ca8d8ed12bd.html。
② 滕明明：《粤港澳大湾区科技创新税收政策优化探析》，《国际商务财会》2020年第12期。

统外的其他创业生态系统。近年来问卷调查范围持续扩大,报告覆盖的创业生态系统从2018年的60个拓展至2021年的近300个。

(二)指数结构分析

GSER以城市为基本单位,从多维度出发探究不同城市创业生态的活跃度(见表5)。报告对超过300万家公司进行调研评估,纳入当地政策与创新组织的影响因素,从业绩、融资、市场覆盖率、连通性、人才与经验、知识专利6个角度入手,对顶级创业生态系统进行评价,并选出40个表现突出的创业生态系统。

由于新兴创业生态系统的培育和发展重点与顶级创业生态系统有所不同,指数结构也略有差异。对于新兴创业生态系统,GSER从业绩、融资、市场覆盖率、人才与经验4个指标入手,对新兴创业生态系统进行量化分析,并且各个指标的细分评估指标和权重也与顶级创业生态系统有所不同,通过计算得到全球排名前100的新兴创业生态系统。

表5 GSER框架

指标	权重(%)	细分评估指标
顶级创业生态系统		
业绩	30	创业企业的估值、成功存活率和退出率
融资	25	早期创业企业的融资规模、融资质量
市场覆盖率	15	创业企业能够覆盖的市场规模,创业公司步入全球市场的难易度,知识产权商业化的政策支持度
连通性	5	创业生态系统与全球知识网络的连通性,与生态系统内部知识的连通性
人才与经验	20	创业生态系统中技术与生命科学人才的密度、成本与质量,创业团队的创业经验
知识专利	5	创业生态系统中专利的数量和质量,以及创业企业的研究能力
新兴创业生态系统		
指标	权重(%)	细分评估指标
业绩	45	创业企业的估值、成功存活率和退出率
融资	30	早期创业企业的融资规模

续表

新兴创业生态系统		
指标	权重(%)	细分评估指标
市场覆盖率	15	创业企业能够覆盖的市场规模
人才与经验	10	创业生态系统中技术与生命科学人才的密度、成本与质量,创业团队的创业经验

资料来源:《2021年全球创业生态系统报告》,https://startupgenome.com/report/gser2021。

(三)指数排名与主要结论

即使遭受新冠肺炎疫情的持续影响,全球排名前8位的顶级创业生态系统已连续三年没有发生变动。2021年全球顶级创业生态系统以硅谷为首,纽约、伦敦并列第二,之后依次是北京、波士顿、洛杉矶、特拉维夫和上海。硅谷连续10年保持顶级创业生态系统首位,业绩、融资、市场覆盖率、连通性、人才与经验和知识专利各细分评估指标的得分均排名第一。东京是唯一一个新进入前10的城市,其在2021年排第9名。东京在创业企业退出方面的进步使该生态系统业绩方面表现良好,排名较2020年上升了6位。值得一提的是,2020年东京刚刚突破全球前30。近年来,东京排名保持稳步上升的态势,其在融资、人才与经验和知识专利方面表现优异。

以顶级创业生态系统所属大洲来看,排名前30的顶级创业生态系统中有50%位于北美洲。其中,有14个顶级创业生态系统位于美国,1个在加拿大。亚洲次之,占比为27%。其中,中国上榜的城市有4个,分别是北京、上海、深圳和杭州,与2020年相同。欧洲的顶级创业生态系统占比为17%。从发展趋势上看,2021年亚洲地区的顶级创业生态系统继续显现出强劲的发展势头。例如,深圳的排名相较2019年上升了28位,2021年位列第十九;杭州排名相较2019年上升了37位,2021年位列第二十五;首尔从2020年的第20名上升至2021年的第16名(见表6)。

表6 2021年顶级创业生态系统GSER得分与排名

单位：分

顶级创业生态系统	排名	排名变化（以2020年为准）	业绩	融资	市场覆盖率	连通性	人才与经验	知识专利
硅谷	1	0	10	10	10	10	10	10
纽约	2	0	10	10	10	10	10	5
伦敦	2	0	9	10	10	10	9	7
北京	4	0	10	9	9	5	10	10
波士顿	5	0	9	9	9	9	10	5
洛杉矶	6	0	9	10	9	3	9	7
特拉维夫	7	0	8	9	10	8	8	4
上海	8	0	10	7	9	1	9	10
东京	9	+6	8	9	8	1	9	9
西雅图	10	-1	9	7	8	7	8	7
华盛顿	11	0	7	7	8	6	8	1
巴黎	12	1	6	8	6	9	8	1
阿姆斯特丹—三角洲	13	-1	6	6	7	9	7	1
多伦多—滑铁卢	14	+4	5	8	3	7	6	2
芝加哥	14	0	5	6	6	6	7	1
首尔	16	+4	6	5	5	9	5	10
斯德哥尔摩	17	-7	7	6	7	5	6	3
新加坡	17	0	4	8	6	6	5	1
深圳	19	3	8	5	1	1	7	9
奥斯汀	20	-1	4	5	5	7	6	7

资料来源：《2021年全球创业生态系统报告》，https://startupgenome.com/report/gser2021。

2021年新兴创业生态系统前5名分别是孟买、哥本哈根、雅加达、广州和巴塞罗那。孟买再次居于新兴创业生态系统首位，其在业绩、融资、市场覆盖率、人才与经验方面都具有竞争优势。2021年排名前10的新兴创业生态系统与2020年相比发生了较大的变动。哥本哈根和迈阿密从顶级创业生态系统降至新兴创业生态系统；无锡由于市场覆盖率和人才与经验指标的进步，排名由2020年的21~30名上升至2021年的第

7名；爱沙尼亚从2020年的第14名上升至2021年的第6名。以所属大洲划分，排名前10的新兴创业生态系统中有5个位于欧洲，有4个位于亚洲，还有1个位于北美洲。从排名前100的新兴创业生态系统来看，欧洲新兴创业生态系统占比最高，占比为37%；北美洲紧随其后，占比为30%；亚洲占比为19%。排名前100的新兴创业生态系统总价值超过5400亿美元，较2020年增长了55%，这表明新兴创业生态系统总体发展态势良好（见表7）。

表7 2021年新兴创业生态系统GSER得分与排名

单位：分

新兴创业生态系统	2021年排名	2020年排名	业绩	融资	市场覆盖率	人才与经验
孟买	1	1	10	10	9	10
哥本哈根	2	新增（顶级生态系统排名36）	10	10	10	8
雅加达	3	2	10	10	9	8
广州	4	5	10	8	6	10
巴塞罗那	5	6	9	10	7	10
爱沙尼亚	6	14	6	9	10	1
无锡	7	21~30	10	5	9	10
马德里	8	6	9	10	8	10
苏黎世	9	3	8	10	9	7
迈阿密	10	新增（顶级生态系统排名31）	10	10	4	10

资料来源：《2021年全球创业生态系统报告》，https：//startupgenome.com/report/gser2021。

聚焦于粤港澳大湾区的城市，深圳的排名从2019年的第47名、2020年的第22名上升至2021年的第19名，深圳创新创业发展势头迅猛。深圳是中国高端制造、海洋经济、清洁科技的中心，具备专利研发和人工智能产业优势。2021年深圳平均每平方公里约有10家国家级高新技术企业，战略性新兴产业增加值占地区生产总值的比重为39.6%。① 深圳还有成为中国数字经济发展"领头羊"的趋势，2020年深圳数字经济占地区生产总值的30.5%，总量和比重都居全国首位。其中，电子信息制造业产值约占全国的20%。深圳的数字转型将为全国更广泛的数字经济发展战略奠定基础。② 虽然2019~2021年深圳在连通性和市场覆盖率方面的得分有所提高，但在连通性方面还存在一定的发展空间。2021年广州在新兴创业生态系统中排第4位，较2020年前进1位（见表7）。广州在生态系统价值、大型企业聚集和创业企业早期融资方面表现较为突出。尤其在大型企业聚集程度方面，自2011年以来，广州共有10家10亿美元规模及以上的企业，在新兴创业生态系统中排名第一。2021年香港在顶级生态系统中排第31位，与达拉斯、蒙特利尔等其他4个城市并列，与2020年的第29位相比排名略有下滑。香港的独角兽企业和大型企业的数量位于全球前列，在业绩、知识专利及连通性方面排名相对靠后，尤其在企业退出与存活、当地市场规模、当地技术连通性方面劣势明显。

（四）全球创业生态系统的变化

一方面，全球初创企业投融资经过新冠肺炎疫情的打击后逐渐回暖，新经济体的崛起成为不可逆转的趋势。据美国国家风险投资协会（National Venture Capital Association）统计，流入美国企业的风投资本自2004年的84%降至2021年的51%。亚洲经济增长势头强劲，2021年亚洲的风投融资增速亮眼，高达89%。③ 其中，中国因疫情得到有效控制，投资稳步增长，

---

① 《深圳市政府工作报告》，深圳政府网，2022年4月21日，http://www.sz.gov.cn/cn/xxgk/zfxxgj/zwdt/content/post_9718176.html。
② 《深圳数字经济产业规模全国居首》，深圳政府网，2021年8月25日，http://www.sz.gov.cn/cn/xxgk/zfxxgj/zwdt/content/post_9083473.html。
③ 《史上最好一年？2021年全球风投融资"狂奔"》，第一财经网，2022年1月20日，https://www.yicai.com/news/101296608.html。

2021年风险投资达1306亿美元,同比增长约50%,创造了新的纪录。①2021年印度初创企业获得的投资已达360亿美元,与2020年的110亿美元相比增幅超过200%,创造了42家估值超过10亿美元的独角兽企业。② 拉丁美洲和非洲初创企业筹集的资金额表现亮眼,其中拉丁美洲的企业于2021年上半年筹集约60亿美元的资金,较2020年增长51%。③

另一方面,疫情倒逼企业数字化转型,催生了新的业态。包括中国在内的全球大多数创业生态系统正经历深刻的行业变革,互联网、大数据、人工智能等技术逐渐渗透人们的生活。新冠肺炎疫情期间,互联网使用人数大幅增长。OpenVault的宽带消费追踪数据显示,2020年第四季度由于远程工作学习人数激增,全球宽带流量使用同比增长超51%。④ 经济学人智库(EIU)的报告显示,2020年在整体零售市场萎缩的情况下,全球在线零售额达26万亿美元,同比增长32%。⑤ 一系列拥有数字商业模式的企业吸引了大量资金,新科技、医疗健康、互联网平台等成为发展的重点领域。受全球新冠肺炎疫情影响,医疗健康成为火热的创投赛道。《2020年全球医疗健康产业资本报告》显示,2020年全球医疗健康融资总额同比增长超四成,创历史新高;2020年中国医疗健康融资总额同比增长58%,也创历史新高。⑥ 金融科技行业广受追捧。2021年上半年全球金融科技风

---

① 《1306亿美元!中国风险投资再创纪录 半导体融资火爆》,华尔街见闻,2022年1月11日,https://wallstreetcn.com/articles/3649363。
② 《2021年的印度创业生态:大额融资和高估值的背后是泡沫吗》,投资界,2021年12月27日,https://news.pedaily.cn/202112/484035.shtml。
③ Startup Genome, "The Global Startup Ecosystem Report 2021," September 22, 2021, https://startupgenome.com/report/gser2021.
④ Fierce Telecom, "COVID-19 Pandemic Drives 51% Spike in Broadband Traffic in 2020," February 11, 2021, https://www.fiercetelecom.com/telecom/openvault-covid-19-pandemic-drives-51-spike-broadband-traffic-2020.
⑤ Economist Intelligence Unit, "Online Retailing How to Navigate the New Normal," 2021, https://economistchina.com/wp-content/uploads/Online-retailing-How-to-navigate-the-new-normal.pdf.
⑥ 蛋壳研究院:《2020年全球医疗健康产业资本报告》,2021年1月29日,http://jxz1.j9p.com/pc/edgdfhgfjg.pdf。

险投资超520亿美元,金融科技受到资本市场的青睐,2021年上半年投前估值大幅增长。① 疫情下人们的工作与消费模式从线下转移到线上,这推动了网络安全初创企业的蓬勃发展。此外,还有线上教育和游戏行业也得到了发展。危机亦是转机,全球创业生态系统中行业洗牌和转型升级加速。

四 中国双创指数国际地位的变化

(一)中国创新:从跟跑,到并跑,再到领跑

以中国为代表的东亚创新崛起,标示着以北美的美国、东亚的日本以及西欧的德国、法国和英国为代表的旧大三角格局已转变为当前以北美的美国、东亚的中国、日本和韩国以及西欧的德国、法国和英国为代表的新大三角格局。②

从2016~2021年全球创新指数可以看出,在亚洲创新水平不断提高的同时,中国从所属区域的中等创新水平逐步成为区域创新的"领头羊",乃至全球创新的领先者,呈现"从跟跑,到并跑,再到领跑"的发展趋势(见表8)。

表8 2016~2021年全球创新指数领先国家(地区)排名

区域	国家/地区	排名					
		2016年	2017年	2018年	2019年	2020年	2021年
北美洲	美国	4	4	6	3	3	3
	加拿大	15	18	18	17	17	16
撒哈拉以南非洲	南非	54	57	58	63	60	61
	肯尼亚	80	80	78	77	86	85
	坦桑尼亚	—	—	—	—	88	90
	毛里求斯	53	64	75	82	—	—

---

① KPMG,"Pulse of Fintech H1'21," August, 2021, https://assets.kpmg/content/dam/kpmg/xx/pdf/2021/08/pulse-of-fintech-h1.pdf.
② 石奇等:《全球创新资金的空间格局及其演变特征》,《中国科技论坛》2013年第11期。

续表

区域	国家/地区	排名					
		2016年	2017年	2018年	2019年	2020年	2021年
拉丁美洲和加勒比地区	墨西哥	61	58	56	56	55	55
	哥斯达黎加	45	53	54	55	56	56
	智利	44	46	47	51	54	63
中亚和南亚	印度	66	60	57	52	48	46
	伊朗	78	75	65	61	67	60
	哈萨克斯坦	75	78	74	79	77	79
北非和西亚	以色列	21	17	11	10	13	15
	阿拉伯联合酋长国	41	35	38	36	34	33
	土耳其	—	—	—	—	—	41
	塞浦路斯	31	30	29	28	29	—
东南亚、东亚和大洋洲	韩国	11	11	12	11	10	5
	新加坡	6	7	5	8	8	8
	中国	25	22	17	14	14	12
	中国香港	14	16	14	13	11	14
	日本	16	14	13	15	16	13
欧洲	瑞士	1	1	1	1	1	1
	瑞典	2	3	3	2	2	2
	英国	3	—	—	—	4	4
	荷兰	—	2	2	4	—	—

资料来源：根据2016~2021年的《全球创新指数》整理。

跟跑阶段。2016年，大多数全球创新指数领先国家和地区都在东南亚、东亚和大洋洲，中国虽然在该范围内的创新实力不敌新加坡、韩国、日本等，但在中高收入经济体中其创新能力排在首位。2017年，中国的商业更加成熟，知识技术产出持续增加，全球研发公司、商业企业研究人才、专利申请和其他知识产权的数量增加，排名上升至全球第22位。

并跑阶段。2018年，东南亚、东亚和大洋洲区域的所有经济体都跻身全球创新指数的前100名，中国首次跻身前20名，开始在全球创新的领先梯队中崭露头角。2019年，在政策中优先考虑创新的国家排名大幅上升，对创新的地理格局发出挑战;中国在国内经济增速提高的同时将促进创新纳入政策行动,与全球创新指数领先国家和地区的差距逐渐缩小。

领跑阶段。2020年,新冠肺炎疫情影响了正在蓬勃发展的创新领域,以中国、印度等为首的亚洲经济体的创新排名已连续多年大幅上升,全球创新中心逐渐向东转移,创新投入的重要性更加凸显。2021年,疫情依然在全球范围内肆虐,只有少数经济体始终占据主导地位,5个亚洲主要经济体已全部跻身全球创新前列(韩国、新加坡、中国、日本、中国香港);中国的排名接近全球前10,已成为东南亚、东亚和大洋洲区域的创新领先者(见表8)。

新兴经济体的创新投入不仅可以丰富本国的创新资源,也有助于国际创新环境的提升。① 作为新兴经济体的重要成员之一,中国国际地位的改变不仅体现在自身创新条件的改善和创新能力的提高,还体现在对世界科技创新贡献度的提高。国际交流合作方面,中国已与160多个国家和地区建立科技合作关系,参与涉及科技的200多个国际组织和多边机制;2021年新签订21个政府间科技合作协定,接待外国青年科学家3500多人次。② 吸引研发投资方面,2015年,亚洲已超过北美洲和欧洲成为企业研发支出最高的地区,成为发达国家企业研发投资的首选地。"发达国家研发、发展中国家加工"的传统国际生产格局发生变化,表现出由"在新兴国家制造"向"在新兴国家创新"转变的趋势。③ 2021年1~11月,我国实际使用外资金额超10000亿元,同比增长15.9%,其中高技术服务业增长20.8%,高技术制造业增长14.3%。创新成果共享方面,中国创新发展具有较强的外溢效应,例如肯尼亚的国家光纤骨干网项目,孟加拉国的政府技术网络三期项目,在南亚、东欧、西亚和非洲等地区的北斗系统应用,都推动了当地产

---

① 叶玉瑶等:《粤港澳大湾区建设国际科技创新中心的战略思考》,《热带地理》2020年第1期。
② 《科技创新作支撑 坚定不移走高质量发展之路——"部长通道"就科技创新热点话题回应社会关切》,《中国科技产业》2022年第4期。
③ 马名杰:《全球创新格局变化的新趋势及对我国的影响》,《经济纵横》2016年第7期。

业的发展。① 疫情挑战下，中国在新冠肺炎病毒研究、药物和疫苗研发方面取得新突破，并成为对外提供疫苗数量最多的国家。②

（二）中国创业：新业态新模式涌现，整体创业生态向好

国家层面上，相比中国的创新水平，中国的创业水平还有较大的提升空间。根据《2018年全球创业指数》③，中国的创业水平在全球排第43位，虽然与2016年的第60位、2017年的第48位相比已经取得了较大的进步，但中国创业活动的质量与全球顶级创业生态系统相比仍有一定差距。根据《2018~2019年全球创业观察》④，中国的创业意向、商业法律基础环境在50个经济体中分别排第22位、第18位，仍有较大提升空间。区域层面上，根据2012年至今的《全球创业生态报告》，2017年之前未有中国城市入选全球顶级创业生态系统，2017年也仅有北京、上海成为第一批入选的城市（见表9）。

表9 2017年和2019~2021年中国主要城市在全球顶级创业生态系统中的排名

城市	2017年	2019年	2020年	2021年
北京	4	3~4	4	4
上海	8	8	8	8
深圳	—	—	22	19
杭州	—	—	28	25
香港	—	25	29	31

资料来源：根据2017~2021年的《全球创业生态报告》整理。

2019~2021年，中国的整体创业环境和区域创业水平都得到大幅提升。根据USNEWS网站公布的最新全球调查，在"2020年全球最佳创业

---

① 傅云威、宿亮：《中国自主创新是在做大全球发展蛋糕》，《新华每日电讯》2022年1月11日，第7版。
② 《中国已向世界提供超20亿剂新冠疫苗、约3720亿只口罩》，中新网，2022年1月17日，https://www.chinanews.com.cn/sh/2022/01-17/9654032.shtml。
③ 《2018年全球创业指数》，https://thegedi.org/downloads/。
④ 《2018~2019年全球创业观察》，https://www.gemconsortium.org/report。

国度"中，中国排第 3 位；2020 年和 2021 年，全球创业生态指数在对地区的创业水平和创业生态进行评估时，首次区分顶级创业生态系统和新兴创业生态系统，北京、上海的创业水平全球领先，深圳、杭州后来居上，广州稳居新兴创业生态系统前列；无锡、成都、南京、厦门、武汉、天津等城市也表现出创业潜力，越来越多的中国城市成为全球范围内优秀的创业沃土（见表10）。

表10 2020~2021年中国主要城市在全球新兴创业生态系统中的排名

城市	2020 年	2021 年
广州	5	4
无锡	21~30	7
成都	21~30	31~40
南京	31~40	31~40
厦门	31~40	71~80
武汉	51~60	51~60
天津	—	81~90

资料来源：根据 2020~2021 年的《全球创业生态报告》整理。

2020 年新冠肺炎疫情突袭而至，数字化经济逆势发展是中国创业生态逐渐向国际顶级水平靠近的重要"催化剂"。我国已在"十三五"期间深入实施数字经济发展战略，不断完善数字基础设施建设并推动数字技术融入各行各业。尤其在抗击疫情期间，在线学习、远程会议等生产生活方式得到普及，网络购物结合视频直播等新业态也竞相发展。在现有数字化成果的基础上，"十四五"时期将是我国数字经济转向深度应用、规范发展、普惠共享的新阶段①，众多领域将与数字技术实施深度融合，营造良好创业土壤。

独角兽企业是新经济业态的代表，能够引领一个国家的科技进步与产业

---

① 《国务院关于印发"十四五"数字经济发展规划的通知》，《中华人民共和国国务院公报》2022 年第 3 期。

升级，一个国家独角兽企业的数量可以在一定程度上表征一个国家的创业质量。中国于2014年实现独角兽企业数量零的突破，此后独角兽企业如雨后春笋般生长。近年来中国独角兽企业的数量和估值大幅提升，这些企业主要分布在高科技行业，是中国数字经济发展的创业标杆。从独角兽企业的总量和行业分布上看，截至2021年11月30日，中国已有170家独角兽企业，主要分布在电子商务、交通汽车、人工智能三大领域，并逐渐形成环渤海、长三角、珠三角三大独角兽企业区域带，① 成为带动新经济快速增长和经济转型升级的有力引擎。

创新和创业之间是相辅相成、不可分割的关系，创新是创业的基础，创业是创新的载体。当今中国的创新水平已经实现大幅提升。但关键领域创新能力不足，产业链、供应链依然受制于人，中国需要在完善创新制度环境的基础上，加大产学研创新平台的建设力度并提升创新效率，重点布局关键领域。创业方面，中国的创业生态良好，但存在行业、区域发展不平衡的问题，需要以政策激励创业，同时重视创业教育、完善相关的法律法规，营造良好的创业环境。

---

① 《2021年中国独角兽企业发展研究报告》，36氪研究院，2021年12月14日，https：//new.qq.com/omn/20211214/20211214A0922I00.html。

B.11
2021年度国家创新体系比较研究

兰赛 吴映君 王晴*

摘 要： 世界百年未有之大变局加速演进，科技创新深刻影响世界格局，甚至决定国家和民族的前途命运，而完善的国家创新体系是加快建设创新强国和科技强国的关键支撑。因此，本报告主要研究近年来国家创新体系建设的进展、面临的机遇和挑战。首先从国际视角梳理了一些全球重要经济体创新体系建设的举措及特点，再分析我国国家创新实力和国家创新体系建设的近况并提出相关思考，最后聚焦国家重大战略——粤港澳大湾区，讨论其创新体系建设规划。

关键词： 国家创新体系 创新驱动发展 粤港澳大湾区

2022年《政府工作报告》提出，促进科技创新与实体经济深度融合，更好地发挥创新驱动发展作用。国家创新体系（National Innovation System，NIS）建设为经济结构优化、提质增效提供必要保障。了解2021年最新国家创新体系建设情况，依据国情持续完善国家创新体系，是我国经济高质量发展的重要手段。

---

* 兰赛，管理学博士，法国里昂商学院副教授兼商业智能中心运营副主任，主要研究方向为创新与创业、国际商业管理、企业战略；吴映君，中山大学国际金融学院硕士，主要研究方向为创业创新、区域经济；王晴，经济学博士，中山大学国际金融学院副教授，主要研究方向为劳动经济学、发展经济学等。

一 其他经济体的创新体系建设

近年来,世界各国不断丰富科技创新政策工具,以政策驱动作为重要方式营造良好的创新环境,增强国家的创新能力。深入了解世界其他经济体创新体系建设的最新进程,结合我国科技创新体系建设的实际情况,取长补短,能为我国国家创新体系建设提供有益参考。

(一)美国

美国政府致力于从机构设置、战略规划和外交合作等多方面推动国家创新体系建设,以保持在世界科技领域的领先优势。首先,美国擅长通过与有共同诉求的国家进行合作的模式来实现产业发展的互利共赢。2021年3月12日,美国、日本、澳大利亚和印度四国领导人举行"四方峰会",会后发表联合声明,表示将整合四国资源,在新冠肺炎疫苗、气候变化和新兴技术三大领域展开合作。[①] 同年4月18日,美国总统拜登又与日本首相菅义伟共同表示,将投资45亿美元,开发被称为6G或"超越5G"的下一代通信技术[②],提升其在5G通信领域的竞争力。

具体产业方面,2021年美国对人工智能产业保持高度关注并陆续出台相关政策。2021年1月,美国白宫成立国家人工智能倡议办公室[③],负责协调和监督国家人工智能发展战略。2021年6月,美国又宣布成立国家人工智能研究资源工作组,协助创建国家人工智能研究资源(NAIRR)的蓝图,以建设共享开放的研究基础设施。行业规划方面,2021年3月,美国人工

[①] 《美日澳印"四边机制"面临多重挑战》,光明网,2021年3月18日,https://epaper.gmw.cn/gmrb/html/2021-03/18/nw.D110000gmrb_20210318_5-12.htm。

[②] 《美日将共同开发6G移动通信技术》,光明网,2021年4月21日,https://tech.gmw.cn/2021-04/21/content_34780194.htm。

[③] 《白宫成立国家AI倡议办公室,将协调和监督国家AI政策计划》,澎湃新闻,2021年1月14日,https://www.thepaper.cn/newsDetail_forward_10794235。

智能国家安全委员会（NSCAI）发布《最终报告》，针对美国的人工智能发展提出战略规划，之后的《人工智能与数据加速（ADA）计划》《智能自主系统科技战略》《人工智能/机器学习战略计划》也相继出台，在国家安全方面加强人工智能和数据能力，以重塑"美国优势"。①

（二）欧洲

1. 英国

英国设立新的机构来处理国家科技发展事务。2021年2月，英国政府提出将成立"高级研究与发明局"（ARIA），以资助高风险、高回报的科学研究。② 类似美国的DARPA，ARIA为英国最具开拓性的研究人员提供资助，方式包括计划资助、种子资助和奖金激励等。ARIA计划于2022年全面投入运营，并将在未来4年内获得8亿英镑的启动资金。2021年6月，英国又宣布将成立新的"国家科学技术理事会"，并筹建新的"科学和技术战略办公室"。英国首席科学顾问瓦兰斯爵士指出，新的"科学与技术战略办公室"将把科学技术置于英国政策的核心，并加强跨政府部门的工作协调。

英国还通过国内外的合作投资支持重点产业相关项目的发展。在国内，2021年6月3日，英国政府携手IBM公司宣布开展一项为期5年价值2.1亿英镑的人工智能和量子计算合作研究计划。该项合作将加快企业利用创新数字技术的步伐，提高生产力，创造新的技术岗位，促进国家和区域经济增长。③ 国际上，2021年11月4日，英国和美国签署了一项量子信息科技合

---

① 《美国如何强力布局人工智能教育》，光明网，2022年1月20日，https：//news.gmw.cn/2022-01/20/content_ 35459703.htm。
② GOV. UK, "UK to Launch New Research Agency to Support High Risk, High Reward Science," February 19, 2021, https：//www.gov.uk/government/news/uk-to-launch-new-research-agency-to-support-high-risk-high-reward-science.
③ IBM, "UK STFC Hartree Centre and IBM Begin Five-Year, £210 Million Partnership to Accelerate Discovery and Innovation with AI and Quantum Computing," June 3, 2021, https：//newsroom.ibm.com/2021-06-03-UK-STFC-Hartree-Centre-and-IBM-Begin-Five-Year,-210-Million-Partnership-to-Accelerate-Discovery-and-Innovation-with-AI-and-Quantum-Computing.

作联合声明，意在促进两国的量子科技合作，深化两国关系。[1] 英国创新机构还宣布以5000万英镑资助12个量子技术商业化项目。[2]

2. 欧盟

为了使欧盟成为在研究与创新方面全球领先的经济体，2021年3月15日，欧盟委员会通过预算为955亿欧元的"地平线欧洲"第一个战略计划。该计划提出了2021~2024年研究与创新投资的战略方向，目的是确保欧盟的科研和创新行动服务于欧盟的优先政策领域，包括气候中性与绿色欧洲、欧洲数字时代和服务于民的经济。[3] 2021年3月19日，欧盟委员会又发起《初创国家标准（EU Startup Nations Standard）计划》，希望各成员国出台更多签证、股权激励等有利于初创企业生存发展的政策，使欧洲所有初创企业与成熟企业均能成功融入创业生态系统并在其中受益。[4] 共有24个欧洲国家加入该计划。

几乎与《初创国家标准计划》的发起同一时间，欧盟工业强国德国出台了"创业友好"相关政策。2021年3月24日，德国联邦政府启动"未来基金"，通过提升原有金融工具的质量、数量，以及发行新的金融工具来拓宽初创企业的融资渠道，减少创新型技术企业在扩张阶段的资金问题，给初创企业提供更多机会。预计未来几年，联邦政府和私人投资者将共同为初创企业提供超过500亿欧元的风投资本。[5]

---

[1] GOV. UK, "New Joint Statement between UK and US to Strengthen Quantum Collaboration," November 4, 2021, https：//www.gov.uk/government/news/new-joint-statement-between-uk-and-us-to-strengthen-quantum-collaboration.

[2] UK Research and Innovation, "£50 Million in Funding for UK Quantum Industrial Projects," November 4, 2021, https：//www.ukri.org/news/50-million-in-funding-for-uk-quantum-industrial-projects/.

[3] 《欧委会通过"地平线欧洲"第一个战略计划》，中国商务部官网，2021年3月25日，http：//www.mofcom.gov.cn/article/i/jyjl/m/202103/20210303047135.shtml。

[4] European Commission, "24 EU Member States Commit at Digital Day to Take Action to Support Growth of EU Startups," March 19, 2021, https：//digital-strategy.ec.europa.eu/en/news/24-eu-member-states-commit-digital-day-take-action-support-growth-eu-startups.

[5] BMWI, "Zukunftsfonds startet-Bundesregierung stärkt die Start-up-Finanzierung in Deutschland," March 24, 2021, https：//www.bmwi.de/Redaktion/DE/Pressemitteilungen/2021/03/20210324-zukunftsfonds-startet-bundesregierung-staerkt-die-start-up-finaizierung-in-deutschland.html.

德国在数字技术产业方面也持续发力。2021年1月27日，德国政府推出数据战略，计划将在构建数据基础设施、数字创新机制、数字文化和数字治理四大领域展开行动，使德国成为欧洲创新使用和共享数据的先行者。① 2021年6月25日，德国教研部发布第一个关于通信系统的独立研究计划——《主权、数字化、联网研究计划》②，重点是通信技术的创新、研究、开发和应用，希望实现社会的全面数字化，预计未来5年投资7亿欧元。

欧盟另一重要支柱法国在关键产业，尤其是在具备颠覆性创新的产业上做出巨大努力，以求通过创新促进经济增长。2021年7月，法国发布《5G与未来通信网络技术国家战略》③，希望能够支持法国实现通信自主安全。法国总统马克龙于2021年10月公布《法国2030投资计划》，表示将分5年在关键产业投入300亿欧元，以提升法国工业竞争力和未来技术水平，促进汽车、航空、空间等产业的转型升级，使法国"重新成为一个伟大的创新民族"。

此外，在遭受新冠肺炎疫情的袭击后，法国重点加强传染病领域的研究、创新和管理。2021年3月19日，法国政府宣布启动制定《新发传染病和化学、生物、放射性和核威胁国家加速战略》④，战略分为研究、创新、产业化、预防和危机管理、人才培训五大部分，以提高新式卫生危机的风险管理能力。

---

① BMWI, "Deutschland als Vorreiter bei Innovationen," Janurary 27, 2021, https：//www. bundesregierung. de/breg-de/themen/digitalisierung/datenstrategie-beschlossen-1842786.
② 《德国投资7亿欧元资助创新通信技术》，中国科学院科技战略咨询研究院网站，2021年10月9日，http：//www. casisd. cn/zkcg/ydkb/kjzcyzxkb/kjzczxkb2021/zczxkb_ 202108/202110/t20211009_ 6220153. html。
③ GOUV. FR, "STRATÉGIE D'ACCÉLÉRATION 5G ET RÉSEAUX DU FUTUR," July 6, 2021, https：//www. entreprises. gouv. fr/fr/strategies-d-acceleration/strategie-d-acceleration-5g-et-reseaux-du-futur.
④ 《法国启动制定新发传染病和化生放核威胁国家战略》，中国科学院科技战略咨询研究院网站，2021年8月9日，http：//www. casisd. cn/zkcg/ydkb/kjzcyzxkb/kjzczxkb2021/zczxkb202106/202108/t20210809_ 6155338. html。

（三）亚洲

1. 日本

面对日本科技创新速度放缓和人口老龄化等问题，2021年1月，日本完成第6期科技创新基本计划草案拟定工作，定下为期5年的科技创新计划，简称"六五计划"。① 该计划将第5期计划中提出的"超智能社会"目标具体化，使日本在新一轮科技革命和产业革命中占据一席之地。实现"超智能社会"目标的关键之一是数字化社会改革，2021年6月4日，日本经济产业省发布了《半导体和数字产业发展战略》。②

在提高研究能力方面，日本政府一直在推进大学改革。日本的研究型大学与世界一流大学相比，在经营和资金获取方面一直存在较大的差距。2021年1月19日，日本政府计划拨发10万亿日元的大学专项基金，用于培养青年研究人员和基础设施建设。③

2. 韩国

2021年韩国重点部署的产业为新能源、半导体和脑科学等。2021年3月，韩国第16次科学技术长官会议审议并发布《碳中和技术创新推进战略》④，目标是通过技术创新的方式在2050年实现碳中和，明确十大核心技术和技术确保战略。韩国产业通商资源部还牵头制定了"碳中和产业核心技术开发项目"的预备妥当性调查企划案，价值达67000亿韩元⑤。2021

---

① 《背水一战：日本启动科技创新"六五计划"》，新华网，2021年3月30日，http：//www.xinhuanet.com/globe/2021-03/30/c_139827279.htm。
② 《日本发布半导体和数字产业发展战略》，中国科学院科技战略咨询研究院网站，2021年10月9日，http：//www.casisd.cn/zkcg/ydkb/kjzcyzxkb/kjzczxkb2021/zczxkb_202108/202110/t2021 1009_6220167.html。
③ 統合イノベーション戦略推進会議：大学ファンドの創設について，日本内閣府官網，2021年1月19日，https：//www.kantei.go.jp/jp/singi/tougou-innovation/dai8/siryo2.pdf。
④ Ministry of Science and ICT, 탄소중립 기술혁신 추진전략 발표, 2021年3月31日, https：//www.msit.go.kr/bbs/view.do? sCode = user&mId = 113&mPid = 112&bbsSeqNo = 94&nttSeqNo=3180091。
⑤ ETNews, "산업부문 탄소중립 기술 개발에 6.7 조원 투입"... 산업부, 예타 기획안 마련, August 25, 2021, https：//www.etnews.com/20210825000066。

年5月,韩国政府发布《打造综合半导体强国——K半导体战略》①,战略目标是在2030年之前建成全球最大的半导体产业供应链。具体实施措施包括为相关企业减税、金融支持等一揽子支援。预计未来10年,包括三星电子在内的100多家企业将在本土的半导体业务上投入4510亿美元。2021年8月,针对脑科学已成为提升公民生活质量、主导第四次工业革命的核心领域的现状,韩国第19届科技长官会议公布《脑科学研究开发投入战略》议案②,未来将围绕"构建融合与协作的脑科学研发体系"的目标,加强脑科学核心技术开发,打造相关的产业生态体系。

在国际合作方面,2021年5月21日,美韩两国总统共同发表美韩伙伴关系联合声明,表示进一步深化两国在新兴技术、传染病防控、气候变化等领域的科技创新合作。2021年6月23日,作为韩美首脑会谈的延续,韩国又召开政府与民间共同参与的"6G战略会议",制定了《6G研发实施计划》。韩国政府计划在未来5年内投资2200亿韩元用于6G通信技术的研发。③

(四)总结

综合以上国家在2021年推进国家创新体系建设方面采取的举措,总结如下。

第一,中美科技竞争加剧,中国要坚持走自力更生、自主创新的道路。科技实力对一个国家的综合发展和国际地位的提升具有关键性的作用。随着5G技术、人工智能、区块链等高新技术的发展,全球范围内掀起新一轮产业和科技革命。中国抓住本次产业革命的机遇,在许多新兴科技领域已取得一定成就,进入领跑的"第一方阵"。在全球科技版图中,美国的科技实力长期处于领先地位。中国的崛起正在挑战美国的领先地位,对中国进行全方

---

① 《"追兵"来了,韩国再振半导体雄心》,新华网,2021年6月22日,http://www.xinhuanet.com/globe/2021-06/22/c_1310008928.htm。
② 《韩国制定〈脑科学研究开发投入战略〉》,中国科学院科技战略咨询研究院网站,2021年11月29日,http://www.casisd.cn/zkcg/ydkb/kjzcyzxkb/kjzczxkb2021/kjzczx_202110/202111/t20211129_6273181.html。
③ 《发力6G技术 韩加强与美联合研究》,光明网,2021年6月25日,https://tech.gmw.cn/2021-06/25/content_34948873.htm。

位的科技封锁和打击已成为美国社会各界的共识。美国采取包括制裁高科技企业、限制科研人才、对中国产业政策施压等手段对中国科技产业进行限制。[①] 中国要不断巩固与美国在全球产业链中相互依赖的格局，以提高美国与中国科技脱钩的成本。长期来看，中国更要增强自主创新能力，补齐半导体、生物技术等涉及国家安全和经济核心领域的短板，提高自主可控能力。

第二，产业创新政策是引导、促进和规范产业研发和创新的有效措施。首先，产业政策通过奖金奖励、科研经费等多种补贴方式为企业提供低成本资金；其次，相对稳定的周期性产业政策能在一定程度上稳定企业的经营环境，鼓励企业加大创新投入；最后，功能型产业政策还能为市场机制充分发挥其作用提供良好的制度基础，建立公平竞争、开放的市场体系，支持企业自主创新与研发。全球各国普遍围绕高新技术产业制定创新政策，从各国关注的重点产业就能察觉全球创新的前沿领域。世界创新能力较强的国家目前主要围绕数字技术、通信网络、新能源、半导体等领域的创新研究进行角逐。

第三，企业是将人才、技术、资本等创新要素转变为经济价值和现实生产力的关键载体，为技术型的初创企业提供适当的扶持有利于企业创新。在激烈的市场竞争中，为了获得生存和发展空间，通常初创企业会更加注重研发和创新，但在资金、技术积累和人才匮乏的限制下，这些初创企业往往会面临更大的风险。资本是科技型初创企业成功的关键，但融资往往是创业者较难驾驭的部分。围绕企业在生命周期不同阶段的创新活动规律和现实需求，给予其一定的政策支持，有利于企业发挥技术创新投入、创新决策、科研成果转化的重要作用。因此，采取措施为初创企业提供更宽松的资金环境，给创业者更多的创新激励和支持，能降低创业者的创业风险和成本，提高创业成功率，促进科研成果转化。

第四，"科技外交"已经逐渐成为推动国家科技创新发展的一股重要力量。科技外交营造良好的国际环境，整合国家资源打通创新和产业链条，推动高新技术和产能输出，助力企业国际化发展。积极开展以共创价值为导向

---

① 任泽平等：《中美科技战：国际经验、主战场及应对》，恒大研究院，2019年9月4日。

的"新型外交",形成国家之间相互竞争、共同合作的创新格局,既能提升本国的创新能力,还能使全球创新资源得到有效配置。

二 中国国家创新体系建设

(一)中国科技创新实力现状

改革开放以来,我国牢牢抓住"科学技术是第一生产力"的主线,持续推进科技体制改革,不断加大科技对社会发展、民生福祉、生态环境等的支持力度。中国科技创新实力日益增强,2021年,在许多高科技行业取得创新性的重大突破。例如,全超导托卡马克核聚变实验装置(EAST)实现可重复的1.2亿摄氏度101秒和1.6亿摄氏度20秒等离子体运行,刷新世界纪录;中国科学技术大学郭光灿院士团队在光量子存储领域取得突破,将光存储时间提升至1小时,大幅刷新2013年德国团队1分钟的世界纪录。①

从中国的综合创新实力角度看,根据世界知识产权组织发布的2021年全球PCT专利报告②,中国依然是全球PCT申请数量最多的国家。2021年中国PCT申请数量为69540件,占全球25.1%,遥遥领先于第2位的美国(申请数量为59570件,全球占比为21.5%)(见图1)。其中,华为以6952件连续5年位居全球企业PCT申请数量榜首。全球PCT申请数量排名前10的企业中有三家中国企业,分别是华为、OPPO(2208件)和京东方(1980件),共有13家中国企业进入全球前50位。在全球教育机构PCT申请数量排行榜中,中国共有19所高校进入前50,较2020年增加4所。2021年中国发明专利有效量为359.7万件,每万人高价值发明专利拥有量为7.5件,比2020年增加1.2件。中国国内企业拥有有效发明专利190.8万件,同比

---

① 《年终盘点:2021年中国科技界取得多项重要突破》,人民网,2021年12月20日,http://finance.people.com.cn/n1/2021/1220/c1004-32312216.html。
② WIPO,"PCT Newsletter," February 21, 2022, https://www.wipo.int/edocs/pctndocs/en/2022/pct_news_2022_02.pdf.

增长22.6%，高于全国平均增速5个百分点。① 其中，高新技术企业拥有有效发明专利121.3万件，占国内企业的63.6%。

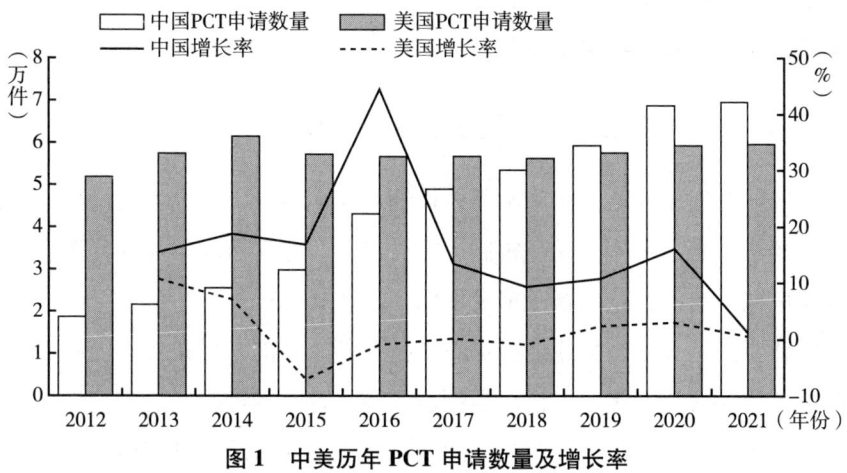

图1　中美历年PCT申请数量及增长率

资料来源：WIND数据库。

在企业创新实力方面，波士顿咨询给出了2021年全球最具创新力50家公司榜单，中国共有华为、阿里、联想、腾讯和小米5家公司入选，其中华为位居中国第一、全球第八。Clarivate发布的2021年全球百强创新机构报告显示，4家中国大陆企业入选2021年度全球百强创新机构榜单，分别是华为、腾讯、小米和电信科学技术研究院，较2020年增加1家。中国企业在国际行业规则制定方面的重要性也逐渐提高。中国500强企业2021年共参与7616项国际标准的制定，比2020年增加45项，连续2年实现增长，表明我国企业在国际上的话语权进一步增强。②

在学术领域，中国科学技术信息研究所发布的《2021年中国科学技术论文统计报告》显示，中国论文产出量持续增长，国际顶尖期刊论文发表

---

① 《2021年中国知识产权数据亮眼》，信用中国官网，2022年1月26日，https://zscq.creditchina.gov.cn/xwdt/202201/t20220125_286872.html。
② 《中国企业500强　千亿级企业222家》，央广网，2021年9月25日，http://jl.cnr.cn/jlcj/20210925/t20210925_525614784.shtml。

数量排名上升2位至世界第二,高被引论文、热点论文数量世界排名第二。① 2011~2021年,材料、化学、计算机科学与工程技术4个领域的论文被引次数排名世界第一,农业科学、生物与生物化学、环境与生态学等10个领域论文被引次数排名世界第二。

(二)中国国家创新体系建设进展

随着科技创新战略的实施和科技体制改革的推进,目前我国已经逐渐形成强化要素、增强主体、优化机制、提升产业、集聚区域、完善环境、扩大开放、形成反馈的科技创新政策发展路径(见图2)。②

创新要素是一个国家或地区提高科技创新水平的基础条件,能够有效推动新技术的开发与转化,加快产品创新和知识存量的增加,以创造性破坏的方式催生新的产业部门。我国长期面临创新型人才匮乏、基础研究投入不足等问题,通过推动要素投入来夯实科技基础是重要任务。可喜的是,我国R&D经费和基础研究经费均呈现连年上升的趋势,创新投入持续增加。2021年中国R&D经费总量为27864亿元,扣除价格因素,实际增长9.4%。R&D经费占GDP比重为2.44%,已经接近OECD国家(疫情前)2.47%的平均水平。其中,基础研究经费为1696亿元,同比增长15.6%,占R&D经费比重为6.09%(见图3)。③ 人才支持方面,2021年国家重点研发计划支持了300多个青年科学家项目,实施青年科研人员"揭榜挂帅"的创新管理机制,探索首席科学家负责制,在"十四五"首批重点研发计划中已部署87个"揭榜挂帅"项目。④ 中央财政科研经费管理也得到进一步改革

---

① 《2021年中国科技论文统计报告发布——上升2位!我国国际顶尖期刊论文数量跻身世界第二》,央视网,2021年12月29日,https://edu.cctv.com/2021/12/29/ARTIdgcGgcrH8YpoSyfxmvlD211229.shtml。
② 《2021年中国企业科技创新力蓝皮书》,2021年11月10日,https://bg.qianzhan.com/report/detail/2111101550234741.html?v=footer2#read。
③ 《2021年我国R&D经费为2.79万亿与GDP之比达2.44%》,中国政府网,2022年1月26日,http://www.gov.cn/xinwen/2022-01/26/content_5670513.htm。
④ 《"十四五"首批重点研发计划中已经部署实施87项"榜单"任务》,光明网,2022年2月25日,https://politics.gmw.cn/2022-02/25/content_35546425.htm。

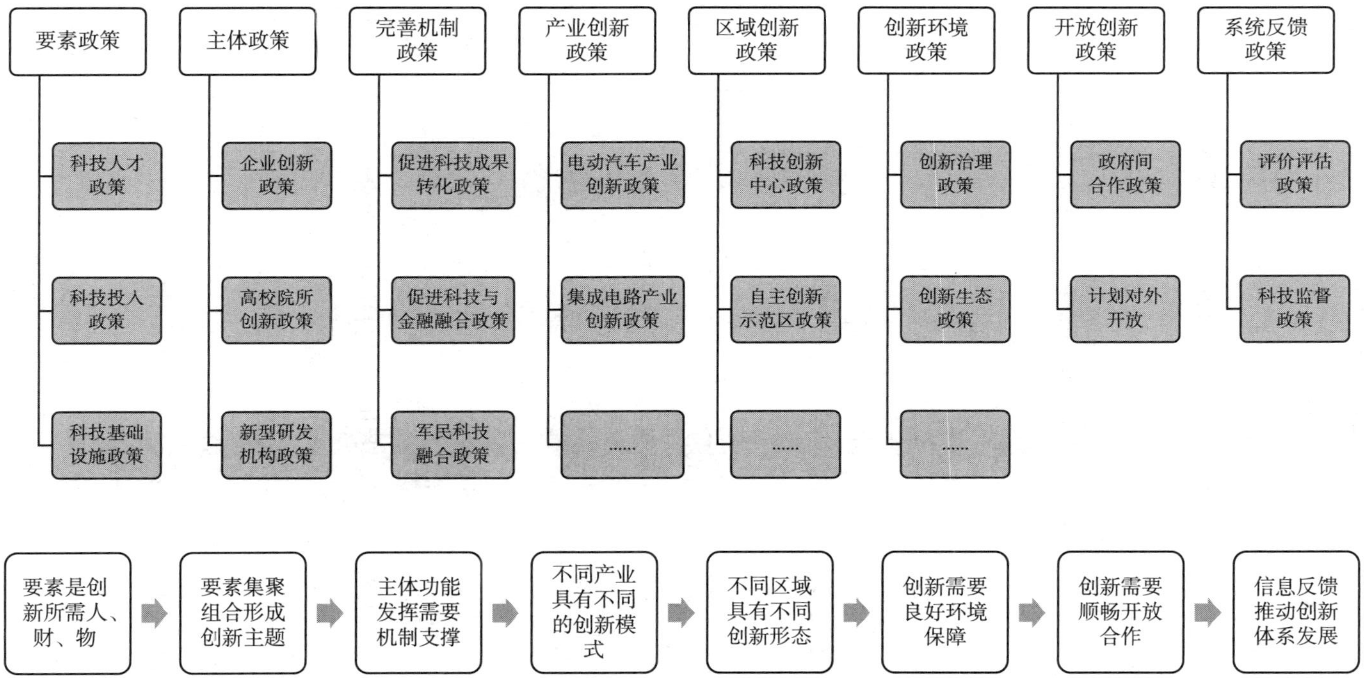

图 2 中国科技创新政策体系

资料来源:《2021年中国企业科技创新力蓝皮书》。

完善,包括下放预算调剂权、扩大科研项目经费自主管理权等措施。此外,《科技部等十三部门印发〈关于支持女性科技人才在科技创新中发挥更大作用的若干措施〉的通知》① 发布,支持女性科技人才,具体措施包括"同等条件下女性优先",对孕哺期女性科技人才适当放宽期限要求、延长评聘考核期限等。

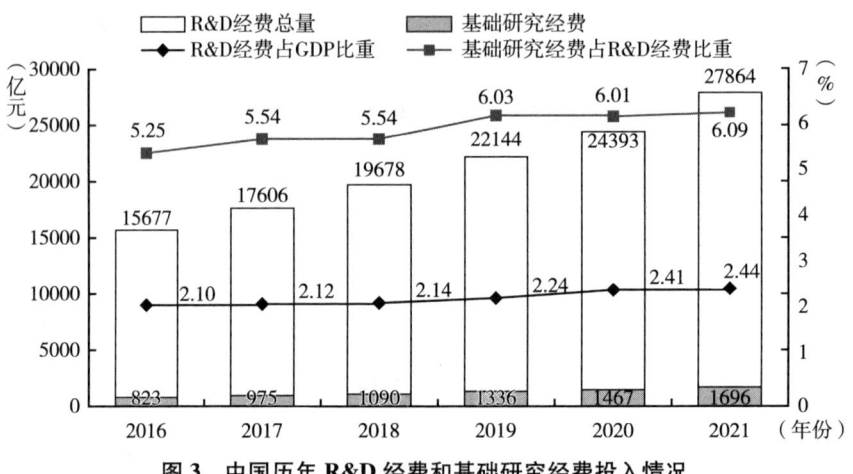

图3 中国历年R&D经费和基础研究经费投入情况

资料来源:《2021年我国R&D经费为2.79万亿 与GDP之比达2.44%》,国家统计局网站,2022年1月26日,http://www.stats.gov.cn/tjsj/zxfb/202201/t20220126_1827035.html。

在创新主体方面,强调"技术创新市场导向机制,强化企业创新主体地位,促进各类创新要素向企业集聚,形成以企业为主体、市场为导向、产学研用深度融合的技术创新体系"。我国已出台覆盖企业全生命周期的创新支持政策,包括建设孵化器、众创空间、加速器,实施企业减税降费等。2021年,我国针对高新技术企业在减税降费方面采取了一系列举措,包括发布《财政部 海关总署 税务总局关于"十四五"期间支持科技创新进口税收政策的通知》《关于进一步完善研发费用税前加计扣除政策的公告》

---

① 《科技部等十三部门印发〈关于支持女性科技人才在科技创新中发挥更大作用的若干措施〉的通知》,中国政府网,2021年6月17日,http://www.gov.cn/zhengce/zhengceku/2021-07/19/content_5625925.htm。

《财政部 海关总署 税务总局关于支持集成电路产业和软件产业发展进口税收政策的通知》《国家税务总局关于修订发布〈研发机构采购国产设备增值税退税管理办法〉的公告》等政策。[1]

市场为创新主体发挥功能提供支持,疏解企业的融资压力,鼓励企业加大技术创新方面的投入。2021年11月,北京证券交易所正式开市,为创新型中小企业提供更加多元的融资渠道。针对创新型中小企业的特点,北京证券交易所上市的市值和财务条件要求均低于其他交易所,但丰富了创新成长性、研发能力等考核要素。开市首日,有81家公司亮相,其中87%来自先进制造业、现代服务业、高技术服务业、战略性新兴产业等领域。[2] 北京证券交易所瞄准"打造服务创新型中小企业主阵地"的战略目标,它的成立有助于提升中国多层次资本市场体系服务中小企业创新发展的能力。

新兴产业的发展往往会带来商业模式、组织模式和创新模式的巨大变革,政府需要根据市场的基本准则调整相应的制度安排,构建良好的市场环境与创新环境,促进产业结构调整与转型升级。"市场友好型"的产业政策有利于提高产业竞争力,为市场机制发挥其作用奠定制度基础。"十四五"规划要求,将产业政策的重点放在新一代人工智能、量子信息、集成电路、脑科学与类脑研究等关键核心技术的"自主可控"上,把数字经济作为未来十年推动社会整体升级变革的主要动力。[3] 数字经济是大数据时代发展的

---

[1] 《财政部 海关总署 税务总局关于"十四五"期间支持科技创新进口税收政策的通知》,中国政府网,2021年4月15日,http://www.gov.cn/zhengce/zhengceku/2021-04/20/content_5600859.htm;《关于进一步完善研发费用税前加计扣除政策的公告》,中国政府网,2021年3月31日,http://www.gov.cn/zhengce/zhengceku/2021-04/07/content_5598193.htm;《财政部 海关总署 税务总局关于支持集成电路产业和软件产业发展进口税收政策的通知》,中国政府网,2021年3月16日,http://www.gov.cn/zhengce/zhengceku/2021-03/29/content_5596564.htm;《国家税务总局关于修订发布〈研发机构采购国产设备增值税退税管理办法〉的公告》,国家税务局网站,2021年6月22日,http://www.chinatax.gov.cn/chinatax/n359/c5166025/content.html。

[2] 《北交所迎来开市!资本市场服务中小企业创新发展能力再提升》,中国政府网,2021年11月15日,http://www.gov.cn/xinwen/2021-11/15/content_5650918.htm。

[3] 《中华人民共和国国民经济和社会发展第十四个五年规划和2035年远景目标纲要》,中国政府网,2021年3月13日,http://www.gov.cn/xinwen/2021-03/13/content_5592681.htm。

重点领域，我国将加强数字中国的整体布局，包括人工智能、工业物联网、5G通信网络等，陆续发布《关于印发〈互联网创新发展行动计划（2021—2023年）〉的通知》《工业和信息化部关于印发〈新型数据中心发展三年行动计划（2021—2023年）〉的通知》《关于印发〈物联网新型基础设施建设三年行动计划（2021—2023年）〉的通知》等产业发展指导和规划。①能源革命也是2021年产业发展的主题，发展新能源，实现能源转型，构建绿色低碳能源体系，是中国实现碳中和的重要措施之一。利好新能源的政策也持续出台，包括《关于2021年风电、光伏电开发建设有关事项的通知》《国家发展改革委 国家能源局关于加快推动新型储能发展的指导意见》《国家发展改革委等部门关于印发〈"十四五"全国清洁生产推行方案〉的通知》等。②

通过中心城市带动周边区域发展经济并形成城市集群是国家经济高质量发展的战略布局。我国在空间上已形成京津冀、粤港澳大湾区、成渝经济圈、长江经济带、长三角一体化等区域集聚协同发展的格局。2021年推动区域进一步协同创新发展的措施频出。《国务院关于支持北京城市副中心高质量发展的意见》③计划将中关村国家自主创新示范区核心区新一轮先行先试政策在北京副中心通州区落地实施；京津冀国家技术创新中心在天津揭

---

① 《关于印发〈工业互联网创新发展行动计划（2021—2023年）〉的通知》，中国政府网，2020年12月22日，http://www.gov.cn/zhengce/zhengceku/2021-01/13/content_5579519.htm；《工业和信息化部关于印发〈新型数据中心发展三年行动计划（2021—2023年）〉的通知》，中国政府网，2021年7月4日，http://www.gov.cn/zhengce/zhengceku/2021-07/14/content_5624964.htm；《关于印发〈物联网新型基础设施建设三年行动计划（2021—2023年）〉的通知》，中国政府网，2021年9月1日，http://www.gov.cn/zhengce/zhengceku/2021-09/29/content_5640204.htm。

② 《关于2021年风电、光伏电开发建设有关事项的通知》，国家能源局官网，2021年5月11日，http://zfxxgk.nea.gov.cn/2021-05/11/c_139958210.htm；《国家发展改革委 国家能源局关于加快推动新型储能发展的指导意见》，中国政府网，2021年7月15日，http://www.gov.cn/zhengce/zhengceku/2021-07/24/content_5627088.htm；《国家发展改革委等部门关于印发〈"十四五"全国清洁生产推行方案〉的通知》，中国政府网，2021年10月29日，http://www.gov.cn/zhengce/zhengceku/2021-11/10/content_5650026.htm。

③ 《国务院关于支持北京城市副中心高质量发展的意见》，中国政府网，2021年11月26日，http://www.gov.cn/zhengce/content/2021-11/26/content_5653479.htm。

牌，打造自主创新的重要源头和原始创新的主要策源地。《重庆四川两省市贯彻落实〈成渝地区双城经济圈建设规划纲要〉联合实施方案》① 为推动成渝经济圈发展新格局明确多方面的具体任务，计划到2035年建成具有全国影响力的科技创新中心。大湾区综合性国家科学中心先行启动区（松山湖科学城）在广东东莞正式奠基，大湾区大学（松山湖校区）和香港城市大学（东莞）等一批重大基础设施项目也同步启动，为推动区域创新提供了强大动力。②

"保护知识产权就是保护创新"，我国知识产权事业已经实现了一定的发展、跨越和提升。以建设知识产权强国为目标，为激发全社会的创新活力，2021年中国在知识产权保护和营商环境优化方面继续迈出坚实步伐。2021年10月，国务院发布《国务院关于印发"十四五"国家知识产权保护和运用规划的通知》③，开启我国知识产权法治建设的新征程。在此之前，我国已经陆续发布《关于推动科研组织知识产权高质量发展的指导意见》④《中国中央 国务院印发〈知识产权强国建设纲要（2021—2035年）〉》⑤ 等重点政策。我国"十四五"期间知识产权保护工作的基调——全面加强知识产权保护、高效促进知识产权引用、激发社会创新活力、构建高质量发展格局。

开放和创新相辅相成，在高水平的对外开放中通过对标国际，找准自身差距和不足，破除制约高质量发展的制度和思想障碍，汇聚全球创新要素为我国所用。在"一带一路"建设方面，2021年又有7个国家和中国签署

---

① 《重庆四川两省市贯彻落实〈成渝地区双城经济圈建设规划纲要〉联合实施方案》，重庆市人民政府网，2021年12月31日，http://www.cq.gov.cn/ywdt/jrzq/202112/t20211231_10262789.html。

② 《大湾区综合性国家科学中心先行启动区（松山湖科学城）全面启动》，中国政府网，2021年4月23日，http://www.gov.cn/xinwen/2021-04/23/content_5601577.htm。

③ 《国务院关于印发"十四五"国家知识产权保护和运用规划的通知》，中国政府网，2021年10月28日，http://www.gov.cn/zhengce/content/2021-10/28/content_5647274.htm。

④ 《关于推动科研组织知识产权高质量发展的指导意见》，中国政府网，2021年3月31日，http://www.gov.cn/zhengce/zhengceku/2021-04/15/content_5599676.htm。

⑤ 《中共中央 国务院印发〈知识产权强国建设纲要（2021—2035年）〉》，中国政府网，2021年9月22日，http://www.gov.cn/zhengce/2021-09/22/content_5638714.htm。

"一带一路"相关文件,中国已和84个国家建立科技合作关系,支持1118项联合研究项目,在农业、新能源、卫生健康等领域启动53家联合实验室建设。① 2021年5月,中国和俄罗斯核能合作项目——田湾核电站和徐大堡核电站正式开工。2021年12月,中欧绿色可持续发展促进会(SNPA)国际合作中心与中国签订《中欧绿色可持续发展碳中和创新重大项目战略合作协议》,并举行"中欧碳中和合作项目办公室"揭牌仪式等。② 这些都表明中国高度重视开放式科技创新,致力推动国际科技创新协作。

在科技成果验收方面,2021年12月,为落实《国务院关于完善科技成果评价机制的指导意见》,科技部等部门联合启动科技成果评价改革试点工作,将全面落实科技成果评价机制改革任务部署,围绕"评什么""谁来评""怎么评""怎么用"开展试点。为更好地激发科研人员的工作积极性、产出更多高质量的科研成果,截至2022年2月25日我国已在50多个地方和单位开展了改革试点。③

(三)关于完善国家创新体系的思考

一方面,我国在"产—研—用"方面协同创新不足,主体关联性弱,导致由高校和科研机构研发的专利往往"锁在抽屉里"。我国在"产研"方面,存在前沿技术难以商业化的问题。以电气设备和发动机行业为例,虽然专利数量遥遥领先,但行业基础短板明显,专利与实际应用之间的转化较为有限。技术成果供给侧产权模糊、激励制度有待完善,技术成果中介市场发育不足、定价机制不健全,科技成果需求侧导向不明确等都是中国科技成果转化的重要阻碍。基于以上情况,我国未来应在明确科技成果产权界定、完善科研成果转化中介平台等方面进行改进,建立以需求为引导的科研成果转

---

① 《高质量共建"一带一路"成绩斐然》,中国政府网,2022年1月25日,http://www.gov.cn/xinwen/2022-01/25/content_ 5670280.htm。
② 《中欧绿色可持续发展碳中和创新重大项目战略合作协议签约仪式成功举办》,中国日报网,2021年12月6日,https://regional.chinadaily.com.cn/cn/2021-12/06/c_ 688002.htm。
③ 《科技部等十部门部署开展科技成果评价改革试点工作》,中国政府网,2021年12月8日,http://www.gov.cn/xinwen/2022-01/25/content_ 5670280.htm。

化机制，搭建"研"与"产"之间的桥梁。在"产用"方面，核心技术的研发和完善需要实际应用的反馈，从而积累经验、调整工艺、改进技术。但是一些下游企业考虑短期效益会优先使用海外成熟产品，使我国在初期市场培育上陷入尴尬境地。因此，我国需要鼓励"研发制造联动"型产业发展，应用生产的创新工艺能够及时捕捉生产需要、调整技术，以制造推动研发，实现创新突破。

另一方面，科研评价政策和体系未能有效释放创新主体积极性。这将导致科研工作者在绩效驱动下放弃研究难度大、周期长和风险高的项目，转向追逐热度高、成果输出时间短的项目。潜心扎实做研究的科研人才减少，这将严重制约我国高新技术产业的创新突破。企业对创新研究的投入热情较低。许多企业过于注重短期的利益和效益，对研发投入时间长、费用高的项目普遍不感兴趣。所以，我国应尽快建立以质量和贡献为导向的分类评价制度，根据不同项目的性质类型灵活采取不同的绩效评价方式、恰当的评价指标和合适的评估周期，营造公平竞争的创新环境，为科研工作者提供良好的科研条件和工作环境，使科研工作者潜心扎实做创新研究。此外，政府要加强知识产权保护，营造良好的市场竞争环境，使企业关注长期发展，持续加大研发投入，提高企业的长期竞争力。

三 粤港澳大湾区创新体系建设

（一）粤港澳大湾区基本情况

湾区经济作为世界一流滨海城市的显著标志，不仅是一个国家或经济体经济发展的重要推动力量，也是全球经济发展的重要增长极和"领头羊"。我国粤港澳大湾区包括香港特别行政区、澳门特别行政区和珠三角九市，与美国纽约湾区、旧金山湾区，日本东京湾区并称为世界"四大湾区"。

粤港澳大湾区是我国最具经济活力、开放程度最高、创新能力最强的地区之一，具有重大战略地位。2008年国家发改委发布《珠江三角洲地区改革发展规划纲要（2008—2020）》，提出"推进粤港澳合作，共同打造亚太地区最具活力的城市群"，大湾区的概念首次出现；2015年12月，国家发改委、外交部和商务部联合发布《推动共建丝绸之路经济带和21世纪海上丝绸之路的愿景与行动》，提出"深化"与港澳合作，打造粤港澳大湾区，大湾区首次写入国家文件；2019年2月，国务院发布《粤港澳大湾区发展规划纲要》，作为指导粤港澳大湾区合作发展的纲领性文件，标志着大湾区建设迈上新台阶。

2020年，粤港澳大湾区常住人口约7000万人，经济总量达115000亿元，比2017年增加14000亿元；共有21家企业进入世界500强，比2017年增加4家。粤港澳大湾区城市以不到全国0.6%的国土面积创造了全国1/9的经济总量。① 根据北大汇丰智库发布的《2021年粤港澳大湾区经济分析报告》②，预计2021年粤港澳大湾区的地区生产总值达125400亿元，增长8.1%。从国内比较上看，粤港澳大湾区的经济总量和人均地区生产总值已与京津冀拉开差距；从国际比较上看，当前粤港澳大湾区的经济总量已接近甚至超过东京都市圈。

（二）粤港澳大湾区创新体系建设新进展

2022年2月，指导粤港澳大湾区合作发展的纲领性文件《粤港澳大湾区发展规划纲要》发布三周年，作为我国重点打造的三大国际科技创新中心（北京、上海、粤港澳大湾区）之一，粤港澳大湾区在国际科技创新中心建设、推动内地与港澳科技合作等方面成效初显，且在创新体系建设上取得新进展。

1. 创新条件逐步完善，科技创新能力持续增强

粤港澳大湾区作为我国重要的科技创新中心，是创新高地和人才高地的

---

① 《〈湾区城市发展指数〉发布，用数据解读湾区发展活力》，南方网，2021年12月5日，https://finance.southcn.com/node_20343d0eff/fc51d5f9e6.shtml。
② 《2021年粤港澳大湾区经济分析报告》，北大汇丰智库，2022年1月21日，https://thinktank.phbs.pku.edu.cn/2022/jingjifenxi_0121/58.html。

集聚区。创新条件方面,根据《2021全球创新城市指数》①,广州和深圳排名分别由2020年的第113位和第55位上升至2021年的第51位和第26位。其中,深圳在人力基础设施和市场网络化程度两方面表现突出,创新潜力逐步释放。创新投入方面,2021年,粤港澳大湾区内珠三角九市的研发支出预计超过3600亿元,研发投入强度预计达3.7%。创新产出方面,国家高新技术企业预计达5.7万家,专利授权量预计达78万件,其中发明专利授权量预计超过10万件。②

2. 创新布局不断优化,港澳进一步融入国家创新体系

珠三角九市与港澳地区具有不同的产业优势,前者产业体系完备,制造业基础雄厚,产业科技含量不断提升,逐步形成先进制造业和现代服务业双轮驱动的产业体系;后者现代服务业占主导,金融、医疗、旅游、贸易等行业发达。其中,香港作为国际金融中心、全球离岸人民币业务枢纽区域和国际资产管理中心,在金融发展上具有独特优势;澳门作为世界旅游休闲中心和资金周转区域,以及广东与葡语国家金融商贸合作的服务平台和交流合作基地,对促进金融商贸合作具有积极作用。香港和澳门的科技力量是国家创新体系的重要组成部分,要促进粤港澳大湾区的合作发展和提高粤港澳大湾区的整体科技创新水平,就必须促进珠三角九市与港澳地区科技创新的资源共享和经济要素的互联互通。

国家级科研平台的建设是促进科技创新资源共享的重要举措。我国科技部已支持香港建设16个国家重点实验室、6个国家工程技术研究中心香港分中心、3个国家高新技术产业化基地香港伙伴基地、2个国家级科技企业孵化器等一批创新平台;支持澳门建设4个国家重点实验室,以及港澳地区"一带一路"联合实验室、澳门海岸带生态环境野外科学观测研究站等科研

---

① 《2021全球创新城市指数》,https://www.innovation-cities.com/worlds-most-innovative-cities-2021-top-100/25477/。
② 《粤港澳大湾区创新能力持续增强 港澳进一步融入国家创新体系》,中新网,2022年2月25日,https://www.chinanews.com.cn/ga/2022/02-25/9686344.shtml。

和国际合作平台。①

内地和港澳深度合作示范区是发展要素互联互通的重大突破。《中共中央 国务院印发〈粤港澳大湾区发展规划纲要〉》指出，共建粤港澳合作发展平台需要加快推进深圳前海、广州南沙、珠海横琴等重大平台开发建设。② 其中深圳前海、珠海横琴分别是粤港、粤澳深度合作示范区，以期通过两个区域的建设促进粤港澳大湾区内地与港澳地区基础设施"硬联通"、规则机制"软联通"、科技人才"智联通"、产业协同"链联通"和交往交融"心联通"的"五联通"局面加快形成，引领带动粤港澳全面合作。2021年9月，国务院印发《横琴粤澳深度合作区建设总体方案》及《全面深化前海深港现代服务业合作区改革方案》，进一步推动珠三角九市和港澳的深度合作，促进科技、产业、金融的良性互动和有机融合。

（1）横琴规划

横琴粤澳深度合作区地处珠海南部的横琴新区，毗邻港澳，规划范围为横琴岛"一线"和"二线"之间的海关监管区域，总面积约106平方公里。其中，横琴与澳门特别行政区之间设为"一线"，横琴与中华人民共和国关境内其他地区之间设为"二线"。横琴粤澳深度合作区的建设主线为"促进澳门经济适度多元发展"。

围绕建设方案的主线，产业优化方面，合作区聚焦产业多元化布局，发展科技研发和高端制造产业、中医药等澳门品牌工业、文旅会展商贸产业和现代金融产业，并出台入驻企业和人才的优惠政策，对符合条件的企业按15%的税率征收企业所得税，对在合作区工作的境内外高端人才和紧缺人才个人所得税负超过15%的部分予以免征。要素流通方面，合作区着力构建与澳门一体化高水平开放的新体系，实现货物"一线"放开、"二线"管住，除国家法律、行政法规明确规定不予免（保）税的货物及物品外，其他货物及物

---

① 《粤港澳大湾区创新能力持续增强 港澳进一步融入国家创新体系》，中新网，2022年2月25日，https://www.chinanews.com.cn/ga/2022/02-25/9686344.shtml。
② 《中共中央 国务院印发〈粤港澳大湾区发展规划纲要〉》，中国政府网，2019年2月18日，http://www.gov.cn/zhengce/2019-02/18/content_5366593.htm#1。

品免（保）税进入。人员进出高度便利，创新跨境金融管理，建立高度便利的市场准入制度，促进国际互联网数据跨境安全有序流动，实现与澳门人流、物流、资金流、信息流等高效便捷流动。民生配套方面，合作区加快推进面向澳门居民的"澳门新街坊"综合民生项目建设，对接澳门教育、医疗等民生公共服务和社会保障体系，有效拓展澳门居民优质生活空间。

中医药传承创新作为国家创新驱动发展的重要组成部分，也是横琴粤港澳深度合作区建设的重要一环。2021年，横琴粤澳合作中医药科技产业园区注册企业已增加至216家，培育澳门企业52家，营业收入突破50亿元，逐渐形成中医药产业集聚效应。① 中医药科技园等重大创新载体的建设将推动横琴中医药创新高地的建设。

（2）前海规划

前海地区位于深圳南山半岛西部，伶仃洋东侧，珠江口东岸，毗邻港澳，是珠三角湾区穗深港发展主轴上的重要节点。前海深港现代化服务业合作区总面积为120.56平方公里，先后被赋予了粤港澳现代服务业创新合作示范区、社会主义法制建设示范区、现代服务业体制机制创新区、金融业对外开放实验窗口、深港人才特区等重大改革任务，建设目标是打造粤港澳大湾区全面深化改革创新试验平台，建设高水平对外开放门户枢纽。

在创新推动方面，深圳联动香港设立"深港合作专班"，截至2021年底，已设立深港合作19个工作专班，并布置35项具体任务，其中28项已取得实质性进展。在推动建设综合性国家科学中心的过程中，已实现量子科技、生物研究等领域的科技创新基础设施建设突破。人才培养方面，2021年，深圳市人民政府与香港大学签署合作备忘录，拟在深圳设立港大校园。目前，已有6所香港高校在深圳设立大学研究院，累计在深圳设立82家科研机构，建设创新载体56个、孵化企业240家，前海深港青年梦工场累计孵化香港青年创业团队245家。

---

① 《建设横琴中医药创新高地，如何再发力？》，澎湃新闻，2022年2月28日，https://www.thepaper.cn/newsDetail_forward_16884707。

（三）主要结论

一方面，粤港澳大湾区在科技创新领域具有巨大潜力，国际科技创新中心建设成效显著。比照国际科技创新中心的四大核心体系，科学研究体系方面，大湾区需要进一步增加高等院校与科研院所的数量，加大科研投入，打造世界一流的科研体系，从而推动先进科技尤其是关键技术领域基础设施的建设，解决技术"卡脖子"问题。技术创新体系方面，需要完善创新平台和推出产学研一体化，同时支持风投创投机构发展，从技术、人才和资金等要素方面推进科技创新成果的转化。高端产业体系方面，既要发挥珠三角九市和港澳地区各自在高端制造业和现代服务业的优势，也要促进三地优势主导产业的互补，促进产业适度多元化，让高素质人才、研发平台和产业化基地在大湾区内形成聚合效应。创新环境体系方面，应借助良好的创新创业氛围，带动区域创新创业向上向好，同时要重视知识产权保护，营造良好的科技创新环境；发挥港澳优势，加快与国际接轨，促进国际科技要素资源在粤港澳大湾区集聚，激发要素活力；在5G、人工智能、数字经济等粤港澳大湾区具有领先优势的领域，推动中国标准、中国规则向外输出，加强国际创新合作。

另一方面，要进一步推动粤港澳协同发展，加快破除制度障碍，促进创新要素的流动。粤港澳大湾区是一个国家、两种制度、三个法域和关税区，流通三种货币，因此在经济自由度、市场开放度、营商便利度及社会福利水平等方面存在差异。在推进技术、人才和资金互联互通的过程中面临制度差异造成的阻碍。例如，科技成果转化与进入内地市场、科研资金的跨境拨付、居民跨境流动、保险通等金融业务试点的推行等。这些问题导致粤港澳三地难以形成完整流畅的产业链与创新链。虽然粤港澳三地制度的藩篱要远大于地理上的距离，但差异存在的同时也证明了多样性的存在。这是粤港澳大湾区区别于其他三大湾区的潜在优势。在粤港澳大湾区深度合作的过程中，若三地取长补短，综合各自优势，就可以打造具有竞争力的国际一流湾区和世界顶级城市群。因此，需要在体制上积极探索，进一步建设深港、珠澳、南沙等创新示范合作区，先试先行，充分发挥合作区"制度多元、空间相连、结果可控"的综合优势。

四 结语

当前，世界格局和全球秩序正在重塑，新一轮科技革命加速世界秩序重组进程，叠加新冠肺炎疫情的冲击，世界正在发生巨大变化。在新一轮科技革命中，中国不再是"旁观者"，中国应牢牢抓住机遇，为科技创新提供源源不断的支持，而科技创新体系建设正是激发全社会创新创业的制度和环境保障。本报告首先对2021年一些重要经济体在科技创新体系建设上采取的措施进行梳理总结。经济体主要通过产业政策营造良好的创新生态、为技术型初创企业提供适当的扶持等途径，完善国家创新体系建设。然后厘清我国当前的科技创新实力和2021年我国在国家创新体系建设方面做出的努力。再依据我国具体国情进一步完善国家创新体系建设。目前，我国在"产—研—用"协同创新方面存在不足和科研评价政策与体系未能激发科研主体积极性。最后，聚焦粤港澳大湾区，对其创新体系建设的最新情况进行总结，发现粤港澳大湾区在科技创新领域具有巨大潜力且取得显著成效，但仍须打破制度壁垒，联动港澳地区，在科学研究、技术创新、高端产业、创新环境四个方面继续发力，进一步融入国家创新体系，打造国际科技创新中心。

参考文献

陈彦斌、刘哲希：《中国企业创新能力不足的核心原因与解决思路》，《学习与探索》2017年第10期。

樊增强：《中国科技创新短板的表现、原因及其弥补》，《福建论坛》（人文社会科学版）2019年第4期。

李嫣等：《科技外交新趋势及对科技创新发展的促进作用》，《中国科技论坛》2017

年第6期。

刘瑞明等:《唤醒"沉睡"的科技成果:中国科技成果转化的困境与出路》,《西北大学学报》(哲学社会科学版) 2021 年第 4 期。

王淑英、寇晶晶、卫朝蓉:《创新要素集聚对经济高质量发展的影响研究——空间视角下金融发展的调节作用》,《科技管理研究》2021 年第 7 期。

余明桂、范蕊、钟慧洁:《中国产业政策与企业技术创新》,《社会科学文摘》2017 年第 2 期。

中金研究院:《创新:不灭的火炬——科技与产业链发展研究报告》,2021 年 9 月 21 日,https://www.cicc.com/api/upload/uploadService/dowloadEx?fileId = 52250&tenantId = 123889。

Aghion P,Dewartripoint M,Du L,"Industry Policy and Competition," *Cepr Discussion Papers*,2015.

Xu Z,"Economic Policy Uncertainty,Cost of Capital,and Corporate Innovation," *Journal of Banking & Finance*,2020.

B.12 后 记

《双创蓝皮书：中国双创发展报告》是由深圳大学中国经济特区研究中心、一带一路国际合作发展（深圳）研究院、北京大学、中山大学、深圳市社会科学院等高等院校与著名智库共同组建的学术队伍倾力打造的一个学术品牌，由国务院参事、国务院推进政府职能转变和"放管服"改革协调小组专家组成员、深圳大学理论经济学博士后合作导师王京生先生担任主编；原深圳大学党委副书记、纪委书记，现深圳大学中国经济特区研究中心主任、一带一路国际合作发展（深圳）研究院院长陶一桃教授担任执行主编。

《中国双创发展报告（2021~2022）》通过借鉴国际前沿双创指标评价体系，结合我国双创发展的现实特征，重点关注企业等创新创业主体，构建与时俱进的反映创新创业全过程生态链的中国双创指数评价指标体系。该报告力求客观准确全面地评估中国双创发展状况，总结提炼中国双创发展的内在规律和示范经验，以期为国家建设贡献思想、智慧与路径。

《中国双创发展报告（2021~2022）》分为四个部分：总报告、中国双创指数篇、前沿篇和国际篇。其中，总报告构建了由33项统计指标组成的中国双创指数评价指标体系，并通过数据汇总和系统计算对全国100个主要城市的双创发展近况进行评估；中国双创指数篇基于总报告的双创指数评价指标体系，逐级评估本年度城市双创发展状况，描绘城市双创发展的整体轮廓，接着深入挖掘各级双创指标的筛选以及指标间的共生关系，重点分析一级指标间的相关性；前沿篇以地理区域为分析基点，首先对比我国东、中、西和东北四大区域的城市双创发展现状和动态变化，接着聚焦智能网联汽车产业和数字人力资源管理等新兴的双创产业，

以及双创典范城市深圳的创新创业发展新趋势；国际篇根据2021年全球三大双创指数所公布的内容，分析中国双创发展近况及中国双创国际地位的变化态势，并梳理全球各大经济体的创新体系，以期为我国国家创新体系的优化调整建言献策。

Abstract

China is on schedule to complete the building of a moderately prosperous society in all respects by 2021, achieving the first centenary goal and making full progress towards the second. In the construction of socialist modernization in the country's new journey, strengthen innovation power is an important way to promote the high-quality development of our country economy. Therefore, a timely, accurate and comprehensive assessment of China's innovation and entrepreneurship development is of great practical significance for stimulating market vitality and social creativity, forming a new "double cycle" development pattern, and promo-ting the high-quality development of China's economy.

Under this background, *Annual Report on the Development China's Innovation and Entrepreneurship (2021 - 2022)* base on the "environment-resources-performance" ecosystem perspective, constructed the "trinity" of first-level indicators of environmental support, resource allocation and performance value, as well as its 10 second-level indicators and 33 third-level indicators; Then the book base on the criteria of urban economic development and regional balance, selected 100 cities as research samples, established on the cities, looked into the whole country, calculated the 2021 China's entrepreneurship and innovation index, and comprehensively evaluated the development of entrepreneurship and innovation in China, summarized the new situation and challenges faced by entrepreneurship and innovation in the first year of the 14th Five-Year Plan and in the context of the normalized epidemic, and explored the future development direction and path of China's entrepreneurship and innovation activities. The results showed that, Shenzhen, Beijing and Shanghai have been the top three cities in China's entrepreneurship and innovation index for five years, while Chongqing and Chengdu in western China

are among the top 10 cities in China for the first time. This shows that the western region is making initial progress in building a new hub for entrepreneurship and innovation development.

In addition to the comprehensive evaluation and analysis of each city, the book also reveals the characteristics of China's entrepreneurship and innovation development from multiple aspects, reflecting the real-time and forward-looking characteristics of entrepreneurship and innovation. It includes not only the micro focus of digital and intelligent industry, but also the macro comparison of domestic, regional and international levels. In terms of the development of innovative and entrepreneurial industries, intelligent and connected vehicles and digital human resource management have become emerging industries with innovative and entrepreneurial potential. In terms of regional entrepreneurship and innovation development in China, the eastern region has not changed its overall dominance, but the development of different regions is more balanced. The overall strength of the central region is stronger than that of the western region. In terms of international entrepreneurship and innovation development, China's innovation level has risen from the regional medium level to the international innovation leader. Although there is still room for improvement in the overall entrepreneurial ecology compared with the international leading level, the development trend of China's entrepreneurial ecology is gradually improving.

Keywords: Innovation and Entrepreneurship City; Innovation and Entrepreneurship Index; Innovation and Entrepreneurship Pattern

Contents

I General Report

B.1 China's Innovation and Entrepreneurship Report (2021−2022)
 Li Fan / 001

    1. Research Background and Significance / 002

    2. The Construction and Evaluation Mechanism of China's Innovation and Entrepreneurship Index System / 005

    3. Evaluation Results and Comprehensive Analysis / 010

    4. Basic Judgements and Suggestions / 016

Abstract: In order to adhere to the innovation-driven development strategy and promote the development of innovation and entrepreneurship nationwide, this report constructs the China Innovation and Entrepreneurship Index. Evaluation index system consisting of 33 statistical indicators, and evaluates the recent development of innovation and entrepreneurship in 100 major cities nationwide through data aggregation and systematic calculation. Among them, Shenzhen, Beijing and Shanghai ranked the top three in the overall China Innovation and Entrepreneurship Index for five consecutive years. Based on the results of the three dimensions of environmental support, resource capacity and performance value, this report analyzes and compares the top 10 cities in China and compares their characteristics. Finally, targeted suggestions are made in terms of fostering innovation markets, supporting the development of the real economy, and promoting coordinated

regional development.

Keywords: Index of Innovation and Entrepreneurship; Innovation and Entrepreneurship City; Innovation and Entrepreneurship

Ⅱ China Innovation and Entrepreneurship Index

B.2 Analysis of the Ranking and Changes by the Index for Mass Innovation and Entrepreneurship

Huang Yiheng, Lai Ting / 020

Abstract: Because of the negative macro shocks including Sino-US trade war and COVID-19 and etc., the Index for Mass Innovation and Entrepreneurship (IMIE) of 2021 kept declining. The change of IMIE differs from previous year. First, the IMIE of cities with high initial scores declined significantly. Second, the most important reason for the IMIE decline is the decline of the environment support score, and then is the value efficiency score, and finally the resource capacity score. By the stratification of cities, the negative macro shocks enlarge the within-group heterogeneity. The response patterns of negative macro shocks provide hints for future optimization of the policy design.

Keywords: The Index for Mass Innovation and Entrepreneurship; Innovation and Entrepreneurship City; Response Patterns

B.3 Analysis of the Current Situation and Trend of Top 100 Cities in the Sub-characteristics of the Innovation and Entrepreneurship Index

Li Shengli, Liang Yiqing / 038

Abstract: This report analyzes the ranking of the Top 100 cities for innovation and entrepreneurship from three aspects: environmental sub-characteristics, resource sub-characteristics, and performance sub-characteristics. The analysis shows that due to the impact of COVID-19, although the indicators of environment, resources and performance have been reduced, the recovery capacity and development space is large. The overall performance of the environment for entrepreneurship and innovation in China is weak, but the market structure is relatively balanced. The resource for entrepreneurship and innovation shows an overall downward trend, and its development is imbalanced and insufficient. In terms of the performance of entrepreneurship and innovation, although there is a huge gap between the low-ranking cities and high-ranking cities, this gap is gradually narrowing.

Keywords: Innovation and Entrepreneurship Environment; Innovation and Entrepreneurship Resources; Innovation and Entrepreneurship Performance

B.4 Extraction and Analysis of Core Indicators of Mass Entrepreneurship and Innovation

Miao Lu, Huang Xiaolin and Tan Huixin / 073

Abstract: Under the double pressure of the impact of the COVID-19 and the economic downturn, the support of the market players brought by "mass entrepreneurship and innovation", the cultivation of new driving forces for economic development, and the expansion and stability of employment play an important role in China's economic recovery growth. In order to reveal the basic support and achievements of the current mass entrepreneurship and innovation development of cities in China, this report first extracts and analyzes the sub indicators that have an important impact on the scores of mass entrepreneurship and innovation in the mass entrepreneurship and innovation evaluation system, and further analyzes the sub indicators of the top 100 cities in China. Secondly, to find the relationship between environmental support, resource capacity and performance value under the mass entrepreneurship and innovation evaluation system, and make further correlation analysis. Through the analysis, it is found that cities with a good environment for

mass entrepreneurship and innovation are conducive to the agglomeration of mass entrepreneurship and innovation resources, thus laying a solid foundation for performance value. We should continue to improve and optimize the environment for mass entrepreneurship and innovation, and promote the high-quality development of innovation and entrepreneurship.

Keywords: Innovation and Entrepreneurship Evaluation System; Innovation and Entrepreneurship Environment; Innovation and Entrepreneurship Resources; Innovation and Entrepreneurship Performance

Ⅲ Regional Articles

B.5 Analysis of the Overall Situation of the Region Based on the Mass Entrepreneurship and Innovation Index

Chen Tinghan / 106

Abstract: In 2020, the external factors for the development of the Mass Entrepreneurship and Innovation in China will continue to deteriorate. The US political circles frequently raised China issues in the election year, and the Sino-US trade dispute has not eased either. In the context of the rapid spread of the COVID-19, the Brexit, the forest fires in Australia, the "Black Lives Matter" movement has brought challenges to the global macro economy. Against the background of deteriorating external factors, the development of the Mass Entrepreneurship and Innovation in China presents new characteristics. In order to grasp the dynamic changes, the "regional chapter" of Mass Entrepreneurship and Innovation in China takes a regional perspective, uses the Mass Entrepreneurship and Innovation Index of China, and focuses on the new achievements and new problems faced by China's Mass Entrepreneurship and Innovation through comparative analysis and other methods. In terms of overall characteristics, in the context of the continuous deterioration of external factors, the development of Mass Entrepreneurship and Innovation in the country has also been affected to a certain extent, but the development of Mass Entrepreneurship and Innovation in various regions of the country is more balanced. Among the key cities, such as Shenzhen, Beijing, Shanghai, Suzhou, Hangzhou are most affected by external influences. In the analysis of the top 100 cities, from an environmental perspective, the eastern region has once again established an all-round advantage, the western region has caught up with the central region, and the weak industrial structure in the northeast region has not improved. From the perspective of resources, the eastern region is stronger than the factor input, the western region is more balanced, and the central and northeastern regions have more significant imbalances in investment, manpower, technology and resources; in terms of performance, the eastern region has a strong performance, and the western region has a stable performance , the central and northeastern regions, however, are not very well. From the overall perspective of the top 100, the overall dominance of the eastern region has not changed, but the development of each region is more balanced, the overall strength of the central region is stronger than that of the western region, and the deterioration of the overall performance of the northeast region deserves attention.

Keywords: Regional Comparison; Mass Entrepreneurship and Innovation Index; Performance Value

B.6 Analysis on the Development of Intelligent Connected Vehicle Industry in Shenzhen *Lai Mianshan* / 116

Abstract: The development and application of intelligent connected vehicle technology is an important part of China's scientific and technological innovation to accelerate the construction of a transportation power. Shenzhen is a highland of policy innovation, product application and industrial agglomeration for the development of intelligent connected vehicle industry. Through the analysis of the current development situation of intelligent connected vehicles in Shenzhen, Shenzhen has set a benchmark in many aspects of the development of intelligent

connected vehicles, promoted the intelligent connected traffic test demonstration area by stages, and built a Shenzhen example with wisdom. At present, Shenzhen can further promote the development of the intelligent connected vehicle industry in the following aspects: building an overall solution for intelligent transportation, providing innovative intelligent vehicle testing services, issuing information security and platform management measures, and improving standards, regulations, and testing system policies.

Keywords: Intelligent Connected Vehicle; Automatic Driving; Test Demonstration Area

B.7 The Trend of Digital Transformation of Enterprise Human Resource Management
—*Taking Talent Today Company as an Example*
Xu Wen, Hu Wei and Liu Haolan / 127

Abstract: In recent years, the explosive growth of data and the continuous development of cloud computing, artificial intelligence, big data and other new technologies have spawned a lot of new theories and ideas in the field of human resources, digital transformation has gradually become the focus of enterprise human resource management. This report sorted out policies related to digital transformation and put forward relevant suggestions, analyzed the trend of digital transformation of human resource management in Chinese enterprises, and took Talent Today Company as an example to introduce its innovative practices in enterprise human resource digitalization. This report also analyzed the potential risks and challenges of current enterprise human resource digitization, mainly in four aspects: technical costs, lack of historical data, data security, and lack of data analysis personnel. Finally, this report summarized the future development direction of enterprise human resource digitization, and put forward suggestions for the transformation of enterprise leaders and human resource team. Data-oriented, intelligent and accurate human resource management mode will become the mainstream.

Keywords: Big Data; Human Resource Management; Digital Transformation

B.8 2021 Development and Challenges of the Shenzhen Economy Leading by Mass Innovation and Entrepreneurship

Li Tong / 142

Abstract: 2021, the beginning of the 14th Five-Year Plan, the pandemic of COVID-19 lasting and social economy is developing in difficulty. In this context, the Mass Innovation and Entrepreneurship played an important role in Six Stabilities and Six Priorities of the economic development, especially in supplying the work opportunity. The report analyzes the development and challenges of Shenzhen Mass Innovation and Entrepreneurship in building the Guangdong-Hong Kong-Macao Greater Bay Area, and also aims on other good performances cities in China. At last gives some suggestions on the issue.

Keywords: Mass Innovation and Entrepreneurship; Guangdong-Hong Kong-Macao Greater Bay Area; Shenzhen

B.9 The New Exploration and Prospect of China's Mass Innovation and Entrepreneurship Model

Hou Jia / 154

Abstract: This report analyzes the development trends, new explorations and prospects of innovation and entrepreneurship activities in China from 2021 to 2022. Although the challenges brought by the epidemic are still spreading, in 2021, patent applications, patent approvals, the number of private enterprise legal entities, investment in high-tech industries, and venture capital in China all have increased steadily. As the first year of the "14th Five-Year Plan", the innovation and entrepreneurship activities in 2021 continue to deepen around key strategic plans such as

green economy and digital economy. Industries closely related to these areas, such as IT and informatization, the Internet, etc. , continue to gain attentions of venture capital. From the perspective of the source of innovation and entrepreneurship capital, the increase in the capital composition of the strategic investment department of the enterprise and the participation of state-owned assets may introduce new preferences for the industrial distribution of innovation and entrepreneurship activities and the externality of innovation and entrepreneurship. With the successful host of the 2022 Beijing Winter Olympics and Winter Paralympics, 212 new technologies have been applied under the practice of the "Technology Winter Olympics" concept and have received widespread attention. Therefore, how to take the opportunity to carry out entrepreneurship and innovation activities while hosting large-scale events or activities deserves further exploration. Due to the spread of the epidemic, prevention and control, weak domestic consumption, and increasing international conflicts, innovation and entrepreneurship activities in China will face a certain degree of uncertainty in the coming period of time. Therefore, it is necessary to pay attention to risk management to seek development while achieving achieve stability.

Keywords: Innovation and Entrepreneurship; Science and Technology Winter Olympics; Risk Management

Ⅳ International Articles

B.10 2021 Global Innovation and Entrepreneurship Index Analysis

Wang Qing, Xia Xingyu and Xiao Jinhuan / 174

Abstract: This report mainly studies the changes of three international innovation and entrepreneurship indexes in recent years and the global innovation and entrepreneurship situation reflected, and observes the stage of China's innovation and entrepreneurship, the deficiencies in practice and the development opportunities from a global perspective. This report studies the Global Innovation Index, Innovation City Index and Global Startup Ecosystem Index respectively, and summarizes the changes of China's position in global innovation and entrepreneurship in recent years through the above index. The research shows that in terms of innovation level, China has developed from a regional medium level to a regional innovation leader and a pioneer in international innovation, even though there is still room for improvement in China's overall entrepreneurial ecosystem compared with the international leading level. What's more, China's entrepreneurial ecology is gradually improving.

Keywords: Global Innovation Index; Innovation Cities Index; Global Startup Ecosystem Index

B.11 2021 Comparative Study of National Innovation System

Lan Sai, Wu Yingjun and Wang Qing / 196

Abstract: With a fact that the world today is fast-evolving with many significant changes unseen in a century, scientific and technological innovation has a profound impact on the world structure and even determines the future and destiny of a country and its nation. A sound national innovation system is the key support for accelerating the building of a strong country in innovation, science and technology. Therefore, this report mainly studies the progress, opportunities and challenges in the construction of national innovation system in latest years. Firstly, we review recent measures and characteristics of national innovation system construction of some major global economies in the world, then analyze recent situation of China's innovation and its national innovation system construction and put forward relevant thoughts. Finally, we focus on the national major strategy ——Guangdong-Hong Kong-Macao Greater Bay Area to discuss the latest innovation system construction plan.

Keywords: National Innovation System; Innovation Drives Development; Guangdong-Hong Kong-Macau Greater Bay Area

社会科学文献出版社

皮 书
智库成果出版与传播平台

❖ 皮书定义 ❖

皮书是对中国与世界发展状况和热点问题进行年度监测，以专业的角度、专家的视野和实证研究方法，针对某一领域或区域现状与发展态势展开分析和预测，具备前沿性、原创性、实证性、连续性、时效性等特点的公开出版物，由一系列权威研究报告组成。

❖ 皮书作者 ❖

皮书系列报告作者以国内外一流研究机构、知名高校等重点智库的研究人员为主，多为相关领域一流专家学者，他们的观点代表了当下学界对中国与世界的现实和未来最高水平的解读与分析。截至2021年底，皮书研创机构逾千家，报告作者累计超过10万人。

❖ 皮书荣誉 ❖

皮书作为中国社会科学院基础理论研究与应用对策研究融合发展的代表性成果，不仅是哲学社会科学工作者服务中国特色社会主义现代化建设的重要成果，更是助力中国特色新型智库建设、构建中国特色哲学社会科学"三大体系"的重要平台。皮书系列先后被列入"十二五""十三五""十四五"时期国家重点出版物出版专项规划项目；2013~2022年，重点皮书列入中国社会科学院国家哲学社会科学创新工程项目。

皮书网

（网址：www.pishu.cn）

发布皮书研创资讯，传播皮书精彩内容
引领皮书出版潮流，打造皮书服务平台

栏目设置

◆ **关于皮书**
何谓皮书、皮书分类、皮书大事记、
皮书荣誉、皮书出版第一人、皮书编辑部

◆ **最新资讯**
通知公告、新闻动态、媒体聚焦、
网站专题、视频直播、下载专区

◆ **皮书研创**
皮书规范、皮书选题、皮书出版、
皮书研究、研创团队

◆ **皮书评奖评价**
指标体系、皮书评价、皮书评奖

◆ **皮书研究院理事会**
理事会章程、理事单位、个人理事、高级
研究员、理事会秘书处、入会指南

所获荣誉

◆ 2008年、2011年、2014年，皮书网均
在全国新闻出版业网站荣誉评选中获得
"最具商业价值网站"称号；
◆ 2012年，获得"出版业网站百强"称号。

网库合一

2014年，皮书网与皮书数据库端口合
一，实现资源共享，搭建智库成果融合创
新平台。

皮书网

"皮书说"
微信公众号

皮书微博

权威报告·连续出版·独家资源

皮书数据库
ANNUAL REPORT(YEARBOOK) DATABASE

分析解读当下中国发展变迁的高端智库平台

所获荣誉

- 2020年，入选全国新闻出版深度融合发展创新案例
- 2019年，入选国家新闻出版署数字出版精品遴选推荐计划
- 2016年，入选"十三五"国家重点电子出版物出版规划骨干工程
- 2013年，荣获"中国出版政府奖·网络出版物奖"提名奖
- 连续多年荣获中国数字出版博览会"数字出版·优秀品牌"奖

皮书数据库

"社科数托邦"微信公众号

成为会员

登录网址www.pishu.com.cn访问皮书数据库网站或下载皮书数据库APP，通过手机号码验证或邮箱验证即可成为皮书数据库会员。

会员福利

- 已注册用户购书后可免费获赠100元皮书数据库充值卡。刮开充值卡涂层获取充值密码，登录并进入"会员中心"—"在线充值"—"充值卡充值"，充值成功即可购买和查看数据库内容。
- 会员福利最终解释权归社会科学文献出版社所有。

社会科学文献出版社 皮书系列
SOCIAL SCIENCES ACADEMIC PRESS (CHINA)
卡号：411848897622
密码：

数据库服务热线：400-008-6695
数据库服务QQ：2475522410
数据库服务邮箱：database@ssap.cn
图书销售热线：010-59367070/7028
图书服务QQ：1265056568
图书服务邮箱：duzhe@ssap.cn

基本子库 SUB DATABASE

中国社会发展数据库（下设12个专题子库）

紧扣人口、政治、外交、法律、教育、医疗卫生、资源环境等12个社会发展领域的前沿和热点，全面整合专业著作、智库报告、学术资讯、调研数据等类型资源，帮助用户追踪中国社会发展动态、研究社会发展战略与政策、了解社会热点问题、分析社会发展趋势。

中国经济发展数据库（下设12专题子库）

内容涵盖宏观经济、产业经济、工业经济、农业经济、财政金融、房地产经济、城市经济、商业贸易等12个重点经济领域，为把握经济运行态势、洞察经济发展规律、研判经济发展趋势、进行经济调控决策提供参考和依据。

中国行业发展数据库（下设17个专题子库）

以中国国民经济行业分类为依据，覆盖金融业、旅游业、交通运输业、能源矿产业、制造业等100多个行业，跟踪分析国民经济相关行业市场运行状况和政策导向，汇集行业发展前沿资讯，为投资、从业及各种经济决策提供理论支撑和实践指导。

中国区域发展数据库（下设4个专题子库）

对中国特定区域内的经济、社会、文化等领域现状与发展情况进行深度分析和预测，涉及省级行政区、城市群、城市、农村等不同维度，研究层级至县及县以下行政区，为学者研究地方经济社会宏观态势、经验模式、发展案例提供支撑，为地方政府决策提供参考。

中国文化传媒数据库（下设18个专题子库）

内容覆盖文化产业、新闻传播、电影娱乐、文学艺术、群众文化、图书情报等18个重点研究领域，聚焦文化传媒领域发展前沿、热点话题、行业实践，服务用户的教学科研、文化投资、企业规划等需要。

世界经济与国际关系数据库（下设6个专题子库）

整合世界经济、国际政治、世界文化与科技、全球性问题、国际组织与国际法、区域研究6大领域研究成果，对世界经济形势、国际形势进行连续性深度分析，对年度热点问题进行专题解读，为研判全球发展趋势提供事实和数据支持。

法律声明

"皮书系列"（含蓝皮书、绿皮书、黄皮书）之品牌由社会科学文献出版社最早使用并持续至今，现已被中国图书行业所熟知。"皮书系列"的相关商标已在国家商标管理部门商标局注册，包括但不限于LOGO（ ）、皮书、Pishu、经济蓝皮书、社会蓝皮书等。"皮书系列"图书的注册商标专用权及封面设计、版式设计的著作权均为社会科学文献出版社所有。未经社会科学文献出版社书面授权许可，任何使用与"皮书系列"图书注册商标、封面设计、版式设计相同或者近似的文字、图形或其组合的行为均系侵权行为。

经作者授权，本书的专有出版权及信息网络传播权等为社会科学文献出版社享有。未经社会科学文献出版社书面授权许可，任何就本书内容的复制、发行或以数字形式进行网络传播的行为均系侵权行为。

社会科学文献出版社将通过法律途径追究上述侵权行为的法律责任，维护自身合法权益。

欢迎社会各界人士对侵犯社会科学文献出版社上述权利的侵权行为进行举报。电话：010-59367121，电子邮箱：fawubu@ssap.cn。

社会科学文献出版社